大学生创新创业教程

（第2版）

主　编　朱理鸿
副主编　龙　可　李　莉　童　俊　邹　华
　　　　聂　云　杨文超　郭桂枫

北京理工大学出版社
BEIJING INSTITUTE OF TECHNOLOGY PRESS

版权专有　侵权必究

图书在版编目（CIP）数据

大学生创新创业教程/朱理鸿主编．—2版　—北京：北京理工大学出版社，2018.8
ISBN 978-7-5682-6202-6

Ⅰ.①大…　Ⅱ.①朱…　Ⅲ.①大学生-创业-高等学校-教材　Ⅳ.①G647.38

中国版本图书馆CIP数据核字（2018）第190013号

出版发行 /	北京理工大学出版社有限责任公司
社　　址 /	北京市海淀区中关村南大街5号
邮　　编 /	100081
电　　话 /	（010）68914775（总编室）
	（010）82562903（教材售后服务热线）
	（010）68948351（其他图书服务热线）
网　　址 /	http：//www.bitpress.com.cn
经　　销 /	全国各地新华书店
印　　刷 /	三河市天利华印刷装订有限公司
开　　本 /	787毫米×1092毫米　1/16
印　　张 /	17
字　　数 /	400千字
版　　次 /	2018年8月第2版　2018年8月第1次印刷
定　　价 /	39.80元

责任编辑 / 高　芳
文案编辑 / 高　芳
责任校对 / 周瑞红
责任印制 / 施胜娟

图书出现印装质量问题，请拨打售后服务热线，本社负责调换

前言
PREFACE

创新，让你与众不同

近年来，全社会吹响了"大众创业、万众创新"的号角，进入火热的"双创"时代，创新的热潮一浪高过一浪。习近平总书记指出：创新是一个民族进步的灵魂，是一个国家兴旺发达的不竭源泉，也是中华民族最鲜明的民族禀赋。

当代大学生正处在人生的黄金时期和创新创业的活跃期，精力充沛、思维活跃、充满创造力并勇于尝试。作为当代大学生，要开启创新人生和有创意的大学生活、要抓住创新的关键机遇期，要让创新给大学生活插上腾飞的翅膀，为人生幸福和事业成功打牢基础。

那么，当代大学生如何开启创新创业人生呢？我们认为，要立下报国为民之志、保持乐学探究之趣，创新的灵感便会如泉涌般迸发。同时，创新如阳光和空气一样，是无时不有、无处不在的，只要我们保持好奇善思之心、常怀质疑唯真之意，创新的大门就会为我们而敞开，就能实现"小疑则小进，大疑则大进"，从而创造新的奇迹。另外，我们要在专业学习的基础上活学活用，并把创新创业诉诸实践，在实践中创新，在创新中创业，更好地培育和提升卓越的工匠精神和精湛的专业技能。

为更好地激发我院学生的创新创业意识、提升创新创业能力，我院实施了"三年不断线"的创新创业教育模式，开设了创新创业教育课程。为做好此课程的教学工作，我院朱理鸿、龙可、李莉、童俊、邹华、聂云、杨文超、郭桂枫等老师编写了本书。该书以创新创业项目发生、发展的内在逻辑为顺序，坚持理论与实践相结合的原则，突出导向性、实践性和应用性，以12个章节的内容，从创新创业的概念、创新思维、创新方法到创业团队建设和风险防控等方面进行阐释，并结合大量案例，还配备了相应的拓展视频，重在培育当代大学生创新创业的基本技能和能力素质，可以说是一本较好的教材。在此教材编写过程中，他们还学习和借鉴了有关教材、著作及相关资料。由于时间仓促，缺点和不足在所难免。

唯创新者进、唯创新者强、唯创新者胜，让我们以"失败虐我千万遍，我待创新如初恋"的执着精神奋勇前行，将创新创业融入学习的全过程、融入大学生活的全方位、融入成长成才的全进程，真正创造出与众不同的生活，赢得精彩、成功与幸福的人生！

湖南信息职业技术学院院长　陈剑旄

2017 年 8 月

目 录
CONTETS

第 1 章 创新创业概论 ·· 1

1.1 创新创业的时代背景 ·· 3
1.2 创新的概念与类型 ·· 8
1.3 创业的概念、类型与要素 ······································ 12
1.4 创新创业精神 ·· 16
本章要点回顾 ·· 21
课堂训练 ·· 21
实践任务 ·· 24
课后拓展 ·· 24

第 2 章 创新思维开发 ·· 36

2.1 创新思维 ·· 38
2.2 创新思维的模式 ·· 47
2.3 创新创业调研方案的设计 ······································ 48
本章要点回顾 ·· 54
课堂训练 ·· 55
实践任务 ·· 56

第 3 章 创新方法运用 ·· 57

3.1 头脑风暴法 ·· 58

3.2 5W2H 法 ··· 63

3.3 奥斯本检核表法 ·· 65

3.4 六项思考帽法 ·· 68

本章要点回顾 ··· 72

课堂训练 ·· 73

实践任务 ·· 73

课后拓展 ·· 73

第 4 章 技术创新管理 ·· 74

4.1 技术创新的原理与方法 ··· 75

4.2 技术创新的过程 ·· 79

4.3 技术创新及其管理 ·· 80

4.4 技术创新管理的特征 ·· 86

本章要点回顾 ··· 89

课堂训练 ·· 89

实践任务 ·· 89

第 5 章 产品设计创新 ·· 90

5.1 新产品开发 ·· 92

5.2 设计创意的产生 ·· 94

5.3 构建产品概念 ·· 96

本章要点回顾 ·· 101

实践任务 ··· 101

课后拓展 ··· 102

第 6 章 创业素质认知 ··· 103

6.1 创业者 ·· 104

6.2 创业者素质 ·· 110

6.3 创业者的能力 ··· 114

6.4 创业者价值观 ··· 116

本章要点回顾 ·· 120

实践任务 ··· 120

课后拓展 ··· 121

第7章 创业项目分析 …… 122

7.1 创业项目的识别 …… 123

7.2 创业项目的资源需求分析 …… 128

7.3 创业项目资源的整合 …… 133

7.4 创业项目资源的创造性利用 …… 135

本章要点回顾 …… 135

课堂训练 …… 136

实践任务 …… 136

第8章 创业计划编制 …… 137

8.1 创业计划 …… 138

8.2 创业计划书的内容 …… 139

8.3 创业计划编制实训 …… 155

本章要点回顾 …… 176

课堂训练 …… 176

课后拓展 …… 177

第9章 创业团队建设 …… 178

9.1 创业团队的概念 …… 179

9.2 创业团队的组建程序 …… 181

9.3 创业团队的管理技巧和策略 …… 182

9.4 创业团队常见问题与解决方法 …… 183

本章要点回顾 …… 185

实践任务 …… 185

课后拓展 …… 185

第10章 商业模式设计 …… 186

10.1 商业模式的概念 …… 189

10.2 企业常见的商业模式 …… 192

10.3 商业模式的构成 …… 198

10.4 商业模式分析工具——画布 …… 202

10.5 商业模式分析应用设计 …… 204

本章要点回顾 ·· 210

实践任务 ·· 211

课后拓展 ·· 211

第 11 章　创业风险管理 ·· 212

11.1　创业风险分析 ··· 213

11.2　企业风险规避 ··· 216

11.3　融资风险及管理 ·· 220

本章要点回顾 ·· 234

课堂训练 ·· 234

实践任务 ·· 234

课后拓展 ·· 235

第 12 章　新创企业管理 ·· 236

12.1　新成立企业 ·· 237

12.2　企业的内部管理 ·· 242

12.3　企业的成长管理 ·· 249

12.4　企业管理创新 ··· 252

本章要点回顾 ·· 254

课堂训练 ·· 255

课后拓展 ·· 255

参考文献 ·· 256

第1章

创新创业概论

 学习目标

创新是推动一个国家和民族向前发展的重要力量,也是推动人类社会向前发展的重要力量。创业是人类基本的实践活动之一,从某种意义上说,人类社会发展的历史,就是一部不断创新创业的历史。通过创新创业,人类不断地创造新的物质财富和精神财富,来满足自身物质和精神的需要,从而推动社会不断进步,使社会逐步走向文明、昌盛、富强。

学习完本章后,希望同学们做到:

①了解创新创业的时代背景。
②了解创新创业的概念。
③理解创业精神及其对个人发展的影响。

 导入案例

第二届全球 INS 大会召开,发布 2017 中国创新创业报告

2017年9月12日,由优客工场、标准排名主办,时尚集团联合主办的第二届全球INS大会在北京召开。标准排名城市研究院和优客工场联合发布了由腾讯研究院等提供大数据支持的《2017中国创新创业报告》(下称《报告》)。

自4月18日启幕,这场国际创新行业盛典以"INS x"的名义大玩跨界互联,是实至名归的最会玩、最有意思的创新峰会。而在此次报告中,IDG资本、AA加速器、无界空间、腾讯众创空间、东湖高新区、昌发展、竹海科技、坤鼎集团、和谷创新产业园、磨坊工场等10家机构分别当选"2017中国最佳双创服务商"。

与 2015 年的爆发式增长相比，2016 年移动互联的双创活动逐渐回归理性。腾讯研究院的数据显示，2016 年，投资者更为审慎，创业者更为小心，全年与移动互联相关的创新创业活动呈现理性推进的状态。

《报告》同时发布了"2017 中国大陆最宜创业城市排行榜 50 强"。从最宜创业城市的总分来看，今年总分在 20 分以上的城市仅 15 个，相比去年近 25 个城市有明显滑落。《报告》负责人、标准排名城市研究院院长谢良兵表示：这一方面说明双创热度的确有所下降，另一方面也可以看出，双创正在重复此前中国经济的发展模式，即让一部分地区先"创"起来。

沿海经济发达地区的创业表现依然强劲。50 强中，广东省有 5 个城市入榜；江苏、浙江、山东各有 4 个城市入榜；安徽、河北各有 3 个城市入榜；四川、辽宁、福建、广西则各有 2 个城市入榜。西部地区有 11 个城市入榜 50 强。

作为中国双创的策源地，北京的霸主地位依然难撼，并有集中趋势。以具体的二级指标来看，2016 年北京新三板挂牌企业数量为 1450 家，几乎为第二名上海（878 家）与第三名深圳（686 家）之和。国家级双创平台数量为 174 家，也几乎是上海（89 家）与深圳（86 家）之和。2016 年，北京继续加大向外疏解的力度，并在一定程度上限制了外地人的持续流入。谢良兵称，这种所谓京津冀一体化的国家战略，的确给北京周边的城市带来了机会。其中，2017 年刚设立的雄安新区或将从中受益。

《报告》的统计显示，目前中国共有 2226 家国家级"双创"平台，包括 1354 家国家级众创空间和 872 家国家级科技企业孵化器、加速器以及产业园区，它们共同组成了持续有序的创业生态。

而国家级众创空间的增加几乎是爆发式的：2016 年，国家级众创空间新增了 839 家。以地区分布而言，国家级众创空间的增长率高居前十的城市是北京、天津、上海、深圳、青岛、苏州、广州、杭州、西安和武汉。

谢良兵表示，从数据可见，天津和青岛对于国家级双创平台的申请不遗余力，效果也比较明显。青岛这几年对于科技创新的渴求从另一个侧面也可以看出，即对重点高校的争夺。山东大学、哈尔滨工业大学、中国石油大学等知名大学近年纷纷在青岛布局。

据前所述，中国的双创回归理性。实际上，不独国内如此，全球的创业活动也在 2016 年出现滑坡。据 KPMG 统计，2016 年全球 VC 投资笔数下降 24.05%，金额下降 9.9%。

尽管回归理性，在"双创"热潮的带动之下，以及受益于营改增带来的税负减轻，全国市场主体依然增长迅速。据中国国家工商总局统计，2016 年中国新登记企业 552.8 万户，同比增长 24.5%，平均每天新登记 1.5 万户。

另一方面，越来越多的创业者正在"脱虚向实"，试图寻找更为务实的方式，致力于将创新创业与实体制造业直接联系起来。

根据国家工商总局百县万家新设小微企业周年活跃度调查显示，新设小微企业表现较为活跃，周年开业率达 70.8%。而在新设小微企业中，初次创业企业占 85.8%。

分地区看，西部地区开业率最高，达 78.3%，东北地区最低，为 61.5%。

《报告》同时对 2017 年死亡的创业企业做了整理，最终样本数量为 150 家。以这些死亡企业成立的时间来看，成立时间最早的是搜狐社区，成立时间是 1999 年。时间最近的成立于 2017 年，有 3 家企业，分别是京东酷卖、悟空单车、优库速购。

在 150 家死亡企业样本中，有 70 家企业成立于 2013 年，达到总样本量的 46.67%；成立于 2012 年的有 26 家，占比 17.33%；成立于 2014 年的有 19 家，占比 12.67%。这说明，对于创业企业来说，4 年可能是它们最难迈过的一个坎。

而这些样本中，智能硬件、教育、房产、汽车、O2O 等是死亡率较高的创业领域。分析原因时，标准排名城市研究院院长谢良兵表示，这也说明，这些领域是目前双创的重要风口领域。因为热门，进入的企业就多，淘汰率也相对较高。

（来源：中国新闻网）

案例思考：
1. 从以上文章可以看出，2016—2017 年中国创新创业的主要特点是什么？
2. 作为当代大学生，该如何融入"双创"潮流？

1.1 创新创业的时代背景

2014 年 9 月，在夏季达沃斯论坛上，李克强总理最早提出"大众创业、万众创新"的号召。他说，要在 960 万平方公里土地上掀起"大众创业""草根创业"的新浪潮，形成"万众创新""人人创新"的新态势。

在 2015 年全国两会的政府工作报告中，李克强总理提出"大众创业、万众创新"。他说，我们要"打造大众创业、万众创新和增加公共产品、公共服务'双引擎'，推动发展调速不减势、量增质更优，实现中国经济提质增效升级。"他指出，推动大众创业、万众创新，既可以扩大就业、增加居民收入，又有利于促进社会纵向流动和公平正义；只要把亿万人民的聪明才智调动起来，就一定能够迎来万众创新的浪潮。

由此，"大众创业、万众创新"不断引发公众关注，成为新常态下经济发展的"双引擎"之一，也成为经济发展新形势下的热点事件。推进大众创业、万众创新，也就成为发展的动力之源，是富民之道、公平之计、强国之策，对于推动经济结构调整、打造发展新引擎、增强发展新动力、走创新驱动发展道路具有重要意义，是稳增长、扩就业、激发亿万群众智慧和创造力，促进社会纵向流动、公平正义的重大举措。

2015 年 6 月 11 日，国务院以国发〔2015〕32 号文件印发了《关于大力推进大众创业万众创新若干政策措施的意见》，从 9 大领域、30 个方面明确了 96 条政策措施，提出总体思路如下：按照"四个全面"战略布局，坚持改革推动，加快实施创新驱动发展战略，充分发挥市场在资源配置中的决定性作用和更好发挥政府作用，加大简政放权力度，放宽政策、放开市场、放活主体，形成有利于创业创新的良好氛围，让千千万万创业者活跃起来，汇聚成经济社会发展的巨大动能。不断完善体制机制、健全普惠性政策措施，加强统筹协调，构建有利于大众创业、万众创新蓬勃发展的政策环境、制度环境和公共服务体系，以创业带动就业、创新促进发展。2015年5月，国务院办公厅也发布了《关于深化高等学校创新创业教育改革的实施意见》（国办发〔2015〕36号），对高等学校创新创业教育给出了明确目标，要求从2015年起全面深化高校创新创业教育改革。

当今时代是创新创业的黄金时代，大学生是富有朝气和活力的，更富有开拓和探索精神，在国家大力鼓励"大众创业、万众创新"的政策和社会背景下，当代大学生无疑将成为创新创业最重要的有生力量。在大学阶段，接受创新创业的基本理论知识，参与创新创业的实践活动，也就成为当代大学生责无旁贷的任务和使命；同时，积极进行自主创新创业已成为大学生就业的必然趋势，这对于有效促进社会经济发展、缓解当前的就业压力和服务经济的可持续发展等都有极其重大的现实意义。

1.1.1 互联网与创新创业

1. 世界经济步入大数据时代

从2012年开始，大数据以及大数据时代等概念进入人们的生活，成为备受关注的经济话题。所谓大数据时代，是指随着互联网的发展和云计算的产生，数据渗透到当今世界的每一个行业和业务职能领域，已经成为重要的生产要素，哈佛大学教授加里·金曾经说过，庞大的数据资源使不同的领域开始了量化进程，无论是学术界、商界还是政府机关，几乎所有领域都开始了这一进程。人们对海量数据的挖掘和应用，预示着新一波生产率增长和消费者盈余浪潮的到来。大数据时代给创业带来了哪些影响呢？

首先，数据挖掘和应用本身就成为创业的重要领域。比如，阿里巴巴集团在经营淘宝、天猫等网络交易平台，支持众多中小企业完成网上交易的过程中，也积累了大量消费者信息数据，对这些数据的挖掘成为重要的新型商业领域。为此，阿里巴巴集团于2012年7月宣布设立首席数据官，专职负责推进数据平台分享战略。

其次，重视商业数据的积累成为创业企业获得核心竞争优势的重要内容。由于数据成为重要的生产要素，现代经济的很多规律均体现在庞大的商业数据之中，如果不掌握这些数据，最终将难以获得核心技术知识，进而失去核心竞争力。比如汽车行业，关于汽车设计的相关数据等凝聚在数字化平台上，如果一个汽车企业只进行汽车生产制造，而不做产品研发设计，就不可能聚集数字化平台数据，最终将锁定在制造领域。因而，未来国际创业环境中具有决定性作用的不是生产什么产品，提供什么样的服务，而是有关生产与服务的数据集聚在哪里。因而，飞机、汽车等装备制造领域的开发试验工具系统、制药领域的化合物筛选装备及模型、网络交易系统等数据集聚载体，将成为当代创业国际环境中重要的创业平台。

2. 互联网成为创业国际环境中最重要的物理支撑

网络在应用于社会近20年的时间里，对人类社会的生产及生活方式造成了重大影响；然而，这种影响还远远没有结束，特别是随着移动互联网的快速发展，网络化仍然在以飞快的速度向更多经济领域拓展，成为影响创业的重要因素。首先，网络在实体经济领域的拓展性应用，使其成为当今创业的重要领域。除了我们已经熟知的网络销售、网络书店等业务外，一些传统服务领域辅之以网络也实现了升级和发展，如上海寺冈有限公司借助互联网平台，从一个平台制造企业成功转型为一个云计算服务型企业。其次，网络技术本身不断发展和升级，开辟了许多新的创业空间，如基于移动互联网的飞信、基于网络的小米宝盒，等等。可以预期，互联网，特别是引动互联网将成为当代创业国际环境中重要的物理支撑；哪里网络发达，哪里就将成为创业最为肥沃的土壤，哪里就将孕育更多的企业。

1.1.2 知识经济与创新创业

如今的经济是世界经济一体化条件下的经济，是以知识决策为导向的经济，它促使我们对身边发生的一切事物重新审视与认识。知识经济形态是科学技术与经济运行日益密切结合的必然结果，是经济形态更人性化的表现。

1. 知识经济的概念

知识经济也被称作智能经济，指的是建立在知识和信息的生产、分配和使用基础上的经济。它是与农业经济、工业经济相对应的一个概念。

这里的"以知识为基础"，是相对于"以物质为基础的经济"而言的。现行的工业经济和农业经济，虽然也需要用到知识，但是这些经济的增长主要取决于能源、原材料和劳动力，是以物质为基础的经济。

知识经济是以人类的知识，特别是科学技术知识累积到一定程度，以及知识在经济发展中发挥的作用增加到一定比重的历史产物，同时也是信息革命导致知识共享、能够高效地产生新知识的时代产物。

2. 知识经济的特点

知识经济理论形成于20世纪80年代初。美国加州大学的教授保罗·罗默于1983年提出了"新经济增长理论"，他认为知识是一个重要的生产要素，可以提高投资的收益。该理论的提出标志着知识经济形成了初步的理论基础。知识经济作为一种新的经济形态，是对经历了200余年发展的工业经济的超越与创新，具有一系列崭新的特点。

第一，知识经济是以新科技革命为依托的信息化经济。以往工业经济的发展和繁荣直接取决于资本、资源、硬件技术的数量、规模和增量，片面追求产品技术的极致和单一商品生产规模的最大化。而知识经济直接依赖于知识或有效信息的积累和利用，将知识作为追求发展的内在驱动力，强调产品的数字化、网络化和智能化。

第二，知识经济是以高科技人才为核心的人才经济。现代国际竞争是综合国力的竞争，其关键是科学技术特别是高科技领域的竞争，而其中起决定作用的是人才的竞争。近年来，国内外一些高科技企业，无论是美国著名的微软公司，还是中国驰名的阿里巴巴、腾讯、百度，它们之所以能够异军突起，高科技优秀人才在其中起了至关重要的作用。

第三，知识经济是一种创新经济。这种创新绝非传统工业技术的简单创新，而是建立在高科技成果基础上的、在一系列新兴领域的开拓与创造。这些领域具体包括信息科学技术、新材料科学技术、空间科学技术、海洋科学技术、有益于环境的高新技术和管理软科学技术等高新技术产业。

第四，知识经济是真正意义上的全球一体化经济。全球信息网络的开通及进一步发展，不仅使全球信息资源共享成为可能，而且随着信息技术的发展，其必将为整个人类社会充分利用和共享信息资源提供更为快捷的手段和更为广阔的空间。

3. 知识经济时代创新创业活动的功能

知识经济时代的创新创业具有增加就业、促进创新、创造价值等功能，同时也是解决社会问题的有效途径之一。

(1) 创业是科技创新的扩容器

知识经济只是在一定程度上改变了就业的方向和结构，而不可能自动解决就业问题。事实上，新创企业可以通过提供岗位、服务社会来带动就业。创业型中小企业更是发挥了重要作用，创造了大量就业机会，尤其是在大企业进行裁员时，中小企业在稳定就业方面起着越来越重要的作用。中小企业成为就业的主渠道，大学生创业一方面解决了自身的就业问题，另一方面也解决了社会人员的就业问题。全社会广泛的创业活动，有利于解决社会就业问题。

(2) 创业是科技创新的加速器

知识经济时代的创业更可以实现先进技术的转化，推动新产品或新服务的不断出现，创造出新的市场需求，进一步推动和深化科技创新，从而提高企业或是整个国家的创新能力，推动经济的增长。创业是新理论、新技术、新知识、新制度形成现实生产力的转化器，新建立的企业要想在激烈的市场竞争中站住脚，就要使用先进的生产技术，采用科学的技术手段，因此，创业可以加速科技的创新。美国国家科学基金会和美国商业部等机构在20世纪80年代和90年代发表的报告表明，第二次世界大战以后，美国创业型企业的创新占美国全部创新的一半以上和重大创新的95%。

(3) 创业是经济发展的原动力

在知识经济时代，不论是在发达国家，如美国、英国，还是在发展中国家，创新创业都是一个国家经济发展中最具活力的部分，是国家经济发展的原动力。"全球创业观察"（GEM）在2007年对42个国家的创业状况进行了研究，发现在主要的7大工业国中，创业活动的水平与该国的年经济增长是高度正相关的。因此，从全球视角来看，创业对一国经济发展起着至关重要的作用。在过去的30年里，美国出现了"创业革命"，高新技术与创业精神的结合成为美国保持世界经济领先地位的"秘密武器"。我国改革开放以后，国家实行市场经济，积极支持个人投资兴办企业，新创办的中小企业成为我国新的经济增长点，对我国经济持续高速增长，以及促进我国的城市化进程和现代化建设，都起到了重要的作用。

（4）创业是社会进步的推动器

创业活动促进了社会经济体制的改革和深化，繁荣了市场，丰富了人们的生活，提高了生活质量，促进了社会稳定和谐，是实现共同富裕的有效途径。创业还可以激发整个社会的创新意识和创新精神，有利于社会文化、观念的转变。此外，创业使无数人进入了社会和经济的主流，对社会形成创新、宽容、民主、公正、诚信等观念和文化具有积极推动作用。

1.1.3 消费群体的个性需求

随着"80后"渐渐成为社会中坚力量，"90后"纷纷进入社会工作，"00后"迈入大学门槛，年轻一代即将成为消费的主力军。世界上每个角落的零售商都紧盯着"80后"、"90后"、"00后"消费者的口袋，他们不断揣摩研究"80后"、"90后"、"00后"的消费习惯：他们可以在同一时间会朋友、上网购物、喝拿铁；因为选择的多样性，他们购物时犹豫不决；他们喜欢个性化，不喜欢和朋友用的商品一模一样；他们会透支消费，但是他们也喜欢使用优惠券；他们在社交媒体分享购物体验，他们也在社交媒体获取购物信息。喜欢他们多变、个性、充满活力。可以说，零售市场得"80后"、"90后"、"00后"者得天下，一点都不为过。

现在的年青一代减少了去商场购物的时间，在他们的概念中，在一个又大又旧又无聊的商场闲逛是浪费时间的事情。所以，商场要提供个性化的服务，让购物变得有趣、有意义，并且值得回忆，这样，年青一代的消费者才认为商场值得前往。同时，年轻人喜欢质量好的商品，但是他们往往不盲目崇拜品牌和高价。他们要质量好、并且能体现自己品位的商品，还要让自己区别于自己的朋友。

年青一代的个性化需求成为不少实体零售商守住线下阵地的重要砝码。2014年4月至6月，"哆啦A梦主题展"在北京朝阳大悦城举办。除了静态展览外，朝阳大悦城还通过多种营销方式进行联动。哆啦A梦助阵购物中心，吸引了不少哆啦A梦迷前往。这也是满足消费者个性化需求的一个案例。另外，2013年银泰15周年庆的小怪兽也成为引爆周年庆的重要元素，2014年5月、6月，银泰提出"没大没小、没羞没臊"的"大小孩"模式，引入Hello Kitty这个超萌"大小孩"。不管是以蓝胖子还是超萌小怪兽助阵，抑或是引入Hello Kitty，对于零售商来说，他们都是走在满足消费者个性化需求的营销道路上。

相比老一代消费者，当下的年轻人对待品牌具有更高的道德标准。他们会根据品牌商的社会表现，来决定是否购买这家店的商品。有调查显示，32%的年轻人不会购买社会表现不好的品牌商的东西，这些商品不能被他们所接受。这对品牌商和零售商来说是一个新的挑战和机遇。

了解年青一代消费者，进而满足他们的消费需求，是未来创业领域的重点战略。这是一群让人又爱又恨的群体，他们的钱比任何一代人的都好赚，却也难赚，关键在于是否真的懂得他们的需求。零售商要了解消费者的特性，提供更加多样的服务和特色。在交易方式上，不仅可以提供钱货交易的方式，也可以提供物物交易的方式，以租赁的方式来满足消费者的需求。美国的 Rent the runway 就是符合新一代消费者的成功案例，其专门提供奢侈品、礼服等的租赁服务，满足女性特定时间点的特定需求。在营销方式上，企业也要想方设法采用个性的、能够受到年青一代喜爱的方式。

1.2 创新的概念与类型

1.2.1 创新的概念

创新是指以现有的思维方式提出区别于常规或常人思路的见解，并利用现有知识和物质，在特定环境下，本着理想化需要或为满足社会的需求，而改进或创造新的事物、方法、元素、路径、环境，并且能够获得一定有益效果的行为。

创新是以新思维、新发明和新描述为特征的一种概念化过程。它起源于拉丁语，其原意有3层含义，即更新、创造新的东西和改变。创新，是人类特有的认知能力和实践能力，是人类主观能动性的高级表现形式，是推动民族进步和社会发展的不竭动力。一个民族要想走在时代前列，不能没有理论思维，不能停止理论创新。创新在经济、商业、技术、社会学以及建筑学等领域的研究中都有着举足轻重的分量。在我国，经常用"创新"一词表示改革的结果。改革被视为经济发展的主要推动力，促进创新的因素也被视为至关重要的条件。对于创新概念的理解一般有狭义和广义两个层次。狭义的创新概念立足于把技术和经济结合起来，即创新是一个从新思想的产生到产品设计、试制、生产、营销和市场化的一系列活动。广义的创新概念力求将科学、技术、教育等与经济融汇起来，即创新表现为不同参与者和机构（包括企业、政府、学校、科研机构等）之间交互作用的网络。在这个网络中，任何一个节点都可能成为创新行为实现的特定空间。创新行为因而可以表现在技术、体制或知识等不同层面。

"创新"一词早在《南宋·后妃传上·宋世祖殷淑仪》中就曾提到，意为创立或创造新的东西。《韦氏词典》对"创新"下的定义为：引入新概念、新东西和革新。也就是说，"革故鼎新"（前所未有）与"引入"（并非前所未有）都属于创新。

在国际上，奥地利经济学家约瑟夫·熊彼特是创新理论的奠基人。他最早在1911年出版的德文版《经济发展理论》一书中，就论述了关于经济增长并非均衡变化的思想。此书在1934年被译成英文时，使用了"创新"（innovation）一词。1928年，熊彼特在首篇英文版论文《资本主义的非稳定性》（Instability of Capitalism）中首次提出了创新是一个过程的概念，并于1939年出版的《商业周期》（Business Cycles）一书中比较全面地提出了创新理论。按照熊彼特的观点，所谓"创新"，就是建立一种新的生产函数。也就是说，把一种从来没有过的关于生产要素和生产条件的"新组合"引入生产体系。在熊彼特看来，作为资本主义"灵魂"的"企业家"的职能就是实现"创新"，引入"新组合"。所谓"经济发展"，也是针对整个资本主义社会不断地实现这种"新组合"而言的。熊彼特所说的"创新""新组合"或"经济发展"，包括以下5种情况：①引进新产品。②引用新技术，即新的生产方法。③开辟新市场。④控制原材料的新供应来源。⑤实现企业的新组织。自20世纪60年代起，管理学家们开始将创新引入管理领域。现代管理大师彼得·德鲁克在《动荡年代的管理》一书中发展了创新理论。他认为，创新的含义是有系统地抛弃昨天，有系统地寻求创新机会，在市场薄弱的地方寻找机会，在新知识萌芽时期寻找机会，在市场的需求和短缺中寻找机会。创新是赋予资源以新的创造财富能力的行为。任何使现有资源的财富创造潜力发生改变的行为，都可以称为创新。他还在《创新与创业精神》一书中提到，创新是企业家的特定工具，他们利用创新改变现实，作为开创其他不同企业或服务项目的机遇。

1.2.2 创新的类型

创新并非少数天才的专利，创新是创业的源泉、本质和灵魂。创新能力是进行创业最重要的资本。创新的类型主要包括：

1. 盈利模式创新

盈利模式创新是指公司寻找全新的方式将产品和其他有价值的资源转变为资金。这种创新常常会挑战一个行业关于生产什么产品、确定怎样的价格、如何实现收入等问题的传统观念。溢价和竞拍是盈利模式创新的典型例子。

2. 网络创新

在当今互联的世界里，没有哪家公司能够独自完成所有事情。网络创新让公司可以充分利用其他公司的流程、技术、产品、渠道和品牌。悬赏或众包等开放式创新方式是网络创新的典型例子。

3. 结构创新

结构创新是通过采用独特的方式组织公司的资产（包括硬件、人力或无形资产）来创造价值。它可能涉及从调整人才管理系统到重新进行固定设备配置等方方面面。结构创新包括建立激励机制，鼓励员工朝某个特定目标努力，实现生产标准化以降低运营成本和复杂性等。

4. 流程创新

流程创新涉及公司主要产品或服务的各项生产活动和运营。这类创新需要彻底改变以往的业务经营方式，使公司具备独特的能力，高效运转，迅速适应新环境，并获得领先市场的利润率。流程创新常常是一个企业核心竞争力的重要组成部分。

5. 产品性能创新

产品性能创新是指公司在产品或服务的价值、特性和质量方面进行的创新。这类创新既涉及全新的产品，也包括能带来巨大增值的产品升级和产品线延伸。产品性能创新常常是竞争对手最容易效仿的一类。

6. 产品系统创新

产品系统创新是将单个产品和服务联系或捆绑起来创造出一个可扩展的强大系统。

产品系统创新可以帮助公司建立一个能够吸引和取悦顾客的生态环境，抵御竞争者的侵袭。

7. 服务创新

服务创新保证并提高了产品的功用、性能和价值。它能使一个产品更容易被试用和享用；它为顾客展现了他们可能会忽视的产品特性和功用；它能够解决顾客遇到的问题并弥补产品体验中的不愉快。

8. 渠道创新

渠道创新是指将产品与顾客和用户联系在一起的所有手段。虽然电子商务在近年来成为主导力量，但实体店等传统渠道还是很重要，特别是在创造身临其境的体验方面。这方面的创新常常能发掘出多种互补方式，将他们的产品和服务呈现给顾客。

9. 品牌创新

品牌创新有助于顾客和用户识别、记住你的产品，并在面对你和竞争对手的产品或替代品时选择你的产品。好的品牌创新能够提炼一种"承诺"，吸引买主并传递一种与众不同的身份感。

10. 顾客契合创新

顾客契合创新是要了解顾客和用户的深层愿望，并利用这些了解来发展顾客与公司之间富有意义的联系。顾客契合创新开辟了广阔的探索空间，可以帮助人们找到合适的方式把自己生活的一部分变得更加难忘、富有成效并充满喜悦。

只选择一两种创新类型的简单创新不足以获得持久的成功，尤其是单纯的产品性能创新，很容易被模仿、被超越。创新主体需要综合应用上述多种创新类型，才能打造可持续的竞争优势。

1.2.3 创新的特征

一般来说，创新具有以下特征：

1. 新颖性

任何一种创新活动，其结果必须是能够产出一种前所未有的新成果，这就注定了创新必然具有新颖性的特征，这是创新的第一特征。创新不是重复生产和制造某种产品，工厂的一般重复性生产是制造在世界上原本就已经存在的东西，只不过是通过重复生产以制造更多的产品、满足更多的需求，但自始至终都是同一产品，没有新的因素添加在里面。如果增加了新的因素或改变了原有的某一个方面、要素或环节，所生产的产品就不是原来的产品了。同样的道理，抄袭模仿、克隆复制都不是创新。我们可以这样理解：第一个将儿童比喻为花朵的是创新，其后再将儿童比喻为花朵的都只是模仿；第一个吃螃蟹的是创新，其后吃螃蟹的都只能称其为食客。

创新的新颖性还体现在创新活动的结果或产品必须是新的，是以前没有过的。追求与原有产品的不同，并在此基础上产生新产品或新结果，是体现创新最直观的表现。

我们衡量是不是创新，首先要看的就是有没有新的产品或新的结果出现。可以说，任何成功的创新，都是以全新的产品或成果呈现在人们面前作为最终结果的，也就是说，如果没能够产生新的产品或成果，那就不能叫做创新，或者不能叫做真正意义上的创新。

创新的新颖性体现在思维的新颖。创新离不开创造性的思维，又称为创新思维。创新思维是运用原有的知识和经验进行创造性的重新组合，最终在我们的头脑中产生了全新的思想或形象、见解和行动，等等。因此，由创新的思维所主导的创新活动，必须是新颖的、独特的，也就充分体现了创新的新颖性特点。把木梳卖给和尚的例子就是很好的创新思维运用的案例。

创新的新颖性还体现在创新活动中解决问题的方法的新颖性。在创新过程中，会碰到各种各样的问题。对于一般的日常问题，根据某一方面的经验，应付起来能得心应手，然而在面临自己从没遇到过的事物或者问题的时候，如果单凭已有的经验，只能束手无策。这时，要使问题得到解决，所使用的方法就必须是新颖的。

2. 变革性

在创新的过程中，必须要突破事物原有的质的规定性，这种对已有事物的改变和革新，必然带来原有事物的变革、一种深刻的变革，这就体现了创新的变革性特征。

创新必然带来变革。创新在其过程中，不是一般的简单重复性劳动，更不是对原有内容的简单修补和扩张，而是必须在原有事物的基础上取得突破性的发展、根本性的变革，从而得到综合性或集成性的创造。当然，这种变革不是对原有事物的简单否定或抛弃，而是一种扬弃。从变革的意义上来说，创新是继承中的升华，是发展中的改造。

3. 目的性

任何创新活动都有一定的目的，这个特性贯彻于创新过程的始终。创新的目的性，是创新得以进行的直接动力。我们所开展的每一项创新活动，都是以获得一定的效果为前提的，这就是创新活动的目的之所在。

创新的目的性来源于创新活动的主体。我们知道，创新活动的主体是人，是能够自觉的、有意识的开展创新活动的。人一旦开始创新活动或创新行动，就会带有强烈的主观目的或客观要求。

为了更好地把握创新的特征，我们要明确几个观点：

第一，大自然的演化不是创新。

我们知道，大自然的演化是神奇的甚至充满传奇色彩的，大自然在历史的长河中经历了种种演变，使得原来沉寂荒凉的原始星球，变成今天这样一个千姿百态、色彩绚丽的美好世界。那么，这种演化是不是创新呢？我们认为，大自然的变化过程不管多么纷繁复杂，也不管多么变化多端甚至激动人心，它都不是我们这里所说的创新。其主要原因在于它是一个自发的、无意识的过程，没有作为主体的人的参与，任何活动都是自发的，因此也不能说是创新的产物。

我们知道，大自然的演化是非常神奇的，如形态各异的三山五岳、婀娜多姿的江湖河海，还有浩渺的星空、多彩的云霞、红彤的朝阳、皎洁的明月……所有这些尽管如此瑰丽秀美，但并不是我们所说的创新或创新的成果，因为这一切只是大自然自发的、无意识的过程，也没有人类主体的参与。然而，科学家们所培植的神奇生物却是我们所说的创新。如杂交水稻的成功培育、转基因物种的产生等等都是创新。

第二，创新与发现是不同的。

所谓发现是找到原来就存在，只是我们还没有看到或没有认识的客观事物，后来经过人们的认知活动，形成了对事物的看法。如我们所熟知的万有引力、电磁感应现象等，都是在自然界原本就存在的事物或规律，只是科学家们首先观察到或意识到他们的存在而已。因此，发现不是创造新的物品或新的东西，如著名的三大发现——细胞学、进化论和能量守恒定律都是发现的结果，而不是创新的成果。

第三，创新与科学、技术是既有联系又有区别的。

科学的主要任务是发现，也就是发现自然界的客观规律；这其实是一种"求知识"或"求智慧"的活动，力求真实客观的揭示各项规律并能顺应规律发展，实现为我所用。技术则是与生产实践紧密联系的知识，它主要是应用于实践并指导实践，从而实现生产产品的积累和生产过程的顺利进行。创新是指一个新的想法或新的发明变成成果的过程，它的任务在于创造新的产品或其他成果，它的内涵十分丰富，既包括科技创新，也包括管理创新、商业模式创新、工艺创新、品牌创新、制度创新、理论创新等。

科学、技术和创新是三个既有联系又有区别的概念，不能简单等同。科学研究、技术开发是创新的重要来源和前提基础，但开展科学研究、掌握实用技术不一定能实现创新，只是"万里长征"第一步，实现创新还有很长的路要走。创新也离不开科学、技术，离不开这些源泉和条件，否则有可能变成无源之水、无本之木。

1.3 创业的概念、类型与要素

1.3.1 创业的定义

创业的原意是"创立基业"或者"建功立业"。《辞海》对创业的解释就是"开创基业"。"创业"一词最早出现于《孟子·梁惠王下》，"君子创业垂统，为可继也"，将创建功业与一脉相承、流传后世联系起来。创业一词由"创"和"业"组成。"创"一般指创建、创新、创立、创造、创意。而"业"一般是指学业、业务、工作、专业、就业、事业、财产、家业等。由此可以看出，创业有丰富的内涵，不单单是创办企业。

对于创业，不同的学者从不同的角度出发有着不同的解释。有人认为，创业是创业者对自己拥有的资源或通过努力能够拥有的资源进行优化整合，从而创造出更大经济价值或社会价值的过程。还有人认为，创业是一种劳动方式，是一种需要创业者运营、组织，运用服务、技术、器物进行思考、推理和判断的行为。全球创业研究和创业教育的开拓者杰夫里·蒂蒙斯教授认为：“创业是一种思考、推理和行为方式，这种行为方式是机会驱动、注重方法和与领导相平衡。创业导致价值的产生、增加、实现和更新，不只是为所有者，也为所有参与者和利益相关者。”当代管理大师彼得·德鲁克认为：“任何敢于面对决策的人，都可能通过学习成为一个创业者并具有创业精神。创业是一种行为，而不是个人的性格特征。”创业是一种可以组织、并且需要组织的系统性工作。

借鉴以上各种定义，并结合现实中的创业实践内容，在这里，我们将开创新事业、扩大现有的生产规模或改变现有的经营模式都归结为创业。

1.3.2 创业类型

随着创业活动的日益广泛，创业活动的类型也呈现出多样化的趋势。了解创业类型、比较不同类型创业活动的特点，有助于我们更好地理解和开展创业活动。创业类型的划分方式很多，所依据的标准也不尽相同。在这里，我们从不同的维度出发，以全面的视角看待创业，对创业的类型进行划分。

1. 依创业目的可分为机会型创业和生存型创业

机会型创业是指创业的出发点并非为了谋生，而是为了抓住和利用市场机遇。它以市场机会为目标，以创造新的需要或满足潜在需求为目标，因此会带动新产业发展。生存型创业是指为了谋生而自觉或被迫地创业，大多偏于尾随和模仿，因而往往会加剧市场竞争。

2. 依创业起点可分为创建新企业和既有组织内创业

创建新企业是指创业者从无到有地创建全新企业的过程。这个过程充满机遇和刺激，但风险和难度也大，创业者往往缺乏足够的资源、经验和支持。既有组织内创业是指在现有组织内的有目的的创新过程。以企业组织为例，可指公司由于产品、营销以及组织管理体系等方面的原因，在企业内进行重新创建的过程。

3. 依创业者数量可分为独立创业和合伙创业

独立创业是指创业者独自创办自己的企业，其特点在于产权归创业者个人所有，企业由创业者自由掌控，但创业者要独自承担决策风险，创业资源整合比较困难，并且受个人才能限制。合伙企业是指与他人共同创办企业，其优势和劣势正好与独立创业相反。

4. 依创业项目性质可分为传统技能型、高新技术型和知识服务型创业

传统技能型创业是指使用传统技术、工艺的创业项目，如酿酒、饮料、中药、工艺美术品等。这些独特的传统技能项目在市场上表现出经久不衰的竞争力。高新技术型创业是指知识密集度高，带有前沿性和研究开发性质的新技术、新产品创业项目。例如，将航天等高新技术领域的成果实现产业化、形成新产品，微波炉进入千家万户

就是最好的例子。知识服务型创业是指为人们提供知识、信息等的内容创业项目。当今社会，会计师事务所、工程咨询公司等各类知识性咨询服务机构不断细化和增加，这类项目投资少、见效快，竞争也日渐激烈。

5. 依创业方向和风险可分为依附型、尾随型、独创型和对抗型创业

依附型创业可分为两种情况：一是依附于大企业或产业链而生存，在产业链中明确自己的角色，为大企业提供配套服务；二是使用特许经营权，例如，利用知名品牌效应和成熟的经营管理模式，通过连锁、加盟等方式进行创业。尾随型创业即模仿他人创业，行业内已经有同类企业或类似经营项目，新创企业尾随他人，学着别人做。独创型企业是指提供的产品和服务能够填补市场空白，大到独创商品，小到商品的某种技术，如环保洗衣粉等。对抗型创业是指进入其他企业已经形成垄断地位的某个市场，与之对抗较量。

6. 依创业方式可分为复制型创业、模仿型创业、安定型创业和冒险型创业

依创业方式可分为4种情况：复制型创业是在现有经营模式的基础上进行简单复制的过程。例如，某人原本在一家化工品制造企业担任生产部经理，后来离职创立一家与原化工品制造企业相似的新企业，且生产的产品和销售渠道与离职前的那家企业相似。模仿型创业是一种在借鉴现有成功企业经验基础上进行的重复性创业。这种创业虽然很少给顾客带来新创造的价值，创新的成分也很低，但对创业者自身命运的改变还是较大的。例如，某软件工程师辞职后，模仿别人开了一家餐饮店。这种形式的创业具有较高的不确定性，学习过程长，犯错误的机会多，试错成本也较高。不过，创业者如果具有较高的素质，那么只要他得到专门的系统培训，注意把握市场进入契机，创业成功的可能性也比较大。安定型创业是一种在比较熟悉的领域所进行的不确定因素较小的创业。例如，企业内的研发团队在开发完成一项新产品之后，继续在该企业内开发另一款新的产品。这种创业形式强调的是个人创业精神的最大限度的实现，而不是对原有组织结构进行设计和调整。冒险型创业是一种在不熟悉的领域进行的不确定性较大的创业。这种创业除了对创业者具有较大的挑战，并给其带来很大的改变外，其个人前途的不确定性也很高。通常情况下，那些以创新的方式为人们提供具有自主知识产权的新产品、新服务的创业活动，都属于这种类型的创业。

7. 依创业主体可分为个体创业和公司创业

个体创业主要指不依附于某一特定组织而开展的创业活动。公司创业主要指在已有组织内部发起的创业活动，这种创业活动可以由组织自上而下发动，也可以由员工自下而上推动，但无论推动者是谁，公司内的员工都有机会通过主观努力参与其中，并在这种创业中获得报酬、得到锻炼。从创业本质来看，个体创业与公司创业有许多共同点，但是由于创业主体在资源、禀赋、组织形态和战略目标等方面各不相同，两者在创业的风险承担、成果收获、创业环境、创业成长等方面存在较大差异。两者的主要差异见表1-1。

表1-1 个体创业和公司创业的主要差异

个体创业	公司创业
• 创业者承担风险	• 公司承担风险,而不是与个体相关的生涯风险
• 创业者拥有商业概念	• 公司拥有概念,特别是与商业概念有关的知识产权
• 创业者拥有全部或者大部分事业	• 创业者或许拥有公司的权益,但可能只是一小部分
• 从理论上说,创业者的潜在回报是无限的	• 在公司内,创业者所能获得的潜在回报是有限的
• 个体的一次失误可能意味着整个创业失败	• 公司拥有更多的容错空间,能够吸纳失败
• 受外部环境波动的影响较大	• 受外部环境波动的影响较小
• 创业者具有相对独立性	• 公司内部的创业者更多受团队的牵制
• 在过程、试验和方向的改变上具有灵活性	• 公司内部的规划、程序和官僚体系会阻碍创业者的策略调整
• 决策迅速	• 决策周期长
• 低保障	• 高保障
• 缺乏安全网	• 有一系列安全网
• 在创业主意上,可以沟通的人较少	• 在创业主意上,可以沟通的人较多
• 至少在创业初期,存在有限的规模经济和范围经济	• 能够很快实现规模经济和范围经济
• 严重的资源局限性	• 在各种资源的占有上都有优势

资料来源:Morris M., Kuratko D. Corporate Entrepreneurship. Harcourt College Publishers, 2002.

1.3.3 创业的要素

创业是一项非常艰苦的事业,亦是一个复杂和复合的系统。创业需要多种条件、资源和要素。通常来说,创业的关键要素有3个,即机会、团队和资源。

1.3.3.1 创业要素的内容

1. 创业机会

创业机会往往是一个新的市场需求,或者是一个需求大于供给的市场需求,或者是一个可以开辟新产品的市场需求,这样的市场需求并非只有创业者认识到了,其他的竞争者也许会很快加入竞争的行列。因此,并不是每一个创业者都需要付出行动去满足它。

2. 创业团队

创业团队并不是一群人的简单组合,而是一个特殊的群体。它要求团队成员能力互补,拥有共同的愿景和价值观,通过相互信任、自觉合作、积极努力而凝聚在一起,并且团队成员愿意为共同的目标奉献自己,发挥自己最大的潜能。

3. 创业资源

创业资源是指初创企业在创造价值的过程中需要的特定的资产,其中包括有形与无形的资产,它是新创企业创立和运营的必要条件,主要形式表现为人才、资本、机会、技术和管理等。

1.3.3.2 要素之间的关系

有着"创业教育之父"美誉的杰弗里·蒂蒙斯在长期研究的基础上，提出了创业要素模型——蒂蒙斯模型，如图1-1所示。

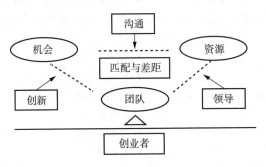

图1-1 创业要素

蒙蒂斯模型在创业领域有着深远的影响。首先，该模型简洁明了，提炼出创业的关键要素：机会、创业者及其创业团队、资源。这3个要素是任何创业活动都不可或缺的。没有机会，创业活动就成了盲目的行动，根本谈不上创造价值；机会普遍存在，没有创业者识别和开发机会，创业活动也不可能发生；合适的创业者把握住合适的机会，还需要有资源，没有资源，机会就无法被开发和利用。

其次，该模型突出了要素之间匹配的思想，这对创业来说十分重要。蒙蒂斯认为，在创业活动中，不论是机会还是团队，抑或是资源，都没有好和差之分，重要的是匹配和平衡。这里说的匹配，既包括机会与创业者之间的匹配，也包括机会与资源之间的匹配。机会、创业者、资源之间的平衡和协调，是创业成功的基本保证。蒙蒂斯说的这些道理虽然很简单，但对创业活动而言却非常重要，而且要真正做到也不是一件容易的事情。

最后，该模型具有动态特征。创业的三要素很重要，但不是静止不变的。随着创业过程的开展，其重点也会相应地发生变化。创业过程实际上是创业的3个因素相互作用，由不平衡向平衡方向发展的过程。成功的创业活动，不仅要将机会、创业者及其创业团队、资源做出最适当的搭配，而且要使其在事业发展过程中始终处于动态的平衡状态。

1.4 创新创业精神

创业精神是以创新、变革为核心的个性品质，也是推动社会经济变革、促进社会经济发展的重要力量。它既体现在创业者个体在创业实践活动中所表现出来的独特的市场判断能力、与众不同的行为方式，以及敢于冒险、敢于担当、百折不挠的意志品质，也体现在一个国家或一个企业的技术创新、经营模式创新、管理制度创新、产业创新等方面。它既对个体的人生追求和事业发展具有重要影响,也对企业的发展、民族的兴旺和国家繁荣具有重要影响。

1.4.1 创业精神

1. 创业精神的概念

创业精神这个概念出现于18世纪,多年来,其含义在不断变化着。综合已有的创业精神的定义,我们这样界定创业精神:创业精神是创业者在创业过程中的重要行为特征的高度凝结,这种精神主要表现为敢于创新、勇担风险、团结协作、坚持不懈等。创业精神的基本内涵可以从哲学层面、心理学层面、行为学层面3个方面加以理解。从哲学层面看,创业精神是人们对创业行为在思想观念上的理性认识;从心理学层面看,创业精神是人们在创业过程中体现的创业意志和创业个性的心理基础;从行为学层面看,创业精神是人们在创业时所表现出的创业品质和创业素质的行为模式。

创业精神是创业者各种素质的综合体现,它集冒险精神、风险意识、效益观念和科学精神为一体,体现了创业者具有开创性的观念、思想和个性,以及积极进取、不惧失败和敢于承担等优秀品质。创业精神不但是一种抽象的品质,而且是推动创业者创业实践的重要力量。这具体表现在以下3个方面:第一,创业精神能让创业者发现别人注意不到的趋势和变化,看到别人看不到的市场前景;第二,创业精神能让创业者在新事物、新环境、新技术、新需求、新动向面前具有较强的吸纳力和转化力;第三,创业精神能让创业者不断地寻找机遇,不断地追求创新,不断地推出新的产品和新的经营方式。

2. 创业精神的来源

创业精神的形成与发展受相应文化环境、产业环境、生存环境等的影响。

(1) 文化环境

创业本身是一种学习。创业者离不开现实文化环境。作为学习者,其所生活区域的文化就是学习的重要内容之一。因此,在一个商业文化氛围浓厚的地方,潜在的创业行动者容易培养创业精神。以温州为例,温州发达的商业文化传统,孕育了当今温州商人的创业精神。

(2) 产业环境

不同的产业环境会对创业精神产生影响。对于垄断行业而言,企业缺少竞争,就容易抑制创业精神的产生。而在一个存在竞争的市场结构中,由于企业间优胜劣汰,竞争激烈,更有可能形成创业精神。

(3) 生存环境

常言道:"穷则思变。"从生存环境来看,资源贫瘠、条件恶劣的区域往往能激发人的斗志。从创业视角分析,在资源贫瘠的地方,人们为了改善生存状况而寻求发展机会,整合外界资源,进而催生创业念头、激发创业精神。

3. 创业精神的特征

经济学家熊彼特专门研究了创业者创新和追求进步的积极性所导致的动荡和变化，将创业精神看作一种具有创造性和破坏性的力量。因为，创业者创造的"新组合"使旧产业遭到淘汰，原有的经营方式被全新的、更好的方式破坏。而管理学家德鲁克则将这一理念更推进了一步，他将创业者称作是主动寻求变化、对变化做出反应并将变化视为机会的人。

综观各个学派、各方人士对创业精神的理解，通过对古今中外创业者的创业活动和人格特征的深入分析，我们将创业精神的特征概括为以下几个方面：

（1）综合性

创业精神，是由很多精神特质综合作用而产生的。比如，创新精神、拼搏精神、专一精神、进取精神、合作精神等，都是创业精神的重要特质。

（2）整体性

创业精神，是由哲学层面的创业观念、心理学层面的创业意志和行为学层面的创业品质构成的整体，缺少其中任何一个层面，都无法构成创业精神。

（3）先进性

创业精神，体现在立志开创前无古人的事业，所以它必然具有超越历史的先进性，想前人之未曾想、做前人之未曾做。

（4）时代性

不同时代的人，面对着不同的物质生活条件和精神生活条件，创业精神的物质基础和精神营养自然有所不同，创业精神的内容也就各不相同。

（5）地域性

创业精神还明显地带有地域特色，例如，作为改革开放前沿的广东，其创业精神明显带有"敢为天下先""务实求真""开放兼容"和"独立自主"等特性。

4. 创业精神的相关因素

（1）创业精神与学历高低无关

创业精神与一个人学历的高低无关。无论是中学生、本科生还是博士生，只要其拥有创业精神，这种精神就不会因为学历的差距而有任何不同。

（2）创业精神与企业大小无关

需要说明的是，创业精神与企业大小也没有关系。不论是大型企业的老板还是便利店的老板，在开办企业时，所需要拥有的创业精神都是一样的，并不会因为所创企业的大小不同，使创业精神的本质有丝毫的区别。

5. 创业精神的作用

创业精神能激起人们进行创业实践的欲望，是一种心理上的内在动力机制。创业精神在很大程度上决定着一个人是否敢于投身创业实践，它支配着人们对创业实践活动的行为和态度，并影响行为和态度的方向及强度。

创业精神能够渗透到3个广阔的领域产生作用：个人成就的取得（个人如何成功

地创建自己的企业）、大企业的成长（大公司如何使其整个组织都重新焕发创业精神，以具有更强的竞争力）和国家的经济发展（帮助人民变得富强）。创业精神的力量能够帮助个人、企业，乃至整个国家或地区在面对竞争时走向成功和繁荣。当前，世界产业结构正经历着彻底转变，创业精神定会在我国发挥更大的作用，它有利于加快转变经济发展方式，促使经济社会又好又快发展。

6. 创新创业精神的培育

（1）培育创业人格

个性特征对个体创业来说是极其重要的，尤其是"独立性""敢为性""坚持性"等特征。所以，人格的教育与创业能力和创业精神的培养是相辅相成的。高校要根据大学生的心理特点，有针对性地教授心理健康方面的知识，引导大学生树立心理健康意识、强化心理素质、增强心理调节能力和对于社会的适应能力，自觉培养坚韧不拔的意志品质和艰苦奋斗的内在精神，提高承受挫折和解决问题的能力。此外，还可以采用创业案例剖析创业者的人格特征、进行心理训练等，让学生了解形成良好心理素质与优秀人格特征的途径。

（2）培养创新能力

创新能力是创业精神的核心，必须突出对学生创新能力的培养。一定要尊重学生的个性发展，爱护和培养学生的好奇心，为学生潜能的充分开发营造出一种宽松的氛围。鼓励学生勇于突破，有针对性地突破老师、突破书本、突破前人。通过开设创新创业类课程、举办主题知识技能竞赛，让学生感受、理解创新的产生和发展过程，培养学生的创新思维和科学精神。

（3）宣扬创业文化

校园文化是学生成才的外部环境，对于学生来说，它具有陶冶、激励和导向功能。高校应有机地将创业精神有机地融入学科活动、科技活动等活动中，以培养学生的创业精神。高校可经常邀请成功的企业家或成功的校友来学校做报告，增强大学生对于创业的信心，利用他们的激情感染学生，成为鼓励学生创业的榜样。

（4）强化创业实践

鼓励学生在课余时间参加一些创业模拟和社会实践活动，增强学生对企业的了解以及对社会的适应能力。比如，在校内外开展创业竞赛活动，与外部企业联合开展学生的实习、见习等。"纸上得来终觉浅，绝知此事要躬行。"让学生在实践中磨炼自己，形成正确的创业认知，孕育创业精神，增强解决问题的能力。

1.4.2 创业精神对个人生涯发展的影响

创业精神并不是与生俱来的，而在于后天的学习、思考和实践。创业精神一旦形成，就会对人的一生产生重要的影响。这种影响不仅体现在创业者创业准备和创业活动的始终，还体现在日常的工作、学习和生活中。从某种意义来说，创业精神不但决定个人生涯发展的态度，而且决定个人生涯发展的高度和速度。

1. 创业精神决定个人生涯发展的态度

作为一个社会人，其生涯发展必然要受到各种社会因素的影响。但是，不同的人由于其生涯发展的态度不同，所以在面临各种各样的发展机遇时，其选择也不相同。而创业精神作为一种思想观念、个性心理特征和行为模式的综合体，必然会对其生涯发展态度具有重要影响。例如，创业精神中思想观念的开放性、开创性，容易让人接受新思想、新事物，形成开放的态度，敢于开风气之先，从而想他人未曾想，做他人不敢做，成为事业上的领跑者。再如，创业精神中的创新精神、拼搏精神、进取精神、合作精神等，能使人树立积极的生活态度，在顺境中居安思危、不懈奋进，在逆境中不消沉萎靡，排除万难、励精图治，重新找到生涯发展的方向。有道是"态度决定一切"，在相同的个人天赋和社会环境下，有创业精神的人有着比其他人更加积极的人生态度，所以更有可能发现机会、把握机会，从而更有可能看到别人不能看到的风景。

2. 创业精神决定个人生涯发展的高度

创业精神是一个人核心素质的集中体现，它不仅决定了一个人在机遇面前的选择，而且决定了一个人的生涯目标和事业追求。具有创业精神的人，无论是创办自己的企业，还是在各种各样的企事业单位就业，都会志存高远、目光远大、心胸宽广。这样的人不但在事业上会取得更大的成绩，在个人品德和修为上，也会达到更高的境界。

随着国家经济、政治、文化、社会、生态"五位一体"的深入改革，社会结构将发生重大调整，各行各业将在变革中重新达到利益均衡，这既为个人的发展提供了更多的机会，也给其带来了更大的挑战。在这种背景下，大学生如果能够有意识地培养自己的创业精神，让个人理想与社会发展的趋势和节奏相吻合，就有可能使自己的事业发展达到计划经济时期无法想象的高度。但是，大学生如果在个人生涯发展上仍然沿袭计划经济时期的思维模式，不去主动规划自己的生涯发展，一切等着家长、学校和政府安排，一心想找个安稳、轻闲的"铁饭碗"，就很有可能一辈子也找不到理想的工作，甚至毕业就"失业"。

3. 创业精神决定个人生涯发展的速度

创业精神是一种主动精神和创造精神，这种精神能让人积极主动、优质、高效地做好自己承担的每一份工作，从而在平凡的岗位上做出不平凡的成就。实践证明，具有创业精神的人，不管在什么岗位，不管从事什么职业，其强烈的成就动机，其追求增长、追求效率的欲望，都将转化为内心强劲的追求事业成功的动力。在这种动力驱使下，人们会将眼前的工作作为未来事业发展的起点，把握好生命中的每一个机会，做好自己从事的每一项工作。创业精神也是一种求真务实的精神。这种精神的本质就是实事求是、讲求实效，就是实干苦干、反对浮夸、反对空谈。在人类社会的发展史上，许多企业家正是凭借这种精神，创造了从白手起家到富可敌国的财富神话；许多科学家、思想家、政治家、教育家和劳动模范，也正是凭借这种精神，从一个普通学子成长为举世瞩目的业界精英。当前，我国正处于改革开放的攻坚时期，改革是一条从未有人涉足过的路，所以既不能在书本中找到答案，也无法从前人的经验中寻找固定的模式，更不能靠空想和辩论来解决出路问题。在这种背景下，富于创业精神的人，敢于靠自己的实践探索，"摸着石头过河"，会接受更多的挑战，完成更多的任务，取得更大的业绩，从而会取得更快的发展。

本章要点回顾

本章包含了 4 个小节，分别介绍了创新创业的时代背景、创新的概念与类型、创业的概念类型与要素、创新创业精神。创新是创业的源泉、本质和灵魂，创业是一个创造新事物，实现价值增值的过程，创业精神是创业者在创业过程中的重要行为特征的高度凝结，是创业者各种素质的综合体现。创业精神一经形成就会对人一生的发展产生重要影响。通过本章的学习，相信你已经对创新创业有了一个初步的理解。

课堂训练

测试：你适合创业吗？

1. 在哪一种条件下，你会决定创业？
   a. 等有了一定工作经验以后
   b. 等有了一定经济实力以后
   c. 等找到天使或 VC 投资以后
   d. 现在就创业，尽管自己口袋里没有多少钱
   e. 一边工作一边琢磨，等想法成熟了就创业
2. 你认为创业成功的关键是：
   a. 资金实力　　　　　　b. Good idea　　　　　　c. 优秀团队
   d. 政府资源和社会关系　　e. 专利技术
3. 以下哪项是创业公司生存的必要因素？
   a. 高度的灵活性　　　　b. 严格的成本控制　　　　c. 可复制性
   d. 可扩展性　　　　　　e. 健康的现金流
4. 开始创业后你立刻做的第一件事情是：
   a. 找钱、找 VC　　　　b. 撰写商业计划书　　　　c. 物色创业伙伴
   d. 着手研发产品　　　　e. 选择办公地点
5. 你认为创业公司应该：
   a. 低调埋头苦干　　　　b. 努力到处自我宣传
   c. 看情况顺其自然　　　d. 借别人的势进行联合推广
6. 招聘员工时最重要的是：
   a. 学历高低　　　　　　b. 朋友推荐
   c. 成本高低　　　　　　d. 工作经验

7. 产品进入市场的最佳策略是：
   a. 价格低廉   b. 广告投入
   c. 口碑营销   d. 品质过硬

8. 和投资人交流最有效的方式是：
   a. 出色的现场 PPT 演示   b. 详细的商业计划书和财务预测
   c. 样品当场测试   d. 有朋友的介绍和引荐
   e. 通过财务顾问的代理

9. 选择投资人的关键因素是：
   a. 对方是一个知名投资机构   b. 投资方和团队不设对赌条款
   c. 谁估值高就拿谁的钱   d. 谁出钱快就拿谁的钱
   e. 只要能融到钱，谁都一样

10. 你认为以下哪一项是风险投资决策中最重要的因素？
    a. 商业模式   b. 定位   c. 团队
    d. 现金流   e. 销售合约

11. 从哪句话里可以知道 VC 其实对你的公司并没有实际兴趣？
    a. "我们有兴趣，但是最近太忙，做不了此项目"
    b. "你们的项目还偏早一些，我们还要观察一段时间"
    c. "你们如果找到领投的风险投资，我们可以考虑跟投一些"
    d. "我们对这个行业不熟悉，不敢投"
    e. 上面任何一句话

12. 创业团队拥有 51% 的股份就绝对控制了公司吗？
    a. 是   b. 不是

13. 创业公司的 CEO，首要的工作责任是：
    a. 制定公司的远景规划   b. 销售、销售、销售
    c. 人性化的管理   d. 领导研发团队   e. 搞进投资人的钱来

14. 凝聚创业团队的最好办法是：
    a. 期权   b. 公司文化   c. CEO 的魅力
    d. 工资和福利   e. 团队的激情

15. 创业公司的财务预测中最重要的是：
    a. 销售增长   b. 毛利率
    c. 成本分析   d. 资产负债表

16. 创业公司的日常运营中，以下工作哪项是最重要的？
    a. 会议记录的及时存档   b. 业绩指标的合理安排和及时跟踪
    c. 团队的经常性培训   d. 奖惩制度
    e. 管理流程的 ISO 9000 认证

17. 创业公司的日常运营中，最棘手的问题是：
    a. 人的管理   b. 销售增长   c. 研发的速度

d. 资金到位情况　　　　　　e. 扩张力度

18. 创业公司产品市场推广效果的衡量标准是：
a. 广告投入量和覆盖面　　　b. 营销推广的精准程度
c. 产品出色的品质保证　　　d. 广告投入和产出比例
e. 产品价格的打折力度　　　f. 品牌的市场渗透率

19. 防止竞争的最有效手段是：
a. 专利　　　　　　　　　　b. 产品包装　　　　　　　c. 质量检查
d. 不断研发新产品　　　　　e. 比竞争对手更快地占领市场

20. 创业公司的第一个大客户竟然是个土财主，你会：
a. 一视同仁地对他提供你公司的标准服务
b. 指导他如何来积极配合你的工作
c. 修理他，给他些颜色看看是为了他的提高
d. 提供全面服务＋免费成长辅导

21. 你认为创业公司的最大风险是：
a. 市场的变化　　　　　　　b. 融资的成败　　　　　　c. 产品研发的速度
d. CEO 的个人能力和素质　　e. 决策机制的合理性

22. 当创业公司账上的现金低于三个月的时候，应该采取哪项措施？
a. 立刻启动股权融资
b. 通知现有公司股东追加投资
c. 立刻大幅削减运营成本，包括裁员
d. 打电话给银行请求贷款
e. 把自己的存折和密码交给公司会计

23. 创始人之间发生矛盾时，你会：
a. 坚持原则，据理力争　　　b. 决定离开，另起炉灶
c. 委曲求全，弃异求同　　　d. 引入新人，控制局势

24. 投资创业公司的理想退出方式是：
a. 上市　　　　　　　　　　b. 被收购　　　　　　　　c. 团队回购
d. 高额分红　　　　　　　　e. 以上都是

【测试答案】

每答对一题得一分。

1. d　2. c　3. e　4. d　5. b　6. d　7. e　8. c　9. e　10. c　11. e　12. b　13. b
14. b　15. a　16. b　17. a　18. d　19. e　20. d　21. d　22. c　23. c　24. e

(1) 如果你的得分是 1－8 分：还不具备创业的基本知识，不要贸然创业哦。

(2) 如果你的得分是 9－16 分：游走在创业的梦想和现实之间，继续打磨打磨吧！

(3) 如果你的得分是 17－24 分：已经做好了创业的基本准备，大胆往前走！

(注：以上测试内容来源于 "https：//wenku. baidu. com/view/4131571d7fd5360cba1adbf8. html"）

实践任务

1. 名词解释

   创新　机会型创业　创业精神　知识经济

2. 简答题

   （1）简述个体创业与公司创业的主要差异。

   （2）创业有哪几个要素，它们之间的关系是什么？

   （3）简述知识经济时代创业有哪些功能。

拓展视频

 课后拓展

国务院关于大力推进大众创业万众创新若干政策措施的意见

国发〔2015〕32号

各省、自治区、直辖市人民政府，国务院各部委、各直属机构：

推进大众创业、万众创新，是发展的动力之源，也是富民之道、公平之计、强国之策，对于推动经济结构调整、打造发展新引擎、增强发展新动力、走创新驱动发展道路具有重要意义，是稳增长、扩就业、激发亿万群众智慧和创造力，促进社会纵向流动、公平正义的重大举措。根据2015年《政府工作报告》部署，为改革完善相关体制机制，构建普惠性政策扶持体系，推动资金链引导创业创新链、创业创新链支持产业链、产业链带动就业链，现提出以下意见。

一、充分认识推进大众创业、万众创新的重要意义

——推进大众创业、万众创新，是培育和催生经济社会发展新动力的必然选择。随着我国资源环境约束日益强化，要素的规模驱动力逐步减弱，传统的高投入、高消耗、粗放式发展方式难以为继，经济发展进入新常态，需要从要素驱动、投资驱动转向创新驱动。推进大众创业、万众创新，就是要通过结构性改革、体制机制创新，消除不利于创业创新发展的各种制度束缚和桎梏，支持各类市场主体不断开办新企业、开发新产品、开拓新市场，培育新兴产业，形成小企业"铺天盖地"、大企业"顶天立地"的发展格局，实现创新驱动发展，打造新引擎、形成新动力。

——推进大众创业、万众创新，是扩大就业、实现富民之道的根本举措。我国有13亿多人口、9亿多劳动力，每年高校毕业生、农村转移劳动力、城镇困难人员、退役军人数量较大，人力资源转化为人力资本的潜力巨大，但就业总量压力较大，结构性矛盾凸显。推进大众创业、万众创新，就是要通过转变政府职能、建设服务型政府，营造公平竞争的创业环境，使有梦想、有意愿、有能力的科技人员、高校毕业生、农

民工、退役军人、失业人员等各类市场创业主体"如鱼得水",通过创业增加收入,让更多的人富起来,促进收入分配结构调整,实现创新支持创业、创业带动就业的良性互动发展。

——推进大众创业、万众创新,是激发全社会创新潜能和创业活力的有效途径。目前,我国创业创新理念还没有深入人心,创业教育培训体系还不健全,善于创造、勇于创业的能力不足,鼓励创新、宽容失败的良好环境尚未形成。推进大众创业、万众创新,就是要通过加强全社会以创新为核心的创业教育,弘扬"敢为人先、追求创新、百折不挠"的创业精神,厚植创新文化,不断增强创业创新意识,使创业创新成为全社会共同的价值追求和行为习惯。

二、总体思路

按照"四个全面"战略布局,坚持改革推动,加快实施创新驱动发展战略,充分发挥市场在资源配置中的决定性作用和更好发挥政府作用,加大简政放权力度,放宽政策、放开市场、放活主体,形成有利于创业创新的良好氛围,让千千万万创业者活跃起来,汇聚成经济社会发展的巨大动能。不断完善体制机制、健全普惠性政策措施,加强统筹协调,构建有利于大众创业、万众创新蓬勃发展的政策环境、制度环境和公共服务体系,以创业带动就业、创新促进发展。

——坚持深化改革,营造创业环境。通过结构性改革和创新,进一步简政放权、放管结合、优化服务,增强创业创新制度供给,完善相关法律法规、扶持政策和激励措施,营造均等普惠环境,推动社会纵向流动。

——坚持需求导向,释放创业活力。尊重创业创新规律,坚持以人为本,切实解决创业者面临的资金需求、市场信息、政策扶持、技术支撑、公共服务等瓶颈问题,最大限度释放各类市场主体创业创新活力,开辟就业新空间,拓展发展新天地,解放和发展生产力。

——坚持政策协同,实现落地生根。加强创业、创新、就业等各类政策统筹,部门与地方政策联动,确保创业扶持政策可操作、能落地。鼓励有条件的地区先行先试,探索形成可复制、可推广的创业创新经验。

——坚持开放共享,推动模式创新。加强创业创新公共服务资源开放共享,整合利用全球创业创新资源,实现人才等创业创新要素跨地区、跨行业自由流动。依托"互联网+"、大数据等,推动各行业创新商业模式,建立和完善线上与线下、境内与境外、政府与市场开放合作等创业创新机制。

三、创新体制机制,实现创业便利化

(一)完善公平竞争市场环境。进一步转变政府职能,增加公共产品和服务供给,为创业者提供更多机会。逐步清理并废除妨碍创业发展的制度和规定,打破地方保护主义。加快出台公平竞争审查制度,建立统一透明、有序规范的市场环境。依法反垄断和反不正当竞争,消除不利于创业创新发展的垄断协议和滥用市场支配地位以及其他不正当竞争行为。清理规范涉企收费项目，完善收费目录管理制度，制定事中事后监管办法。建立和规范企业信用信息发布制度，制定严重违法企业名单管理办法，把创业主体信用与市场准入、享受优惠政策挂钩，完善以信用管理为基础的创业创新监管模式。

（二）深化商事制度改革。加快实施工商营业执照、组织机构代码证、税务登记证"三证合一"、"一照一码"，落实"先照后证"改革，推进全程电子化登记和电子营业执照应用。支持各地结合实际放宽新注册企业场所登记条件限制，推动"一址多照"、集群注册等住所登记改革，为创业创新提供便利的工商登记服务。建立市场准入等负面清单，破除不合理的行业准入限制。开展企业简易注销试点，建立便捷的市场退出机制。依托企业信用信息公示系统建立小微企业名录，增强创业企业信息透明度。

（三）加强创业知识产权保护。研究商业模式等新形态创新成果的知识产权保护办法。积极推进知识产权交易，加快建立全国知识产权运营公共服务平台。完善知识产权快速维权与维权援助机制，缩短确权审查、侵权处理周期。集中查处一批侵犯知识产权的大案要案，加大对反复侵权、恶意侵权等行为的处罚力度，探索实施惩罚性赔偿制度。完善权利人维权机制，合理划分权利人举证责任，完善行政调解等非诉讼纠纷解决途径。

（四）健全创业人才培养与流动机制。把创业精神培育和创业素质教育纳入国民教育体系，实现全社会创业教育和培训制度化、体系化。加快完善创业课程设置，加强创业实训体系建设。加强创业创新知识普及教育，使大众创业、万众创新深入人心。加强创业导师队伍建设，提高创业服务水平。加快推进社会保障制度改革，破除人才自由流动制度障碍，实现党政机关、企事业单位、社会各方面人才顺畅流动。加快建立创业创新绩效评价机制，让一批富有创业精神、勇于承担风险的人才脱颖而出。

四、优化财税政策，强化创业扶持

（五）加大财政资金支持和统筹力度。各级财政要根据创业创新需要，统筹安排各类支持小微企业和创业创新的资金，加大对创业创新支持力度，强化资金预算执行和监管，加强资金使用绩效评价。支持有条件的地方政府设立创业基金，扶持创业创新发展。在确保公平竞争前提下，鼓励对众创空间等孵化机构的办公用房、用水、用能、网络等软硬件设施给予适当优惠，减轻创业者负担。

（六）完善普惠性税收措施。落实扶持小微企业发展的各项税收优惠政策。落实科技企业孵化器、大学科技园、研发费用加计扣除、固定资产加速折旧等税收优惠政策。对符合条件的众创空间等新型孵化机构适用科技企业孵化器税收优惠政策。按照税制改革方向和要求，对包括天使投资在内的投向种子期、初创期等创新活动的投资，统筹研究相关税收支持政策。修订完善高新技术企业认定办法，完善创业投资企业享受70%应纳税所得额税收抵免政策。抓紧推广中关村国家自主创新示范区税收试点政策，将企业转增股本分期缴纳个人所得税试点政策、股权奖励分期缴纳个人所得税试点政策推广至全国范围。落实促进高校毕业生、残疾人、退役军人、登记失业人员等创业就业税收政策。

（七）发挥政府采购支持作用。完善促进中小企业发展的政府采购政策，加强对采购单位的政策指导和监督检查，督促采购单位改进采购计划编制和项目预留管理，增强政策对小微企业发展的支持效果。加大创新产品和服务的采购力度，把政府采购与支持创业发展紧密结合起来。

五、搞活金融市场，实现便捷融资

（八）优化资本市场。支持符合条件的创业企业上市或发行票据融资，并鼓励创业企业通过债券市场筹集资金。积极研究尚未盈利的互联网和高新技术企业到创业板发行上市制度，推动在上海证券交易所建立战略新兴产业板。加快推进全国中小企业股份转让系统向创业板转板试点。研究解决特殊股权结构类创业企业在境内上市的制度性障碍，完善资本市场规则。规范发展服务于中小微企业的区域性股权市场，推动建立工商登记部门与区域性股权市场的股权登记对接机制，支持股权质押融资。支持符合条件的发行主体发行小微企业增信集合债等企业债券创新品种。

（九）创新银行支持方式。鼓励银行提高针对创业创新企业的金融服务专业化水平，不断创新组织架构、管理方式和金融产品。推动银行与其他金融机构加强合作，对创业创新活动给予有针对性的股权和债权融资支持。鼓励银行业金融机构向创业企业提供结算、融资、理财、咨询等一站式系统化的金融服务。

（十）丰富创业融资新模式。支持互联网金融发展，引导和鼓励众筹融资平台规范发展，开展公开、小额股权众筹融资试点，加强风险控制和规范管理。丰富完善创业担保贷款政策。支持保险资金参与创业创新，发展相互保险等新业务。完善知识产权估值、质押和流转体系，依法合规推动知识产权质押融资、专利许可费收益权证券化、专利保险等服务常态化、规模化发展，支持知识产权金融发展。

六、扩大创业投资，支持创业起步成长

（十一）建立和完善创业投资引导机制。不断扩大社会资本参与新兴产业创投计划参股基金规模，做大直接融资平台，引导创业投资更多向创业企业起步成长的前端延伸。不断完善新兴产业创业投资政策体系、制度体系、融资体系、监管和预警体系，加快建立考核评价体系。加快设立国家新兴产业创业投资引导基金和国家中小企业发展基金，逐步建立支持创业创新和新兴产业发展的市场化长效运行机制。发展联合投资等新模式，探索建立风险补偿机制。鼓励各地方政府建立和完善创业投资引导基金。加强创业投资立法，完善促进天使投资的政策法规。促进国家新兴产业创业投资引导基金、科技型中小企业创业投资引导基金、国家科技成果转化引导基金、国家中小企业发展基金等协同联动。推进创业投资行业协会建设，加强行业自律。

（十二）拓宽创业投资资金供给渠道。加快实施新兴产业"双创"三年行动计划，建立一批新兴产业"双创"示范基地，引导社会资金支持大众创业。推动商业银行在

依法合规、风险隔离的前提下，与创业投资机构建立市场化长期性合作。进一步降低商业保险资金进入创业投资的门槛。推动发展投贷联动、投保联动、投债联动等新模式，不断加大对创业创新企业的融资支持。

（十三）发展国有资本创业投资。研究制定鼓励国有资本参与创业投资的系统性政策措施，完善国有创业投资机构激励约束机制、监督管理机制。引导和鼓励中央企业和其他国有企业参与新兴产业创业投资基金、设立国有资本创业投资基金等，充分发挥国有资本在创业创新中的作用。研究完善国有创业投资机构国有股转持豁免政策。

（十四）推动创业投资"引进来"与"走出去"。抓紧修订外商投资创业投资企业相关管理规定，按照内外资一致的管理原则，放宽外商投资准入，完善外资创业投资机构管理制度，简化管理流程，鼓励外资开展创业投资业务。放宽对外资创业投资基金投资限制，鼓励中外合资创业投资机构发展。引导和鼓励创业投资机构加大对境外高端研发项目的投资，积极分享境外高端技术成果。按投资领域、用途、募集资金规模，完善创业投资境外投资管理。

七、发展创业服务，构建创业生态

（十五）加快发展创业孵化服务。大力发展创新工场、车库咖啡等新型孵化器，做大做强众创空间，完善创业孵化服务。引导和鼓励各类创业孵化器与天使投资、创业投资相结合，完善投融资模式。引导和推动创业孵化与高校、科研院所等技术成果转移相结合，完善技术支撑服务。引导和鼓励国内资本与境外合作设立新型创业孵化平台，引进境外先进创业孵化模式，提升孵化能力。

（十六）大力发展第三方专业服务。加快发展企业管理、财务咨询、市场营销、人力资源、法律顾问、知识产权、检验检测、现代物流等第三方专业化服务，不断丰富和完善创业服务。

（十七）发展"互联网+"创业服务。加快发展"互联网+"创业网络体系，建设一批小微企业创业创新基地，促进创业与创新、创业与就业、线上与线下相结合，降低全社会创业门槛和成本。加强政府数据开放共享，推动大型互联网企业和基础电信企业向创业者开放计算、存储和数据资源。积极推广众包、用户参与设计、云设计等新型研发组织模式和创业创新模式。

（十八）研究探索创业券、创新券等公共服务新模式。有条件的地方继续探索通过创业券、创新券等方式对创业者和创新企业提供社会培训、管理咨询、检验检测、软件开发、研发设计等服务，建立和规范相关管理制度和运行机制，逐步形成可复制、可推广的经验。

八、建设创业创新平台，增强支撑作用

（十九）打造创业创新公共平台。加强创业创新信息资源整合，建立创业政策集中发布平台，完善专业化、网络化服务体系，增强创业创新信息透明度。鼓励开展各类公益讲坛、创业论坛、创业培训等活动，丰富创业平台形式和内容。支持各类创业创新大赛，定期办好中国创新创业大赛、中国农业科技创新创业大赛和创新挑战大赛等赛事。加强和完善中小企业公共服务平台网络建设。充分发挥企业的创新主体作用，鼓励和支持有条件的大型企业发展创业平台、投资并购小微企业等，支持企业内外部创业者创业，增强企业创业创新活力。为创业失败者再创业建立必要的指导和援助机制，不断增强创业信心和创业能力。加快建立创业企业、天使投资、创业投资统计指标体系，规范统计口径和调查方法，加强监测和分析。

（二十）用好创业创新技术平台。建立科技基础设施、大型科研仪器和专利信息资源向全社会开放的长效机制。完善国家重点实验室等国家级科研平台（基地）向社会开放机制，为大众创业、万众创新提供有力支撑。鼓励企业建立一批专业化、市场化的技术转移平台。鼓励依托三维（3D）打印、网络制造等先进技术和发展模式，开展面向创业者的社会化服务。引导和支持有条件的领军企业创建特色服务平台，面向企业内部和外部创业者提供资金、技术和服务支撑。加快建立军民两用技术项目实施、信息交互和标准化协调机制，促进军民创新资源融合。

（二十一）发展创业创新区域平台。支持开展全面创新改革试验的省（区、市）、国家综合配套改革试验区等，依托改革试验平台在创业创新体制机制改革方面积极探索，发挥示范和带动作用，为创业创新制度体系建设提供可复制、可推广的经验。依托自由贸易试验区、国家自主创新示范区、战略性新兴产业集聚区等创业创新资源密集区域，打造若干具有全球影响力的创业创新中心。引导和鼓励创业创新型城市完善环境，推动区域集聚发展。推动实施小微企业创业基地城市示范。鼓励有条件的地方出台各具特色的支持政策，积极盘活闲置的商业用房、工业厂房、企业库房、物流设施和家庭住所、租赁房等资源，为创业者提供低成本办公场所和居住条件。

九、激发创造活力，发展创新型创业

（二十二）支持科研人员创业。加快落实高校、科研院所等专业技术人员离岗创业政策，对经同意离岗的可在3年内保留人事关系，建立健全科研人员双向流动机制。进一步完善创新型中小企业上市股权激励和员工持股计划制度规则。鼓励符合条件的企业按照有关规定，通过股权、期权、分红等激励方式，调动科研人员创业积极性。支持鼓励学会、协会、研究会等科技社团为科技人员和创业企业提供咨询服务。

（二十三）支持大学生创业。深入实施大学生创业引领计划，整合发展高校毕业生就业创业基金。引导和鼓励高校统筹资源，抓紧落实大学生创业指导服务机构、人员、场地、经费等。引导和鼓励成功创业者、知名企业家、天使和创业投资人、专家学者等担任兼职创业导师，提供包括创业方案、创业渠道等创业辅导。建立健全弹性学制管理办法，支持大学生保留学籍休学创业。

（二十四）支持境外人才来华创业。发挥留学回国人才特别是领军人才、高端人才的创业引领带动作用。继续推进人力资源市场对外开放，建立和完善境外高端创业创新人才引进机制。进一步放宽外籍高端人才来华创业办理签证、永久居留证等条件，简化开办企业审批流程，探索由事前审批调整为事后备案。引导和鼓励地方对回国创

业高端人才和境外高端人才来华创办高科技企业给予一次性创业启动资金，在配偶就业、子女入学、医疗、住房、社会保障等方面完善相关措施。加强海外科技人才离岸创业基地建设，把更多的国外创业创新资源引入国内。

十、拓展城乡创业渠道，实现创业带动就业

（二十五）支持电子商务向基层延伸。引导和鼓励集办公服务、投融资支持、创业辅导、渠道开拓于一体的市场化网商创业平台发展。鼓励龙头企业结合乡村特点建立电子商务交易服务平台、商品集散平台和物流中心，推动农村依托互联网创业。鼓励电子商务第三方交易平台渠道下沉，带动城乡基层创业人员依托其平台和经营网络开展创业。完善有利于中小网商发展的相关措施，在风险可控、商业可持续的前提下支持发展面向中小网商的融资贷款业务。

（二十六）支持返乡创业集聚发展。结合城乡区域特点，建立有市场竞争力的协作创业模式，形成各具特色的返乡人员创业联盟。引导返乡创业人员融入特色专业市场，打造具有区域特点的创业集群和优势产业集群。深入实施农村青年创业富民行动，支持返乡创业人员因地制宜围绕休闲农业、农产品深加工、乡村旅游、农村服务业等开展创业，完善家庭农场等新型农业经营主体发展环境。

（二十七）完善基层创业支撑服务。加强城乡基层创业人员社保、住房、教育、医疗等公共服务体系建设，完善跨区域创业转移接续制度。健全职业技能培训体系，加强远程公益创业培训，提升基层创业人员创业能力。引导和鼓励中小金融机构开展面向基层创业创新的金融产品创新，发挥社区地理和软环境优势，支持社区创业者创业。引导和鼓励行业龙头企业、大型物流企业发挥优势，拓展乡村信息资源、物流仓储等技术和服务网络，为基层创业提供支撑。

十一、加强统筹协调，完善协同机制

（二十八）加强组织领导。建立由发展改革委牵头的推进大众创业万众创新部际联席会议制度，加强顶层设计和统筹协调。各地区、各部门要立足改革创新，坚持需求导向，从根本上解决创业创新中面临的各种体制机制问题，共同推进大众创业、万众创新蓬勃发展。重大事项要及时向国务院报告。

（二十九）加强政策协调联动。建立部门之间、部门与地方之间政策协调联动机制，形成强大合力。各地区、各部门要系统梳理已发布的有关支持创业创新发展的各项政策措施，抓紧推进"立、改、废"工作，将对初创企业的扶持方式从选拔式、分配式向普惠式、引领式转变。建立健全创业创新政策协调审查制度，增强政策普惠性、连贯性和协同性。

（三十）加强政策落实情况督查。加快建立推进大众创业、万众创新有关普惠性政策措施落实情况督查督导机制，建立和完善政策执行评估体系和通报制度，全力打通决策部署的"最先一公里"和政策落实的"最后一公里"，确保各项政策措施落地生根。

各地区、各部门要进一步统一思想认识，高度重视、认真落实本意见的各项要求，结合本地区、本部门实际明确任务分工、落实工作责任，主动作为、敢于担当，积极研究解决新问题，及时总结推广经验做法，加大宣传力度，加强舆论引导，推动本意见确定的各项政策措施落实到位，不断拓展大众创业、万众创新的空间，汇聚经济社会发展新动能，促进我国经济保持中高速增长、迈向中高端水平。

国务院

2015 年 6 月 11 日

（来源于：中国政府网"http：//www.gov.cn/zhengce/content/2015－06/16/content_9855.htm"）

国务院办公厅关于深化高等学校创新创业教育改革的实施意见

国办发〔2015〕36 号

各省、自治区、直辖市人民政府，国务院各部委、各直属机构：

深化高等学校创新创业教育改革，是国家实施创新驱动发展战略、促进经济提质增效升级的迫切需要，是推进高等教育综合改革、促进高校毕业生更高质量创业就业的重要举措。党的十八大对创新创业人才培养作出重要部署，国务院对加强创新创业教育提出明确要求。近年来，高校创新创业教育不断加强，取得了积极进展，对提高高等教育质量、促进学生全面发展、推动毕业生创业就业、服务国家现代化建设发挥了重要作用。但也存在一些不容忽视的突出问题，主要是一些地方和高校重视不够，创新创业教育理念滞后，与专业教育结合不紧，与实践脱节；教师开展创新创业教育的意识和能力欠缺，教学方式方法单一，针对性实效性不强；实践平台短缺，指导帮扶不到位，创新创业教育体系亟待健全。为了进一步推动大众创业、万众创新，经国务院同意，现就深化高校创新创业教育改革提出如下实施意见。

一、总体要求

（一）指导思想。

全面贯彻党的教育方针，落实立德树人根本任务，坚持创新引领创业、创业带动就业，主动适应经济发展新常态，以推进素质教育为主题，以提高人才培养质量为核心，以创新人才培养机制为重点，以完善条件和政策保障为支撑，促进高等教育与科技、经济、社会紧密结合，加快培养规模宏大、富有创新精神、勇于投身实践的创新创业人才队伍，不断提高高等教育对稳增长促改革调结构惠民生的贡献度，为建设创新型国家、实现"两个一百年"奋斗目标和中华民族伟大复兴的中国梦提供强大的人才智力支撑。

(二) 基本原则。

坚持育人为本，提高培养质量。把深化高校创新创业教育改革作为推进高等教育综合改革的突破口，树立先进的创新创业教育理念，面向全体、分类施教、结合专业、强化实践，促进学生全面发展，提升人力资本素质，努力造就大众创业、万众创新的生力军。

坚持问题导向，补齐培养短板。把解决高校创新创业教育存在的突出问题作为深化高校创新创业教育改革的着力点，融入人才培养体系，丰富课程、创新教法、强化师资、改进帮扶，推进教学、科研、实践紧密结合，突破人才培养薄弱环节，增强学生的创新精神、创业意识和创新创业能力。

坚持协同推进，汇聚培养合力。把完善高校创新创业教育体制机制作为深化高校创新创业教育改革的支撑点，集聚创新创业教育要素与资源，统一领导、齐抓共管、开放合作、全员参与，形成全社会关心支持创新创业教育和学生创新创业的良好生态环境。

(三) 总体目标。

2015年起全面深化高校创新创业教育改革。2017年取得重要进展，形成科学先进、广泛认同、具有中国特色的创新创业教育理念，形成一批可复制可推广的制度成果，普及创新创业教育，实现新一轮大学生创业引领计划预期目标。到2020年建立健全课堂教学、自主学习、结合实践、指导帮扶、文化引领融为一体的高校创新创业教育体系，人才培养质量显著提升，学生的创新精神、创业意识和创新创业能力明显增强，投身创业实践的学生显著增加。

二、主要任务和措施

(一) 完善人才培养质量标准。

制订实施本科专业类教学质量国家标准，修订实施高职高专专业教学标准和博士、硕士学位基本要求，明确本科、高职高专、研究生创新创业教育目标要求，使创新精神、创业意识和创新创业能力成为评价人才培养质量的重要指标。相关部门、科研院所、行业企业要制修订专业人才评价标准，细化创新创业素质能力要求。不同层次、类型、区域高校要结合办学定位、服务面向和创新创业教育目标要求，制订专业教学质量标准，修订人才培养方案。

(二) 创新人才培养机制。

实施高校毕业生就业和重点产业人才供需年度报告制度，完善学科专业预警、退出管理办法，探索建立需求导向的学科专业结构和创业就业导向的人才培养类型结构调整新机制，促进人才培养与经济社会发展、创业就业需求紧密对接。深入实施系列"卓越计划"、科教结合协同育人行动计划等，多形式举办创新创业教育实验班，探索建立校校、校企、校地、校所以及国际合作的协同育人新机制，积极吸引社会资源和国外优质教育资源投入创新创业人才培养。高校要打通一级学科或专业类下相近学科专业的基础课程，开设跨学科专业的交叉课程，探索建立跨院系、跨学科、跨专业交叉培养创新创业人才的新机制，促进人才培养由学科专业单一型向多学科融合型转变。

（三）健全创新创业教育课程体系。

各高校要根据人才培养定位和创新创业教育目标要求，促进专业教育与创新创业教育有机融合，调整专业课程设置，挖掘和充实各类专业课程的创新创业教育资源，在传授专业知识过程中加强创新创业教育。面向全体学生开发开设研究方法、学科前沿、创业基础、就业创业指导等方面的必修课和选修课，纳入学分管理，建设依次递进、有机衔接、科学合理的创新创业教育专门课程群。各地区、各高校要加快创新创业教育优质课程信息化建设，推出一批资源共享的慕课、视频公开课等在线开放课程。建立在线开放课程学习认证和学分认定制度。组织学科带头人、行业企业优秀人才，联合编写具有科学性、先进性、适用性的创新创业教育重点教材。

（四）改革教学方法和考核方式。

各高校要广泛开展启发式、讨论式、参与式教学，扩大小班化教学覆盖面，推动教师把国际前沿学术发展、最新研究成果和实践经验融入课堂教学，注重培养学生的批判性和创造性思维，激发创新创业灵感。运用大数据技术，掌握不同学生学习需求和规律，为学生自主学习提供更加丰富多样的教育资源。改革考试考核内容和方式，注重考查学生运用知识分析、解决问题的能力，探索非标准答案考试，破除"高分低能"积弊。

（五）强化创新创业实践。

各高校要加强专业实验室、虚拟仿真实验室、创业实验室和训练中心建设，促进实验教学平台共享。各地区、各高校科技创新资源原则上向全体在校学生开放，开放情况纳入各类研究基地、重点实验室、科技园评估标准。鼓励各地区、各高校充分利用各种资源建设大学科技园、大学生创业园、创业孵化基地和小微企业创业基地，作为创业教育实践平台，建好一批大学生校外实践教育基地、创业示范基地、科技创业实习基地和职业院校实训基地。完善国家、地方、高校三级创新创业实训教学体系，深入实施大学生创新创业训练计划，扩大覆盖面，促进项目落地转化。举办全国大学生创新创业大赛，办好全国职业院校技能大赛，支持举办各类科技创新、创意设计、创业计划等专题竞赛。支持高校学生成立创新创业协会、创业俱乐部等社团，举办创新创业讲座论坛，开展创新创业实践。

（六）改革教学和学籍管理制度。

各高校要设置合理的创新创业学分，建立创新创业学分积累与转换制度，探索将学生开展创新实验、发表论文、获得专利和自主创业等情况折算为学分，将学生参与课题研究、项目实验等活动认定为课堂学习。为有意愿有潜质的学生制定创新创业能力培养计划，建立创新创业档案和成绩单，客观记录并量化评价学生开展创新创业活动情况。优先支持参与创新创业的学生转入相关专业学习。实施弹性学制，放宽学生修业年限，允许调整学业进程、保留学籍休学创新创业。设立创新创业奖学金，并在现有相关评优评先项目中拿出一定比例用于表彰优秀创新创业的学生。

（七）加强教师创新创业教育教学能力建设。

各地区、各高校要明确全体教师创新创业教育责任，完善专业技术职务评聘和绩效考核标准，加强创新创业教育的考核评价。配齐配强创新创业教育与创业就业指导专职教师队伍，并建立定期考核、淘汰制度。聘请知名科学家、创业成功者、企业家、风险投资人等各行各业优秀人才，担任专业课、创新创业课授课或指导教师，并制定兼职教师管理规范，形成全国万名优秀创新创业导师人才库。将提高高校教师创新创业教育的意识和能力作为岗前培训、课程轮训、骨干研修的重要内容，建立相关专业教师、创新创业教育专职教师到行业企业挂职锻炼制度。加快完善高校科技成果处置和收益分配机制，支持教师以对外转让、合作转化、作价入股、自主创业等形式将科技成果产业化，并鼓励带领学生创新创业。

（八）改进学生创业指导服务。

各地区、各高校要建立健全学生创业指导服务专门机构，做到"机构、人员、场地、经费"四到位，对自主创业学生实行持续帮扶、全程指导、一站式服务。健全持续化信息服务制度，完善全国大学生创业服务网功能，建立地方、高校两级信息服务平台，为学生实时提供国家政策、市场动向等信息，并做好创业项目对接、知识产权交易等服务。各地区、各有关部门要积极落实高校学生创业培训政策，研发适合学生特点的创业培训课程，建设网络培训平台。鼓励高校自主编制专项培训计划，或与有条件的教育培训机构、行业协会、群团组织、企业联合开发创业培训项目。各地区和具备条件的行业协会要针对区域需求、行业发展，发布创业项目指南，引导高校学生识别创业机会、捕捉创业商机。

（九）完善创新创业资金支持和政策保障体系。

各地区、各有关部门要整合发展财政和社会资金，支持高校学生创新创业活动。各高校要优化经费支出结构，多渠道统筹安排资金，支持创新创业教育教学，资助学生创新创业项目。部委属高校应按规定使用中央高校基本科研业务费，积极支持品学兼优且具有较强科研潜质的在校学生开展创新科研工作。中国教育发展基金会设立大学生创新创业教育奖励基金，用于奖励对创新创业教育作出贡献的单位。鼓励社会组织、公益团体、企事业单位和个人设立大学生创业风险基金，以多种形式向自主创业大学生提供资金支持，提高扶持资金使用效益。深入实施新一轮大学生创业引领计划，落实各项扶持政策和服务措施，重点支持大学生到新兴产业创业。有关部门要加快制定有利于互联网创业的扶持政策。

三、加强组织领导

（一）健全体制机制。

各地区、各高校要把深化高校创新创业教育改革作为"培养什么人，怎样培养人"的重要任务摆在突出位置，加强指导管理与监督评价，统筹推进本地本校创新创业教育工作。各地区要成立创新创业教育专家指导委员会，开展高校创新创业教育的研究、咨询、指导和服务。各高校要落实创新创业教育主体责任，把创新创业教育纳入改革发展重要议事日程，成立由校长任组长、分管校领导任副组长、有关部门负责人参加的创新创业教育工作领导小组，建立教务部门牵头，学生工作、团委等部门齐抓共管的创新创业教育工作机制。

（二）细化实施方案。

各地区、各高校要结合实际制定深化本地本校创新创业教育改革的实施方案，明确责任分工。教育部属高校需将实施方案报教育部备案，其他高校需报学校所在地省级教育部门和主管部门备案，备案后向社会公布。

（三）强化督导落实。

教育部门要把创新创业教育质量作为衡量办学水平、考核领导班子的重要指标，纳入高校教育教学评估指标体系和学科评估指标体系，引入第三方评估。把创新创业教育相关情况列入本科、高职高专、研究生教学质量年度报告和毕业生就业质量年度报告重点内容，接受社会监督。

（四）加强宣传引导。

各地区、各有关部门以及各高校要大力宣传加强高校创新创业教育的必要性、紧迫性、重要性，使创新创业成为管理者办学、教师教学、学生求学的理性认知与行动自觉。及时总结推广各地各高校的好经验好做法，选树学生创新创业成功典型，丰富宣传形式，培育创客文化，努力营造敢为人先、敢冒风险、宽容失败的氛围环境。

国务院办公厅

2015 年 5 月 4 日

（来源于：中国政府网 "http://www.gov.cn/zhengce/content/2015-05/13/content_9740.htm"）

第2章

创新思维开发

 学习目标

学习完本章后,希望同学们能做到:

①了解创新思维的含义、作用、特征、类型;掌握典型的创新思维模式的特点和用法;掌握设计创新创业调研方案的系统知识。

②形成运用创新思维模式去观察、思考和解决问题的能力;熟悉创新创业调研方案设计的要素和流程,形成独立设计制定调研方案的能力。

③具备创新思维意识,培养不断观察、思考和产生创新思维的素养。

 导入案例

乔布斯与图形用户界面

图形用户界面是一种人与计算机通信的界面显示格式,允许用户使用鼠标等输入设备操纵屏幕上的图标或菜单选项,以选择命令、调用文件、启动程序或执行其他一些日常任务。与通过键盘输入文本或字符命令来完成例行任务的字符界面相比,图形用户界面有许多优点。图形用户界面由窗口、下拉菜单、对话框及其相应的控制机制构成,在各种新式应用程序中都是标准化的,即相同的操作总是以同样的方式来完成,在图形用户界面,用户看到和操作的都是图形对象,应用的是计算机图形学的技术。

"你们为什么不拿这个做点什么?这些东西太棒了,它将是革命性的!"1979年11月的一天,在施乐帕洛阿尔托(Alto)研究中心,乔布斯兴奋地嚷着。当时,帕洛阿尔

托研究中心对外还是高度保密的，因此，它对乔布斯起初并不是敞开大门的。但听闻帕洛阿尔托研究中心里有很多炫酷的东西，乔布斯决心一游，他找到施乐公司，对相关负责人说："如果能让我们考察一下帕洛阿尔托研究中心，你们就可以在苹果公司投资100万美元。"乔布斯开出的条件是很诱人的，因为当时苹果公司的发展势头很猛，正处于公司上市前夜。而一旦苹果公司上市，施乐公司就会大有收获。

施乐的工程师拉里·泰斯勒很愿意在当时闻名美国的红人乔布斯面前展现自己最新的成果——图形界面和鼠标应用。泰斯勒后来回忆说，他起初以为乔布斯他们对此一窍不通，可是"从他们专注的眼神和关心产品的细微之处的所有提问中，我知道我错了"。显然，施乐公司没有认识到这些技术的价值，而乔布斯则看到了。乔布斯仔细地观察了施乐帕洛阿尔托研究中心的计算机屏幕，屏幕上全是各种图标、下拉菜单和重叠的窗口，鼠标一点就可以控制。乔布斯后来回忆说："我们所看到的是未完成的、有缺陷的产品，但是想法的精髓已经成型……短短10分钟的观察之后，我已经明白，这将是将来所有计算机的运作模式。"

接下来的5年内，乔布斯指示研发人员开始图形界面的研发，并首先用到丽萨电脑项目上。与此同时，乔布斯亲自主持了Macintosh项目，这个项目继承和完善了丽萨采用的图形技术。乔布斯对施乐Alto上的鼠标印象深刻，因此力排众议，要求Macintosh上要用上鼠标。于是便诞生了第一台使用图形用户界面和鼠标的个人计算机。而Macintosh电脑里鼠标和图形界面的灵感从哪里来？当然就是来自乔布斯的施乐帕洛阿尔托研究中心之旅。

20世纪80年代，苹果公司首先将图形用户界面引入微机领域，推出的Macintosh以其全鼠标、下拉菜单操作和直观的图形界面，引发了计算机界面的历史性的变革。鼠标和图形界面的广泛应用是当今计算机发展的重大成就之一，它极大地方便了非专业用户的使用。人们从此不再需要死记硬背大量的命令，取而代之的是可以通过窗口、菜单、按键等方式来方便地进行操作。有人说，是因为"窃"走了施乐Alto的技术，才造就苹果公司当时在个人计算机领域无与伦比的销售收入和口碑。这种评价有些武断，因为施乐可没有给苹果任何拿走研发图纸的机会。这应该归功于乔布斯的能力：挑战现状；对某项技术、某个公司或顾客的细致观察；勇敢尝试新鲜事物的经验或实验；某人或事物点醒了他重要的知识或机会。

（参考资料：杰夫·戴尔，赫尔·葛瑞格森，克莱顿·克里斯坦森.
创新者的基因［M］.北京：中信出版社，2013.）

案例思考：
1. 乔布斯这些创新者为何异乎常人？
2. 他们创新的想法源于何处？
3. 怎样提升自身的创新思维水平？

2.1 创新思维

2.1.1 创新思维的定义

思维可以分为传统思维和创新思维两类。传统思维是人类经常性的、以经验为主的程序化的思考。而创新思维是相对于传统思维而言的一种思维方式，是思维的一种智力品质。创新思维是指在传统思维的基础之上，通过发挥大脑的能动作用，以具有超前性和预测能力的新的认知模式来把握事物发展的内在本质及规律，对事物间的联系进行前所未有的思考，探索观察、分析和解决问题的新方法、新途径的思维过程。

从狭义的理解来讲，创新思维是一种开拓人类认识新领域，开创人类认识新成果的、具有较大社会意义的高级思维活动，它往往表现为发明新技术、形成新观念、提出新方案和决策，创建新理论。当然，只有少数人才有狭义理解上的创新思维。从广义上讲，创新思维可以表现为做出了完整的新发现和新发明的思维过程，也可以表现为在思考的方法和技巧上、在某些结论和见解上具有新奇独到之处。它广泛存在于科学史上的重大发明中，存在于政治、军事决策和生产、教育、艺术及科学研究活动中。因此，每一位正常人都具有广义上的创新思维能力。比如，在领导工作实践中，具有创新思维的职业经理可以想别人所未想、见别人所未见、做别人所未做的事，敢于突破原有的框架，或是从多种原有规范的交叉处着手，或是反向思考问题，从而取得创造性、突破性的成就。

创新思维是人类从事创造性活动的基础，是一切创造原理和创造技法的源泉，人类的一切成果无一不是创新思维的结果。创新思维实现了知识和信息的增殖。它或者是以新的知识（如观点、理论、发现）来增加知识的积累，从而增加了知识的数量（即信息量）；或者是在方法上有所突破，对已有知识进行新的分解与组合，发掘知识的新功能，由此实现了知识（信息）结构量的增加。所以，从信息活动和知识增殖的角度来看，创新思维是一种实现了知识增殖，或是说信息量增殖的思维活动。

创新思维结果的实现需要人们付出艰苦的脑力劳动。一项创新思维结果的取得，往往需要经过长期的探索、刻苦的钻研、甚至多次的挫折才能取得，而创新思维的能力也要经过长期的知识积累、智能训练、素质磨砺才能具备。创新思维过程，还离不开推理、想象、联想、直觉等思维活动，所以，从主体活动的角度来看，创新思维又是一种需要人们（包括组织者、职业经理）付出较大代价，运用高超能力的一种思维活动。

2.1.2 创新思维的特征

创新思维区别于传统思维，它是通过发挥人脑的能动作用，对外部客观世界的信息以崭新的思考方式进行有意识或无意识、直接或间接的再加工处理的一个思维过程。创新思维具有以下几个特征。

(1) 开拓性及独特性

创新思维较常规思维有明显的开拓性。传统思维是遵循现存思路和方法进行思考，重复前人过去已经进行的思维过程。传统思维所要解决的是实践中经常重复出现的情况和问题，思维的结论属于现成的知识范围。而创新思维在思路的探索上、思维的方法和思维的结论上不满足于人类已有的知识和经验，往往是对现有物质形态的一种否定，程度不同地表现出与旧事物存在的某些差异，努力通过新的思维方式探索客观世界中尚未认识的事物的规律。它所要解决的是实践中不断出现的新情况和新问题，为人们的实践活动开辟新领域、新天地。

要有创新性，就要有独特性。求异、求新、新颖独创是创新思维的本质特征。创新思维的独特性在于思路的选择、思考的技巧和思维的结论上，能提出新的观点，探寻新的发现，与其他人有明显不同，并且前无古人、独具一格。创新思维的独特性能使知识和理论得到更新，对改变人类的生活方式和促进社会的进步起到深刻作用。

(2) 灵活敏捷性

创新思维始终追随前进的历史车轮，跟踪着不断发展变化的动态社会。它有着敏捷的思维能力，从变化的实际情况出发，做到因人、因时、因事而异，短时间内迅速地调动思维，具备积极思维、周密考虑、准确判断的能力，能当机立断、迅速正确地解决新问题。同时，创新思维并无现成的思维方法和程序可寻。它的方式、方法、程序、途径等都没有固定的框架，且是多方向发散和立体型的。在思维活动中，表现为可以灵活地从一个思路转向另一个思路，从一种意境进入另一种意境，多方位地试探解决问题的办法。传统思维通常是调动已有的经验，索引既定的方案、现成的做法、惯用的例证，习惯于按照一定的固有思路和方法进行思维活动，虽然符合"最省力原理"，但"再现"多于"创造"，"仿效"多于"结合"，其思维缺乏灵活性，缺乏深度和广度。

创新思维灵活敏捷性的主要表现：一是变通力，能适应变化多端的现实情况；二是摆脱惯性，不以僵化的方式看问题，突破各种成见、偏见和思维定式；三是依赖高度发展的观察力和良好的注意力。

(3) 探险性和风险性

创新思维的显著特点：一是"创"，二是"新"，以"创"促"新"，以"新"带"创"。它坚信"发展就要变，不变就不会发展"的硬道理，其核心是在发展上求创新、求突破，而不是原来事物的再现重复，它是在探索中发现和解决问题的。

由于创新思维活动是一种探索未知的活动，因此，要受多种因素的限制和影响，如事物发展的程度及本质暴露的程度、实践的条件与水平、认识的水平与能力等。这决定了创新思维并不能每次都能取得成功，甚至有可能毫无成效或者做出错误的结论。创新思维的风险性还表现在它会对传统势力、偏见产生冲击。而传统势力、现有权威都会竭力维护自己的存在，对创新思维活动的成果抱有抵触心理。但是，它无论取得什么样的结果，在认识论和方法论范畴内都具有重要意义。常规性思维不越常规，表面看来"稳妥"，风险小，但它的根本缺陷是"从来没有改变，原来咋样还咋样"，不能为人们提供新的启示。

（4）突变性

在创新思维的过程中，新思路、新设想的产生通常带有突变性。有时候，人们的思考到达一个瓶颈，或者说思路达到了极限的时候，常常会在突然之间，思绪豁然开朗，思如泉涌，突发奇想，使得久思不得其解的问题在瞬间就能找到答案。这样的现象我们也称之为"灵感降临""灵光一现"。创新思维的机理是突变论，它表现出一种非逻辑的特征，是对原有极限的突破，催使新生事物的产生。当然，突变性是创新者长期观察、研究、思考的结果，是创新思维活动过程的产物。这种思想火花的爆发没有固定的时间，带有极大的随机性。

（5）客观现实性

创新思维是以客观存在为主体的现实思维结构。它强调一切从实际情况出发，从解决现实矛盾和问题入手，尊重客观，尊重事实，在实践中不断认识真理。从本质意义上讲，创新思维始于客观存在的必然需要，创新方法源于解决现实问题之中，离开现实谈创新没有任何意义，脱离现实搞创新更是违背规律。传统思维往往流连过去，习惯用老眼光看待新事物，穿新鞋走老路，很难引领人们进入一个新的境界。

（6）科学性和有益性

创新不是凭个人的主观意志获得成功的，它必须建立在科学的认识观上，即在辩证唯物主义和历史唯物主义的科学理论指导下，经过对客观事物的细致观察和认真剖析，才能大胆地对现有物质形态在"局部继承"的基础上进行"整体否定"。因此，任何创新活动都必须遵循客观事物的发展规律，符合客观实际，经得起实践检验，具有令人信服的科学性。这也是区别真创新和假创新的一条重要标准。创新的目的在于造福人类，创新的成果也唯有益于人类，才能被人们承认、接受。在从事创新的全过程中，始终使良好的创新动机和有益的创新成果取得和谐统一，是确保创新获得成功的先决条件，也是衡量一切创新是否具有存在价值的一条重要依据。

（7）综合性

创新思维是由许多因素、多种思维形式参与结合在一起的综合性思维活动，包括知识信息因素、智力因素、实际能力因素、个性因素以及身体因素等，还包括想象、联想、比较和概括等。把事物的各个侧面、部分和属性等有机地综合成一个新的整体来进行观察和思考，常常容易发现事物之间的内在联系，发现事物之间在某些方面存在某些重要的关系，从而做出重大的创造发明。

人的思维结构可以分为思维形式、思维内容和思维过程3个部分。如图2-1所示，X轴代表思维形式，分为求同与求异、收敛与发散、习惯与变异、循序与跳跃、试悟与顿悟等5对思维，由10个因子组成。在每对因子中，前者为正向因子，后者为负向因子。Y轴代表思维方法，由辩证、逻辑、形象、动作等4个部分组成，属于中性因子。Z轴代表思维过程，由分析、综合、比较、概括、推理、抽象、类比、概念、判断、想象等10个部分组成，均属于中性因子。由于坐标系中X轴上有10个因子，可分为1，2，3，4，……，10个因子的排列组合；Y轴上有4个因子排列组合；Z轴上有 10 个因子排列组合。用数字的排列组合方法解析，所得到的思维模式种类可有天文数字百亿种之多。

创新思维是人类最高级、最复杂的思维过程，它是多种思维方法、思维形式和思维过程有机结合的产物。在创新思维方法上，既要有逻辑思维，也要有形象思维；在思维形式上，既要有发散思维，也要有收敛思维，既要有求异思维，也要有求同思维；在思维的过程中不断地综合、分析、比较、概括和推理。只有这样，才能正确地认识事物的关系，认识事物的本质和规律，才可能卓有成效地产生创造性的成果。

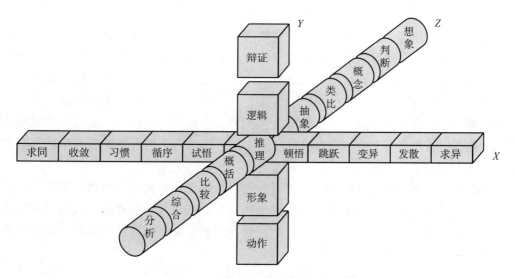

图 2-1　人的全方位思维模式结构图

（资料来源：朱国富．创新理论与技能．高等教育出版社，2013．）

2.1.3　创新思维的作用

创新思维主要有以下 3 个作用：

第一，创新思维可以不断地增加人类知识的总量，不断推进人类认识世界的水平。创新思维因其对象的潜在特征，表明它是向着未知或不完全知晓的领域进军，不断扩大着人们的认识范围，不断地把未被认识的东西变为可以认识和已经认识的东西，科学上的每一次发现和创造，都增加着人类的知识总量，为人类由必然王国进入自由王国不断地创造着条件。

第二，创新思维可以不断地提高人类的认识能力。创新思维的特征已表明，创新思维是一种高超的艺术，创新思维活动及过程中的内在的东西是无法模仿的。这内在的东西即创新思维能力。这种能力的获得依赖于人们对历史和现状的深刻了解，依赖于敏锐的观察能力和分析问题能力，依赖于平时知识的积累和知识面的拓展。而每一次创新思维过程就是一次锻炼思维能力的过程，因为要想获得对未知世界的认识，人们就要不断地探索前人没有采用过的思维方法、思考角度去进行思考，就要独创性地寻求没有先例的办法和途径去正确、有效地观察问题、分析问题和解决问题，从而极大地提高人类认识未知事物的能力,所以,认识能力的提高离不开创新思维。

第三,创新思维可以为实践开辟新的局面。创新思维的独特性与风险性特征赋予了它敢于探索和创新的精神,在这种精神的支配下,人们不满于现状,不满于已有的知识和经验,总是力图探索客观世界中还未被认识的本质和规律,并以此为指导进行开拓性的实践,开辟出人类实践活动的新领域。在中国,正是由于邓小平创造性的思维,提出了有中国特色的社会主义理论,才有了中国翻天覆地的变化,才有了今天轰轰烈烈的改革实践。相反,若没有创造性的思维,人类躺在已有的知识和经验上坐享其成,那么,人类的实践活动只能留在原有的水平上,实践活动的领域也非常狭小。

创新思维是将来人类的主要活动方式和内容。历史上曾经发生过的工业革命并没有完全把人从体力劳动中解放出来。而目前世界范围内的新技术革命,带来了生产的变革。全面的自动化把人从机械劳动和机器中解放出来,从事着控制信息、编制程序的脑力劳动。而人工智能技术的推广和应用,可以将人所从事的一些简单的、具有一定逻辑规则的思维活动交给"人工智能"去完成,从而又把人从简单脑力劳动中解放出来。这样,人们将有充分的精力把自己的知识、智力用于创造性的思维活动,把人类的文明推向一个新的高度。

创新思维的探索还具有开拓性的作用。创新思维是一种具有开创性意义的思维活动,它发明的新技术、形成的新观念、提出的新方案和决策、创建的新理论,不断开辟人类认识的新领域。创新思维不仅可以是新发现和新发明,而且可以是新方法和新技巧。

2.1.4 创新思维的分类

创新思维提倡自由畅想,完全可以不受顺序、层次甚至方向等的影响,可以从多角度、全方位地思考问题。创新思维以具有开拓性及独特性、灵活敏捷性、探险性和风险性、突变性、客观现实性、科学性、有益性和综合性的特点,在创新活动中占主导地位,起着决定性作用。

思维类型指的是具有共同特征组成的思维方式、方法和过程的总称。创新思维有着5种基本类型:发散与集中思维、逆向思维、形象思维、直觉与灵感思维、综合思维。

(1) 发散与集中思维

发散思维就是让人们把创新的思路扩散出去,多角度、多层次、多方位地去寻找问题的答案,以达到解除束缚、开拓思路、扩大视野的目的,从而实现"思绪万千,新意无穷"的效果。集中思维则恰好相反,它是把按发散思维拓展出去的思路再收拢回来,集中到某些核心思考点上,以达到终极目标。

创新思维是发散思维与集中思维的不断反复和不断组合。如果把问题的提出作为起点,问题的解决作为终点,通过"发散—集中—再发散—再集中"的思维过程才能顺利解决问题。在创造性思维的培养中,发散思维和集中思维是不可分割的整体,在获取多种材料及更多的假设与创造思路方面,发散思维尤显其长;集中思维则在科学检验与系统论证、选优汰劣中不可缺少。

在这两种思维中，我们重点介绍一下发散思维。美国心理学家吉尔福特（J. P. Guilford, 1897—1987，提出智力三维模型，1950年当选为美国心理学会主席，1954年当选为国家科学院院士，1964年获美国心理学会颁发的杰出科学贡献奖）认为发散思维是创新思维的核心，并研究出一整套测量这些特征的具体方法。然后，他们又把这种理论应用于教育实践并围绕上述指标来培养发散思维（按吉尔福特的理论，这也就是培养创新思维），使发散思维的培养变成了可操作的教学程序。

在实际生活中，我们应用发散思维的方法有很多种，大致可以概括如下：

材料发散法——给某个物品尽可能多的"材料"，以其为发散点，设想它的多种用途。

功能发散法——从某事物的功能出发，构想出获得该功能的各种可能性。

结构发散法——以某事物的结构为发散点，设想出利用该结构的各种可能性。

形态发散法——以事物的形态为发散点，设想出利用某种形态的各种可能性。

组合发散法——以某事物为发散点，尽可能多地把它与别的事物组合成新事物。

方法发散法——以某种方法为发散点，设想出利用方法的各种可能性。

因果发散法——以某个事物发展的结果为发散点，推测出造成该结果的各种原因，或者由原因推测出可能产生的各种结果。

假设推测法——假设的问题不论是任意选取的，还是有所限定的，所涉及的都应当是与事实相反的情况，是暂时不可能的或是现实不存在的事物对象和状态。由假设推测法得出的观念可能大多是不切实际的、荒谬的、不可行的，这并不重要，重要的是有些观念在经过转换后，可以成为合理的有用的思想。

集体发散思维——发散思维不仅需要用上我们自己的大脑，有时候还需要用上我们身边的无限资源，集思广益。

拓展阅读

发散思维小故事

老师问同学："树上有10只鸟，开枪打死1只，还剩几只？"

这是一个传统的脑筋急转弯题目，不够聪明的人会老老实实地回答"还剩9只"，聪明的人会回答"1只不剩"，但是有个孩子却是这样反应的。

他反问："是无声手枪吗？"

"不是。"

"枪声有多大？"

"80分贝至100分贝。"

"那就是会震得耳朵疼？"

"是。"

"在这个城市里打鸟犯不犯法？"

"不犯。"

"您确定那只鸟真的被打死啦?"

"确定。"老师已经不耐烦了,"拜托,你告诉我还剩几只就行了,OK?"

"OK,树上的鸟里有没有聋子?"

"没有。"

"有没有关在笼子里的?"

"没有。"

"边上还有没有其他的树,树上还有没有其他的鸟?"

"没有。"

"有没有残疾的鸟或饿得飞不动的鸟?"

"没有。"

"打鸟的人眼睛有没有花?保证是10只?"

"没有花,就10只。"

老师已经满头大汗,但那个孩子还在继续问:"有没有傻得不怕死的?"

"都怕死。"

"会不会一枪打死两只?"

"不会。"

"所有的鸟都可以自由活动吗?有没有鸟巢?里边有没有不会飞的小鸟?"

"没有鸟巢。所有的鸟都可以自由活动。"

"如果您的回答没有骗人",学生满怀信心地说,"打死的鸟要是挂在树上没掉下来,那么就剩1只,如果掉下来,就一只不剩。"

这位学生的话还没说完,习惯于标准答案的老师已经晕倒了!

(2) 逆向思维

人的思维活动存在正向和逆向两种方式。在通常情况下,正向思维方法能有效、经济地解决大部分常规问题。但在创新中,正向思维可能展现出它的束缚性,束缚人们的思路。转换视角,从逆向去探索,往往会产生新的观念或超常的构思。逆向思维告诉人们在思考问题时要随时注意调整自己的思维方式,不要沿一条路走下去。要敢于打破常规,换一个角度思考问题;甚至反戈一击,逆其道而行之;或者干脆把所研究、思考的问题拉回到原点,不惜推倒重来。

逆向思维由于其创新的对象、所具备的条件、所处的背景,以及因果关系等方面的区别,又可分为以下4种思维模式:

一是打破常规。常规思维即逻辑思维,也叫习惯思维,其特点是思路严谨、顺理成章、因果关系明确,容易为大多数人所接受。一般来说,它不会引起非议,也不会有太大的风险,但却经常给人带来困惑,甚至使人作茧自缚、误入歧途,很难达到创新的目的。而与此相反,打破常规的逆向思维却往往会出其不意地得到创造性成果。如爱因斯坦的"相对论"、史丰收的"速算法"等就是运用这种创新思维模式的结果。

二是相反相成。自然界中的万事万物普遍存在着一个既对立又统一的客观规律。

例如，大与小、黑与白、高与矮等，它们既相互对立、又相互依赖，相反相成。这就启发人们在进行创新活动时，不仅要研究客观事物本身所存在的一些客观规律，还要注意到事物的反面。相反相成的逆向思维就是要求人们从事物的反面思考问题，反其道而行之。

三是回归原点。人们在从事各项社会活动时，经常会遇到这样一种情形，就是当你在所从事的事业中花费了大量的时间和精力，甚至投入了不少资金和物力，虽然也取得了一定成绩，但再继续深入下去时，却遇到了难以逾越的障碍，很难再前进一步。此时，你自然会感到大惑不解、悲观失望，甚至几近崩溃。至此，你既不能急于求成，也不能失去信心。最好的方法就是停下来反思，检查一下你的思路是否发生了问题。因为你已经发散出去的思维很可能在一开始就找错了方向。若果真如此，最富成效的办法就是"悬崖勒马，回头是岸"，毅然决然地把你所研究的问题再返回到其初始状态，这便是逆向思维中回归原点的创新模式。

四是化弊为利。大千世界，无所不有；万事万物，有利有弊。这"利"和"弊"就构成了事物的两个方面，相伴而生，相反相成。这是自然界的客观规律，不以人的意志为转移。汽车的发明，给人类提供了先进的交通工具，但同时也造成了对空气的污染；城市的繁荣，带来了人类的物质文明和精神文明，却使人类的自然环境遭到严重破坏；工业生产的规模化发展和自动化程度的提高在解放了生产力的同时，也造成了大批工人的失业……总而言之，随着社会的不断进步，各种弊端也都随之暴露出来。但是，科技要进步，经济要发展，社会要前进，这是不可逆转的历史潮流，不会因诸多弊端的出现而改变。"因噎废食"的悲剧不会重演，正确的做法应当是直面社会发展所带来的诸多弊端，运用逆向思维，化弊为利，不断创造新成果。

拓展阅读

逆向思维的几个经典案例

1. 历史上被传为佳话的司马光砸缸救落水儿童的故事，实质上是一个运用逆向思维法的例子。小朋友落水，常规的思维模式是"救人离水"，而司马光由于年纪小，不能通过爬进缸中救人的手段解决问题，因而他就转换思维，果断地用石头把缸砸破，"让水离人"，救了小伙伴的性命。

2. 一个自助餐厅因顾客浪费严重而效益不好，无奈之下，餐厅规定：凡是浪费食物者罚款十元！结果生意一落千丈。后经人提点，将售价提高十元，规定改为：凡没有浪费食物者奖励十元！结果生意火爆且杜绝了浪费行为。

3. 洗衣机的脱水缸，其转轴是软的，用手轻轻一推，脱水缸就东倒西歪。可是脱水缸在高速旋转时，却非常平稳，脱水效果很好。当初设计时，为了解决脱水缸的颤抖和由此产生的噪声问题，工程技术人员想了许多办法，先加粗转轴，无效，后加硬转轴，仍然无效。最后，他们来了个逆向思维，弃硬就软，用软轴代替了硬轴，成功地解决了颤抖和噪声两大问题。这是一个由逆向思维而诞生的创造发明的典型例子。

4. 在传统的动物园内，无精打采的动物被关在笼子里让人参观。然而有人反过来想，把人关在活动的"笼子"里（汽车中），不是可以更真实地欣赏大自然中动物的面貌吗？于是野生动物园应运而生。

5. 1901年，伦敦举行了一次"吹尘器"表演，它以强有力的气流将灰尘吹起，然后收入容器中。而一位设计师却反过来想：将吹尘改为吸尘，岂不更好？根据这个设想，研制成了吸尘器。

（3）形象思维

形象思维是以被研究的客观事物的形象特征为主要思考对象的一种思维方式，属创新思维。形象思维包括想象、联想、模拟和幻想等思维模式。它与抽象思维形成一个鲜明的对比：抽象思维即逻辑思维，它是把被研究的客观事物的形象特征去掉，而把属于形象特征以外的其他特征抽取出来，形成某种概念，然后再对这些概念按照逻辑思维所规定的规则、定律、公式、定理等进行分析、比较、推理、归纳、演绎、判断等；而形象思维却十分重视客观事物的表象，充分发挥个人的想象、联想、类比、模仿等能力，并允许虚构和幻想，从而可以构造出一个栩栩如生的形象，或者一幅绚丽多彩的图画，或者一首优美动听的乐曲等。正因如此，形象思维不仅因为它的富有形象和直观而具有文学价值，而且在创新思维中具有重要地位。

我国著名心理学家林崇德教授说："想象就是形象思维。"北京师范大学公共课教材《心理学》中也写道："想象是一种特殊形式的思维。"想象是形象思维的高级形式，具有形象性、新颖性、创造性和高度概括性等特点。

想象在认识活动、学习过程和社会实践中有很重要的作用。想象是认识的高级阶段、想象力是智力活动的翅膀。爱因斯坦说："想象力比知识更重要，因为知识是有限的，而想象力概括着世界上的一切，推动着进步，并且是知识进化的源泉。严格地说，想象力是科学研究的实在因素。"他16岁时曾问自己："如果有人追上光速，将会看到什么现象？"后来他又设想："一个人在自由下落的升降机中，会看到什么现象？"就是这些想象推动他去探索科学知识的奥妙，紧张地开展研究工作，终于创立了相对论学说，获得诺贝尔奖，成为世界上最伟大的科学家。这段事例充分说明了想象在认识和学习中的重要作用。贝弗里奇说："事实和设想本身是死的东西，是想象力赋予它们生命。"所以，有人认为客观事实和知识好比空气，想象力是翅膀，只有两方面结合，智力才能如矫健的雄鹰，翱翔万里，探索广阔无垠的宇宙，搜索一切知识宝库。

（4）直觉与灵感思维

直觉思维与灵感思维是两种更趋成熟和更加高级的创新思维，在创新活动中具有极其重要和不可替代的地位。直觉思维是指对一个问题未经逐步分析，仅依据内因的感知迅速地对问题答案做出判断、猜想、设想，或者在对疑难问题百思不得其解时，突然对问题有灵感和顿悟，甚至对未来失误的结果有预感等。直觉思维是一种心理现象，在创新思维活动的关键阶段起着极其重要的作用。直觉思维是完全可以有意识加以训练和培养的。

灵感思维是指人们在久思某一问题不得其解时，思绪由于受到某种外来信息的刺激或诱导，忽然灵机一动，想出了办法，对问题的解决产生重大影响的思维过程。灵感思维往往不受思考者的控制而突然发生。灵感的产生往往伴随着激情，令创新者欣喜若狂、思维空前活跃。

(5) 综合思维

人脑的思维活动非常复杂，不仅各种创新思维之间具有密不可分的内在联系，而且创新思维与各种逻辑思维之间也没有明显的界限；况且，任何被研究的客观事物的最终解决方案也不会一蹴而就，还要经过许多艰难曲折和反复思考。因此，任何一项创新活动的完成，往往会伴随着各种创新思维和逻辑思维的相互结合及交替运用。当然，由于创新思维与逻辑思维具有各自不同的特点，决定了二者的相互独立性，因而在创新活动的不同阶段，两种思维各有偏重，分别扮演着主导和辅助的作用。因此，笔者认为：综合思维归根结底是创新思维与逻辑思维的辩证统一，也是一种创新思维的基本类型。

综合思维共有两种思维模式，分别被称为综合思维模式一和综合思维模式二。

综合思维模式一是：利用创新思维具有新、奇、快等特点，大胆地提出问题或发现问题，达到"一鸣惊人""一语道破天机"等创新效果；再运用逻辑思维具有科学、严谨、缜密、规范、系统、全面等特点，对提出或发现的问题进行分析、综合、归纳、判断和实验验证等，最终取得圆满的结果。

综合思维模式二是：先由逻辑思维提出或发现问题，再用创新思维寻找理论证明方法或实验验证方法，就是综合思维模式二的创新方法。举世瞩目的"哥德巴赫猜想"就是运用这种创新思维的典范。

2.2 创新思维的模式

任何创新思维过程总是指向某一具体问题的，问题是思维的起点。创新思维与问题解决有着密不可分的联系，所有的创新思维无疑都包含问题解决。创新思维模式如图2-2所示。

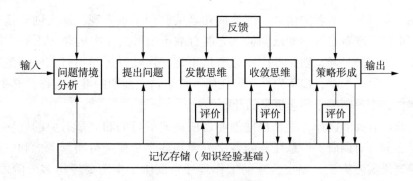

图2-2 创新思维模式

(资料来源：陈永奎. 大学生创新创业基础教程 [M]. 北京：经济管理出版社，2015.)

1. 问题情境分析

问题情境分析是创新思维的起始因素，它唤起人的认识需求。问题情境意味着人在活动中遇到了某种不理解的、未知的、令人烦扰和诧异的东西。它是当人处在解决问题（任务）的情境中时，无法用已有的知识解释新的事实，或者无法用以前熟悉的方法完成已知行动，而应找到新的行动方法的情况下产生的。创新思维过程从对问题情境的分析开始，将情境的各种结构因素从思维的不同方面进行探究，弄清它们之间的联系和关系。从问题情境的分析结果中可划分出已知因素、未知因素和应求因素。

2. 提出问题

提出问题是创新思维的主要一步。在问题情境的分析中，需确定情境中引起困难的因素是什么。被看作是困难因素的就是问题。通过一系列不同层次的"为什么"的发问，从肤浅到深入，再到反映其实质的发问，看出问题所在，即识破问题的实质，并继而用语言概述出问题来。在这个阶段不仅要确定问题的存在，还要定义这个问题到底是什么。

3. 发散思维

发散思维是指利用多角度、不同的思维方向，不受限于现有知识范围，不遵循传统的固定方法，从已知信息中产生大量变化的、独特的新思维方式。

发散思维，表现为思维视野开阔，思维呈现出多维发散状。如"一题多解""一题多写""一物多用"等方式，都是发散思维的表现形式。不少心理学家认为，发散思维是创造性思维最主要的特点，是测定创造力的主要标志。

2.3 创新创业调研方案的设计

2.3.1 创新创业调研方案设计的概念

创业一直都是勇敢者的游戏，细数成功者的脚印不难发现，其实创业是有准备者的战场。不打无准备之战，知己知彼，方能百战不殆。当一次机会（项目、产品）出现在创业者面前的时候，创业者往往会举棋不定，这仗打还是不打？值不值得打？古代兵法有云：兵马未动，粮草先行。做任何一件事情，前期的准备工作是必不可少的。凡事预则立，不预则废，创业更是如此。

创业调研方案的设计，就是根据创业者所调研的目的和调研对象的性质，在进行实际调研之前，对调研工作总任务的各个方面和各个阶段进行通盘考虑和安排，以提出相应的调研实施方案，制定合理的工作程序。调研工作需要经历多个阶段和环节，即调研资料的收集、整理和分析等。只有在调研工作开始前进行统一的安排和考虑，才能避免调研内容上出现重复和遗漏，保证调研工作有秩序、有步骤地顺利进行，减少调研误差，提高调研质量。简单来说，创业调研是营销调研的一部分，是将营销调研的理论运用到创业方面,为创业者在初期提供市场信息,方便创业者了解市场状况,认识市场现状。

2.3.2 创新创业调研方案设计的重要性

在创业前进行市场调研是非常有必要的,这个调研是一项复杂的、严肃的、技术性强的工作。在进行创业调研时,参与者会有很多,为了在调研过程中统一认识、统一内容、统一方法和统一步调,圆满地完成创业调研的任务,就必须制定出一套科学、严密、可行的工作计划和组织措施,以使所有参与调研工作的人员都依此执行。具体来讲,调研方案设计的重要性有以下3点:

第一,从认识上讲,调研方案设计是从定性认识过渡到定量认识的开始阶段。虽然市场调研所收集的许多资料都是定量资料,但应该看到,任何调研工作都是先从对调研对象的定性认识开始的,没有定性认识就不知道调研什么和怎么调研,也不知道要解决创业过程中的哪些问题和如何解决这些问题。

第二,从工作上讲,调研方案设计起着统筹兼顾、统一协调的作用。在创业调研过程中会遇到很多复杂的矛盾和问题,其中有的问题是属于调研本身的问题,也有很多是与调研相关的问题。因此,必须通过调研设计,设置调研流程,才能分清主次,根据需要和可能采用相关的调研方法,使调研工作有序地进行。

第三,从实践上来讲,调研方案设计能够适应现代市场调研发展的需要。市场调研过程也被视为调研设计、资料收集、资料整理和资料分析的一个完整工作过程,调研设计正是全过程的第一步。

2.3.3 创新创业调研方案设计的主要内容

创业调研方案的设计是对调研工作的各个方面和全部过程的通盘考虑,包括了整个调研工作的全部内容。调研总体方案是否科学、可行,是整个调研工作成败的关键。

1. 确定调研项目

明确了调研目标之后,我们需要明确调研哪些方面的内容才能达到调研目标,即确定调研项目。调研项目是调研目标的具体化,应该围绕调研目标来设置。

确定调研项目对于调研方案的设计者来说是相当重要的一个环节。首先,调研项目的确定规定了问卷设计或访问提纲的范围;其次,调研项目的确定也决定了调研的对象和调研方法;再次,调研目标是否能达到,在策划阶段只有通过调研人员所规定的调研项目才能判断。调研项目是否全面、适当,在很大程度上将影响调研方案能否被企业所接受、认可。

2. 选择调研类型

营销调研根据营销问题的实质可以分为探索性调研、描述性调研和因果性调研。探索性调研通常是为了获取有关调研问题的一般性背景资料而进行的一种非结构化和非正式的调研;描述性调研是对有关谁、什么、哪里、何时和怎么样等问题答案的描述；因果性调研可以被认为是按照"如果 X……那么 Y"这样的条件语句来理解的一种现象。

在选择调研类型的时候可以根据调研问题的不确定程度来确定。如图 2-3 所示，探索性调研主要用于决策制定的前期，在调研人员对问题的属性还不确定的情况下进行。描述性调研是在调研人员发现了某个问题，需要对这个问题进行进一步了解时进行。因果性调研则用于帮助调研人员更精确地确认问题。

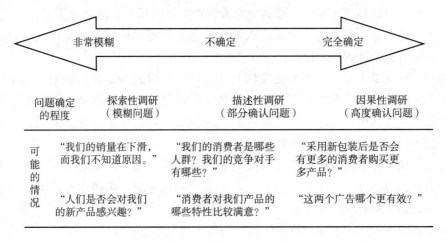

图 2-3　创业调研的类型

（资料来源：陈凯. 营销调研 [M]. 北京：中国人民大学出版社，2011.9.）

3. 选择基础调研方法

根据调研的目标、数据的现有来源以及获取数据的成本等问题，调研人员还需要确定基础的调研方法，基础的调研方法包括：调查、案例研究、实验、二手数据和观察。

（1）调查

调查主要通过使用问卷的形式从抽样人群中收集信息，是获取原始数据最常用的方法。调研人员需要根据调研目标来精心准备调查问卷的格式和问题。调研人员需要选择与被调查者的交流方式。交流方式根据不同的调查问题和调查内容来确定，可以选择通过电话、邮件、面对面、互联网或通过其他媒介。

选择被调查者可以根据不同的调研目标。被调查者可以是一般的消费者、批发商、零售商，也可以是在产品相关领域具有丰富经验的专家。不同调研类型也可能会影响到被调查者的选择。探索性调研通常通过个别询问知识丰富的被调查者或小型群体来进行。与此相反，描述性调研是通过在短的时间段里（10~20 分钟）向大量的被调查者询问一些简单的问题。不同的调研类型也可以选择不同的访问方法。例如，探索性调研可以选择焦点群体的采访、深入采访等方法。

为了与被调查者进行有效的交流，所有的直接调查人员需要经过培训，需要了解提问的技巧以及简单地辨别被调查者态度的方法，如果被调查者不配合则可能导致调研数据出现偏差。有关各种不同的调查方法会在后面的章节详细介绍。

（2）案例研究

调研人员可以通过对类似或相似的案例进行调研来帮助解决调研问题，包括调研历史案例和模拟案例。

1）历史案例

可以通过密集分析几个目标案例来调研历史案例，得到有助于解决调研问题的相关资料。例如，了解市场中可能影响新产品销量的各种因素，了解这些因素之间是否存在某些联系，以及这些因素对销量可能产生的影响的程度等。通过历史案例方法分析选择的目标案例，可以反映出：对比的业绩水平如良好的和糟糕的市场、业绩的快速变化（如进入市场的竞争者）事件发生的顺序（如从间接努力到直接努力的转变过程中不同阶段的销售领域）。

2）模拟案例

模拟案例是通过对产品在市场环境中发生的各种可能的情况，有针对性地进行模拟，以此来获得相关的数据或是解决问题的方法。这些数据大部分是以计算机为基础的。通过在计算机上模拟操纵可以操纵的因素，观察它们对于销量或是满意度等方面的影响。模拟案例可以用来获得市场体系变化的动态过程。市场调研模拟案例需要数据输入，这些数据输入与想要模拟的环境以及各环境变量之间的关系有关。

与其他数据来源比较，模拟案例的方法有一定的优势。与进行调查的方法相比，用模拟案例的方法来做数据收集所需的时间较少，而且要分析的数据可能较少。模拟案例可以在组织内完全秘密地进行，而其他数据来源并不能保证这种程度的安全性。模拟案例可以用于评估不同的市场调研战略，并且提供对不同战略的评价。另外，模拟案例可以被用作组织成员的培训工具，可以使得与市场活动没有直接关联的个人领会到市场体系如何运作，以及如何影响该领域的决策。

模拟案例的局限性在于发展有效的模拟案例模型比较困难，并且随条件变化更新模型需要一定的时间和成本。如果调研组织对于要调研的市场现象或市场背景知识了解比较少，模拟案例的方法就不太可行了。

3）实验

实验法是调研人员通过控制一个或多个实验变量（比如产品特征、价格水平、广告水平或广告吸引力等）来得到实验数据，然后通过衡量这些控制对一个或多个有关的因变量（如销售和产品偏好情况）产生的效果，得到相应的调研结果。

实验的目标是消除影响市场变量的不确定性因素，以研究一个变量变化时会引起的因变量变化效果，也因此实验法仅在其他变量被控制或去除的情况下有用。然而，在真正的市场中，各种因素都具有很大的不确定性，同时实际市场很难被控制，因此，实验法得出的数据在现实市场中应用具有一定的局限性。

4）二手数据

二手数据是在该调研项目之前，由其他人为了其他目的而收集并记录下来的有关数据。二手数据一般是历史性的，而且已经整理完毕，不需要任何应答者或调研对象。

二手数据的优点在于，和原始数据相比更容易获得；缺点是这些数据比较过时，而且不是为了满足调研人员的需求而专门设计的。这样，调研人员就需要知道数据与特定项目的相关程度。为了评估二手数据，调研人员需要了解这些数据的主题、调研对象、调研时间等问题是否与目前的调研项目相符合。

二手数据按照来源的不同可以分为内部数据和外部数据：

①内部二手数据。内部二手数据是那些源自企业内部的数据，或者是由公司最先记录的数据。多数公司的会计系统一般可以提供很多的信息资料。最常见的就是销售与成本的记录，调研人员可以利用这些决策支持系统来执行更细节的分析。内部数据的其他来源还包括销售人员的电话报告、顾客意见、服务记录、保修单返回或其他记录等。调研人员可以根据不同的调研目标对这些信息进行整合。内部数据的最大优势就是获取成本低，并且可提供性很高。

②外部二手数据。外部二手数据是由机构实体而不是调研人员所在企业创造或记录的数据。例如，政府、报纸和期刊、商业协会及其他组织都可以产生或提供这类信息。这些信息在以前一般是以出版物的形式记载，可以在公共图书馆、商业协会或政府相关部门查阅。在当今时代，随着计算机化数据存档技术迅速发展，获取外部数据在一定程度上变得容易了。同时，随着网络的飞速发展，互联网也逐渐成为获取数据的一个主要渠道。

5）观察

观察是指调研人员可以通过观察被调查者或竞争对手现在的行为或过去行为的结果，获得对于企业做出决策有帮助的相关信息的过程。观察法的主要优势是，它不依赖于访问者的报告，而是直接记录有关行为，同时也减少了由于行为者回忆而产生的误差。例如，某公司在电视机上安装了一种测量仪器，记录每个家庭成员收看的节目类型。这样就可以避免被调查者带有任何偏见来回答调查。例如，有的家庭明明是看其他频道的娱乐节目，却回答说在看新闻联播后的焦点访谈。调研人员可以通过观察准确地记录人们的行为的内容以及过程，但是它不能用来确定行为所隐含的动机、态度以及其他思想状况。

4. 确定调研对象和调研单位

调研对象是根据调研目的确定的调查研究总体或调研的范围，调研单位是构成调研对象的每一个单位，它是调研项目和指标的承担者或载体。调研对象和调研单位的确定实际上就是确定调研人员需要向谁提出问题，从哪里获取数据的问题。比如，对某市烟民的消费情况进行调查，其对象就是该市所有吸烟的人。在确定调研对象时，应该注意以下几个问题：

(1) 明确界定调研对象

由于市场的多变，因此调研对象也是比较复杂的，必须以科学的理论为指导，严格界定调研对象的内涵和界限，以免调研实施时由于对象的界限不明确而发生差错。

(2) 确定调研单位

调研单位的确定取决于调研目的和对象，如果调研目的和对象发生了变化，调研单位也应该随之而变化。

（3）调研方式和调研单位的关系

不同的调研方式会产生不同的调研单位。如果采取普查方式，调查总体内所包含的全部样本都是调研单位；如果采取重点调研方式，只有选定的少数重点样本是调研单位；如果采取抽样调研方式，则以各种抽样方法抽出的样本为调研单位。

5. 确定调研的时间规划

调研时间规划是指展开调研的具体时间和需要多少时间完成的计划。根据不同的调研课题、调研方法，有不同的最佳调研时间。例如，对于入户调查，最好的调查时间是在晚上和周末休息日，这时候家中有人的概率比较大，成功率较高。如果采用观察法掌握超市的人群流量情况，为了使样本具有更好的代表性，应选择不同的时间段。因为一天当中不同的时间范围内，人群流量存在很大差异，在一周当中，工作日和休息日人群流量也有很大不同，只有对观察的时间段进行精心选择设计，才能有科学、合理的推断结果。另外，调研的方法和规模不同，调研工作的周期也不同。例如，邮寄调研的周期较长，而电话调研的周期较短。大规模的入户调查，其周期通常也比较长。

在进行调研方案的设计中，调研时间一般用调研进度表来表示。确定调研进度表，一方面可以指导和把握计划的完成进度，另一方面也可以控制调研成本，以达到用有限的经费获得最佳效果的目的。

6. 进行经费预算

营销调研的经费预算是调研设计中的重要内容。调研的费用通常与调研范围、调研规模、调研方法等相关。通常，一项营销调研项目的预算包括以下内容：①调研方案设计、策划费用；②抽样设计、实施费用；③问卷设计费；④问卷印刷装订费；⑤调研实施费用（包括测试调查费、差旅费、邮寄费、调查人员劳务费、礼品费以及其他相关费用）；⑥数据录入、审核费；⑦数据统计费；⑧报告制作费；⑨办公用费（如会议费、专家咨询费等）；⑩其他相关费用。营销调研估价单见表2－1。

表2－1 营销调研估价单

费用支出项目	数量	单价/元	金额/元	备注
调研方案设计、策划费用				
抽样设计、实施费用				
问卷设计费				
问卷印刷装订费				
测试调查费				
调查员劳务费				
受访者礼品费				

续表

费用支出项目	数量	单价/元	金额/元	备注
交通费				
数据录入、审核费				
数据统计费				
报告制作费				
办公费用				
总计				

7. 制定调研的组织计划

在调研策划阶段需要对调研整体的组织方案进行计划。例如，进行各工作环节的人员配备和设定工作目标、对调研的质量进行控制和监督、对访问人员进行培训，等等。在进行调研组织计划过程中需要处理好以下几点：在调研中负责不同任务的人员之间的配合，如方案设计者、访谈人员、汇总和处理资料的人员以及对资料进行分析统计的人员等；调研中人、物、财各方面因素的相互配合；调研过程中各个环节、部门之间的相互配合。注意到以上几点，会使整个组织结构的各个部分都可以更有效地发挥作用。调研作业进度表参见表2-2。

表2-2 调研作业进度表

日期	相关内容	负责人	备注
	总体方案及抽样方案的论证，设计问卷		
	问卷初稿设计		
	问卷测试		
	问卷修正、印刷		
	访谈员的挑选和培训工作		
	调查实施		
	电脑录入和统计处理工作		
	撰写调查报告		
	报告打印，提交报告		

本章要点回顾

在自然界优胜劣汰的竞争中，人类之所以能够成为世界的主宰，是因为人类有着其他任何动物都无法比拟的思维能力。人依靠思维显示出的无限智慧，不断地利用自然、征服其他动物,繁衍生存,主宰着这个世界。思维是人区别于其他动物的最根本特征。思维的方法多种多样,创新思维是在一般思维的基础上发展起来的,是思维活动中最有价值和最积极的形式。

创新思维是创新能力的核心和基础,是实现创新内在机制的深层动力。创新人才的发展,主要是创新思维的发展。要培养创新意识,重要的是应当培养和树立创新思维方式。在本章的学习中,我们分别向同学们介绍了创新思维的定义——相对于传统思维的、以新的认知模式来把握事物,进行前所未有的思考,探索观察、分析和解决问题的新方法、新途径的思维过程;创新思维的开拓性及独特性、灵活敏捷性、探险性和风险性、突变性、客观现实性、科学性、有益性和综合性这7个特征;创新思维不断地增加人类知识的总量,不断推进人类认识世界的水平、为实践开辟新的局面、将成为未来人类的主要活动方式和内容;创新思维的5种基本类型:发散与集中思维、逆向思维、形象思维、直觉与灵感思维、综合思维;创新的源泉来自实践;创新的思维模式。在第2、3节里,告诉同学们创新创业调研方案设计的相关概念、重要性和主要内容,其中主要内容可以分为:确定调研项目、选择调研类型、选择基础的调研方法、确定调研单位和调研对象、确定调研的时间规划、进行经费预算、制定调研的组织计划。

课堂训练

发散思维训练

运用发散思维,说一说雨伞存在哪些问题?并提出解决方案。

参考答案如下。

雨伞存在的问题:

1. 容易刺伤人;

2. 拿伞的那只手不能再做其他事情;

3. 乘车时伞会弄湿乘客的衣物;

4. 伞骨容易折断;

5. 伞布透水;

6. 开伞和收伞不够方便;

7. 样式单调、花色太少;

8. 晴雨两用伞在使用时不能兼顾;

9. 伞具携带收藏不够方便,等等。

解决方案:

1. 增加折叠伞品种;

2. 将伞布进行特殊处理;

3. 伞顶加装集水器,倒过来后雨水不会弄湿地面;

4. 增加透明伞、照明伞、椭圆形的情侣伞、拆卸式伞布等;

5. 还可以制成"灶伞",除了挡风遮雨外,在晴天撑开伞面对准太阳,伞面聚集点可产生 500 度的高温,太阳伞成了名副其实的"太阳灶",用途一下子就拓宽了许多。

 实践任务

本章介绍了创新思维、创新创业调研方案设计的相关内容。创新人才必须具有创新思维,那么请你结合自身,谈谈将来怎么培训锻炼自己的创新思维,成为一名创新人才?列举一下锻炼方法并阐述原因。

拓展视频

第3章

创新方法运用

  学习目标

人类发展和科学技术演变的历程表明：重大的历史跨越和重要的科技进步都与思维创新、方法创新、工具创新密切相关。当前，创新已是企业生存和发展的不竭源泉和动力，发掘、认识和把握创新活动中的规律，掌握创新方法，可以加快人们创造发明的进程、帮助企业提高创新的效率。先进的创新方法是科技进步的基础与保证，是提升国家创新能力的重要手段。本章将诠释创新方法的发展历程、种类以及内在特征。

学习完本章后，希望同学们做到：

①了解各种创新方法的概念和在不同案例中的应用。

②掌握每种方法相应的流程。

③熟练掌握并运用头脑风暴法。

  导入案例

2018年5月，第八届"挑战杯"湖南省大学生创业计划竞赛顺利举办，湖南信息职业技术学院机电工程学院2016级电气自动化专业的五名学生，在本校老师的指导下，荣获2018"创青春"湖南省大学生创业大赛铜奖，同时也获得了2018年长沙市黄炎培职业教育奖创业规划大赛一等奖。项目负责人为2016级学生徐子情，项目团队其他成员有：胡博飚、王彬宇、印月圆和郭梁。获奖作品名为《电动车智能扫码充电插座商业计划书》，项目研发的充电插座可以固定在地面或墙壁，安装于公共建筑（公共楼宇、商场、公共停车场等）和居民小区停车场内，可以根据不同的电压等级为各种型号的电动车充电，包括电动汽车。充电插座的输入端与交流电网直接连接，输出端都装有充电插头用于为电动车充电。产品通过扫描二维码的方式来支付充电的金额，从而更加便民。在项目实践的基础上,他们呈现了一份完美的商业计划书,展示了整个团队的创新成果。而这样的创新成果从无到有,从有到优都经历了怎样的发展历程呢?为此,记者特意采访了团队的成员们,重点了解了他们的创新创业故事。

问:"你们好,说说你们这个创意点子从哪里来的?"

答:"首先,我们团队都是一个班的成员。有一次出去玩的时候偶然发现小区有很多乱拉电线的情况,然后有的小区还要办一张卡才能充电,大家都觉得很不方便。于是我们便讨论有没有好的方法,大家立刻进行头脑风暴,想出了很多的点子。"

问:"有了想法之后,如何确定这个创新项目的呢?"

答:"刚好那段时间是创新创业课学习的时间,我们就跟创新创业老师联系了,他也给予我们很多建议,后来也成为我们项目的指导老师。根据我们的点子,他提出来5H2W的创新方法,让我们思考如何创新和实践。我们这个项目符合国家新能源政策,可以通过实际调研来完善。本来我们只是想在原有基础上改造,但最终我们决定把这种充电设施微型化,让它更加贴近生活,更加创新和实用。"

问:"可以谈谈你们实践创新创业项目的过程和感受吗?"

答:"因为我们团队五名核心成员都是电气自动化专业的,所以对这方面有很大的兴趣,有时候也会请教专业老师关于充电插座的原理之类的专业问题。我们团队也走访调查了长沙市的很多小区,发现了现在普遍乱拉电线的现象,虽然有许多充电设施,但有的太大了、有的只能用充值卡付费,很不方便。我们还从网上买了相似的充电设施进行研究,花了两三个月的时间改造,做出了我们的智能扫码充电查询的样品。一般我们都是用下课的时间讨论,有时候是在实训室讨论,有时候是在我们学校的创业孵化基地讨论,在微信上聊的也很多。有不同意见的时候,我们会协商解决。关于参加比赛做策划书,我们也有许多不同意见,因为每个人负责的内容不同,所以有时候需要换位思考,但是大多数时候我们还是很团结、统一的。"

案例思考:

1. 你认为上述《电动车智能扫码充电插座商业计划书》的创新之处是什么?
2. 创新有方法,从项目负责人的采访问答中可以看出,这个团队采用了哪些创新的方法?

3.1 头脑风暴法

奥斯本(Osborn),美国BBDO广告公司的创始人,于1939年首次提出头脑风暴法,并于1953年正式发表了这种激发创造性思维的方法。

3.1.1 头脑风暴法的组织

头脑风暴法又称为智力激励法、自由思考法或诸葛亮会议法,通常指一群人开动脑筋,进行自由的、创造性的思考与联想,并各抒己见,在短暂的时间内提出解决问题的大量构想的一种方法,这种方法是当今最负盛名,同时也可以说是最具实用性的一种集体创造性地解决问题的方法。

头脑风暴的原意是"突发性的精神错乱",用来表示精神病患者处于大脑失常的状态。精神病患者最大的特征是在发病时无视他人的存在,言语与肢体行为随心所欲,这虽然不合乎社会行为礼仪规范,然而从创造思考的启发与引导的目标来看,摆脱世俗与旧观念的束缚,期望构想能无拘无束地涌现,还是有必要的,这正是头脑风暴法的精义所在。

从形式上来看,头脑风暴法是将少数人召集在一起,以会议的形式,对某一问题进行自由的思考和联想,同时提出各自的设想。头脑风暴法是一种发挥集体创造精神的有效方法,与会者可以在没有任何约束的情况下发表个人的想法,提出自己的创意。

3.1.2　头脑风暴法的基本规则

头脑风暴法会议之所以会导致大量新创意的诞生,主要有以下原因:一是在轻松、融洽的气氛中,每个人都能敞开想象、自由联想、各抒己见;二是能够产生互相激励、互相启发的效果,每个人的创意都会引起他人的联想,引起连锁反应,形成有利于解决问题的多种创意;三是在会议讨论时更能激发人的热情,激活思维,开阔思路,有益于突破思维定势和旧观念的束缚,激起竞争意识,争强好胜的天性会使与会者积极开动脑筋,发表独到见解和新奇观念。

在使用头脑风暴法解决问题时,为了减少群体内的社交抑制因素,激励新想法的产生,提高群体的创造力,必须遵守以下基本规则:

(1) 暂缓评价

在头脑风暴会议上,会议主持人和会议参与者对各种意见、方案的准确与否不要当场做出评价,更不能当场提出批评或指责。对现有观点的批评不仅会占用宝贵的时间和脑力资源,而且容易使得与会者人人自危,发言更加谨慎保守,从而遏制新观点的诞生。因为,所有的想法都有潜力成为好观点、好方法,或者能够启发他人产生新的想法。参与者着重于对想法进行丰富和拓展。这种将评论放在后面的评价阶段进行、延迟评判的策略,可以形成有利的气氛,有助于参与者提出更多的想法。

(2) 鼓励提出独特的想法

与会者在轻松的氛围下,就像与朋友聊天一样,各抒己见,避免人云亦云、随波逐流、思维僵化、有利于提出独特的见解甚至是异想天开的、荒唐的想法。这样便可能开辟新的思维方式,提供比常规想法更好的解决方案。若要产生独特的想法,可以反过来看问题,也可以换一个角度考虑问题。

(3) 追求数量

如果追求方案的质量,容易将时间和精力集中在对该方案的完善和补充上,从而影响其他方案的提出和思路的开拓,也不利于调动所有成员的积极性,如果头脑风暴会议结束时有大量的方案,那就极有可能发现一个非常好的方案。

(4) 重视对想法的组合和改进

与单纯提出新想法相比,对想法进行组合和改进可以产生出更好、更完整的想法。所以,头脑风暴法能更好地体现集体智慧。

3.1.3 头脑风暴法的组织原则

实施头脑风暴法要组织由 5~10 个人参加的小型会议。在实施过程中,对小组成员和主持人的要求如下:

(1) 头脑风暴小组有确定的人数

奥斯本认为,头脑风暴小组的参加人数以 5~10 人为宜,包含主持人和记录员在内,以 6~7 人为最佳,头脑风暴小组人数的多少取决于主持人风格、小组成员个体的情况等因素,小组人数太多或太少,效果都不太理想,人数过多会使某些人没有畅所欲言的机会,人数过少则会场面冷清,影响参与者的热情。参与者最好职位相当,对所要解决的问题都感兴趣,但是不必均为同行。

(2) 小组中不宜有过多的专家

在进行"头脑风暴"的过程中,如果专家太多,就很难做到暂缓评价,权威在场必定会对与会者产生威慑作用,给与会者的心理造成压力,因此,难以形成自由的发言氛围。然而,在实际操作"头脑风暴"的时候,会议参加者往往都是从企业的各个部门汇集而来的各专业领域的专家里手。在这种场合,无论主持人还是参加者,都应注意不要从专业角度发表评论,否则会引起争议,打破暂缓评价的局面,产生不良效果。还有一点很重要,就是专家的人选应严格限制,以便参加者把注意力集中于所涉及的问题。如果参加者相互认识,要从同一职位(职称或级别)的人员中选取,如果参加者互不相识,可从不同职位(职称或级别)的人员中选取。在这种情况下,不应宣布参加人员的职称或职务。与会者不论职称或职务级别的高低,但参加者的专业都应力求与所论及的决策问题相一致。另外,专家中最好包含一些学识渊博,对所论及问题有较深理解的其他领域的专家。

(3) 小组成员最好具有不同的学科背景

如果小组成员具有相同的学科背景,那就很可能会沿着固有专业方向的常规思路来开发思想、产生观念,这样,同学科或相近学科的成员所产生的构想范围就很有限,不能发挥头脑风暴的优势。相反,如果小组成员背景不同,他们可能从不同的层面、不同的方向、不同的角度提出千差万别的观点,从而更有利于获得头脑风暴效应。

(4) 参与者具有较强的联想能力

参与者具有较强的联想能力是头脑风暴法获得良好效果的重要保证。在进行头脑风暴时,组织者应尽可能提供一个有助于把注意力高度集中于讨论问题的环境。在头脑风暴会议上,有的人提出的设想可能是其他准备发言的人已经思考过的设想。其中一些最有价值的设想,往往是在已提出设想的基础上,经头脑风暴迅速发展起来的,或是对两个或多个设想进行综合所得到的设想。因此,头脑风暴法产生的结果是成员集体创造的成果,是头脑风暴小组成员互相感染激励、互相补充完善的总体效果。

(5) 头脑风暴小组有确定的主持人

只有主持人对整个头脑风暴过程进行适度控制和协调，才能减少头脑风暴的抑制因素，激励新想法，发挥小组群体的创造力，获得预期的效果。由此可见，头脑风暴小组中的主持人必须能够做好以下3点：

①能控制会议进程，并督促头脑风暴会议的成员严格遵循头脑风暴法的基本规则。
②促使会议保持热烈而轻松的气氛。
③引导全体参与者都能畅所欲言，献计献策。

头脑风暴小组会议的主持人必须具有丰富的经验，能够充分把握讨论问题的本质，主持人应乐于接受头脑风暴法所造成的热烈的会议气氛，努力使参加者忘却自我，从而能变得更加自由。主持人应及时发现参加者朝哪个方向提出设想，并巧妙地将脱离正确方向的参加者引回到既定的目标方向上来。在某种程度上讲，主持人应该是演技相当细腻的演员，并在某些方面具备电视节目主持人的素质。为了更好地控制头脑风暴会议，使头脑风暴达到既定目标，主持人可以运用以下技巧：在参加者发言气氛热烈时，可能会出现许多违背头脑风暴法基本原则的现象，如交头接耳、哄堂大笑，甚至公开评论他人意见等。此时，主持人应当立即制止，并号召大家给予发言者鼓励；当许多灵感已被陆续激发出来，而参与者也开始表现出疲惫状态，灵感激发速度明显下降时，主持人可以用"每人再提两个点子就结束"之类的话语再次激发创意；主持人应控制好时间，一般建议控制在30分钟左右，以免参加者太疲倦而产生反感。在会议结束时，主持人应对会议的成果表示肯定，对与会者表示感谢。

3.1.4 头脑风暴法的组织实施

头脑风暴法可分为会前准备、会议过程和创意评价3个阶段。如图3-1所示。

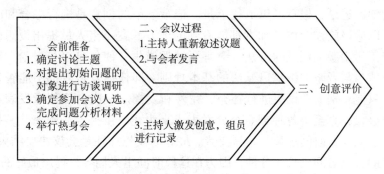

图3-1 头脑风暴的3个阶段

1. 会前准备

1) 先确定讨论主题。讨论主题应尽可能具体，最好是实际工作中遇到的需要解决的问题，目的是为了有效地联想和激发创意。

2) 尽可能提前对提出初始问题的个人、集体或部门进行访谈调研，了解解决该问题的限制条件、制约因素、阻力与障碍以及任务最终目标分别是什么。

3）确定参加会议人选，并将这些问题写成问题分析材料，在召开头脑风暴会议之前的几天内，连同会议程序及注意事项一起发给各位与会人员。

4）举行热身会，在正式会议之前召开预备会议，这是因为在多数情况下小组成员缺乏参加头脑风暴会议的经验，同时，要他们做到遵守延迟评价原则也比较困难，所确定的讨论主题的涉及面不宜太宽，主持人将讨论主题告诉会议参加者，并附加必要的说明，使参加者能够收集确切的资料，并且按正确的方向思考问题。在热身会上，要向与会人员说明头脑风暴法的基本规则，解释创意激发方法的基本技术，并对成员所做的任何有助于发挥创造力的尝试都予以肯定和鼓励，从而让参与者形成良好的思维习惯来适应头脑风暴法，并尽快适应头脑风暴法的气氛。

2. 头脑风暴会议过程

在会议过程中要注意以下几个问题：

1）由会议的主持人重新叙述议题，要求小组人员讲出与该问题有关的创意或思路。

2）与会者想发言的先举手，由主持人指名开始发表设想，发言力求简单扼要，一句话的设想也可以，注意不要做任何评价。发言者首先提出由自己事先准备好的设想，然后再提出受别人的启发而得出的思路。从这一阶段开始，就存在着头脑风暴的创造性思维方法。

3）若是头脑风暴法进行到人人都山穷水尽的地步，主持人必须使讨论发言再继续一段时间，务必使每人尽力想出妙计，因为奇思妙计往往在挖空心思的压力下产生。主持人在遇到会议陷于停滞时可采取其他创意激发方法。

4）创意收集阶段实际上与创意激发和生成阶段同时进行。执行记录任务的是组员，也可以是其他组织成员，每一个设想必须以数字注明顺序，以便查找。必要时可以用录音机辅助记录，但不可以取代笔录。记录下来的创意是进行综合和改善所需要的素材，所以应该放在全体参加者都能看到的地方，在小组人员提出设想的时候，主持人必须善于运用激发创意的方法。语言要妙趣横生，使气氛轻松融洽。同时，主持人还要保证使参与者坚守头脑风暴法的基本规则，即任何发言者都不能否定和批评别人的意见，只能对别人的设想进行补充、完善和发挥。一次会议创意发表不完的，可以再次召开会议，直至将各种创意充分发表出来为止，主持人必须充分掌握时间，时间过短，设想太少，时间过长，容易疲劳。最好的设想往往是会议快要结束时提出的，可以将原定的会议时间延长5分钟，因为在这段时间里人们容易提出最好的设想。

3. 创意评价

先确定创意的评价和选取的标准，比较通用的标准有可行性、效用性、经济性、大众性等。在会议之后，要对创意进行评价和选择，以便为要解决的问题找到最佳解决办法。对设想的评价不要在进行头脑风暴法的同一天进行，最好过几天再进行。

3.1.5 头脑风暴法实施技巧

经过多年的研究和实践，人们总结了大量简便有效的经验，下面简单介绍一些小技巧，以便在实际操作中产生更好的实施效果。

1）讨论问题的确定非常重要，问题设置不当，头脑风暴会议便难以获得成功。在讨论问题的设置方面，应做到以下几点：

①在设置问题时必须注意头脑风暴法的适用范围。

②讨论的问题要具体、明确，不要过大。

③讨论问题也不宜过小或限制性太强。例如，不要出现讨论 A 与 B 方案哪个更好之类的问题。

④不要将两个或两个以上的议题同时拿出来讨论。主持人要对那些首次参加头脑风暴会议的人给予关注，让新参加者熟悉该类会议的特点，并能遵守基本规则。

2）"停停走走"是头脑风暴法两个常用技巧之一，即 3 分钟提出设想，然后 5 分钟进行思考，接着用 3 分钟的时间提出设想……这样 3 分钟与 5 分钟过程反复交替，形成有行有停的节奏。

3）"一个接一个"是头脑风暴法又一个常用的技巧，与会者根据座位的顺序一个一个提出观点，如果轮到的人没有新构想就跳到下一个人，如此循环，直至会议结束。

4）参加会议的成员应当定期更换，应在不同部门、不同领域挑选不同的人参加，这样才能防止群体形成固定的思维方式。

5）参加会议成员的构成应当考虑男女搭配比例，适当的比例会极大地提高产生构想的数目。

3.2　5W2H 法

5W2H 法是由第二次世界大战中美国陆军兵器修理部首创的，简单、方便，易于理解、实用，富有启发意义，广泛用于企业管理和技术活动中，对于决策和执行性的活动措施也非常有帮助，也有助于弥补考虑问题的疏漏。

3.2.1　5W2H 分析法内涵

5W2H 分析法又叫七何分析法，具体内涵如下：

1）WHY——为什么？为什么要这么做？理由何在？原因是什么？

2）WHAT——是什么？目的是什么？做什么工作？

3）WHERE——何处？在哪里做？从哪里入手？

4）WHEN——何时？什么时间完成？什么时机最适宜？

5）WHO——谁？由谁来承担？谁来完成？谁负责？

6）HOW TO——怎么做？如何提高效率？如何实施？方法怎样？

7）HOW MUCH——多少？做到什么程度？数量如何？质量水平如何？费用产出如何？

3.2.2　5W2H 法的应用程序

1. 检查原产品的合理性

（1）为什么（Why）

为什么采用这个技术参数？为什么不能有响声？为什么停用？为什么变成红色？为什么要做成这个形状？为什么采用机器代替人力？为什么产品的制造要经过这么多环节？为什么非做不可？

（2）做什么（What）

条件是什么？哪一部分工作要做？目的是什么？重点是什么？与什么有关系？功能是什么？规范是什么？工作对象是什么？

（3）谁（Who）

谁来做最方便？谁会生产？谁可以办？谁是顾客？谁被忽略了？谁是决策人？谁会受益？

（4）何时（When）

何时要完成？何时安装？何时销售？何时是最佳营业时间？何时工作人员容易疲劳？何时产量最高？何时完成最为适宜？需要几天才算合理？

（5）何地（Where）

何地最适宜某物生长？何处生产最经济？从何处买？还有什么地方可以做销售点？安装在什么地方最合适？何地有资源？

（6）怎样（How to）

怎样做省力？怎样做最快？怎样做效率最高？怎样改进？怎样得到？怎样避免失败？怎样求发展？怎样增加销路？怎样达到效率？怎样才能使产品更加美观大方？怎样使产品用起来方便？

（7）多少（How much）

功能指标达到多少？销售多少？成本多少？输出功率多少？效率多高？尺寸多少？重量多少？

2. 找出主要优缺点

如果现行的做法或产品经过 7 个问题的审核已无懈可击，便可认为这一做法或产品可取。如果 7 个问题中有一个答复不能令人满意，则表示这方面有改进余地。如果哪方面的答复有独创的优点，则可以扩大产品这方面的效用。

3. 决定设计新产品

克服原产品的缺点，扩大原产品独特优点的效用。

3.3 奥斯本检核表法

3.3.1 检核表法的概念

检核表法是根据需要研究的对象之特点列出有关问题,形成检核表,然后一个一个地来核对讨论,从而发掘出解决问题的大量设想。它引导人们根据检核项目的一条条思路来求解问题,进行比较周密的思考。

3.3.2 奥斯本检核表法的定义

奥斯本的检核表法是针对某种特定要求制定的检核表,主要用于新产品的研制开发。奥斯本检核表法是指以该技法的发明者奥斯本命名、引导主体在创造过程中对照9个方面的问题进行思考,以便启迪思路、开拓思维想象的空间、促进人们产生新设想、新方案的方法,主要面对9个大问题:有无其他用途、能否借用、能否改变、能否扩大、能否缩小、能否代用、能否重新调整、能否颠倒、能否组合。

奥斯本检核表法是一种产生创意的方法。在众多的创造技法中,这种方法是一种效果比较理想的技法。由于它突出的效果,被誉为创造之母。人们运用这种方法,产生了很多杰出的创意,以及大量的发明创造。

3.3.3 奥斯本检核表法的优势

奥斯本检核表法是一种具有较强启发创新思维的方法。这是因为它强制人去思考,有利于突破一些人不愿提问题或不善于提问题的心理障碍。提问,尤其是提出有创见的新问题本身就是一种创新。它又是一种多向发散的思考,使人的思维角度、思维目标更丰富。另外,核检思考提供了创新活动最基本的思路,可以使创新者尽快集中精力,朝提示的目标方向去构想、去创造、创新。奥斯本检核表法有利于提高发现创新的成功率,因为创新发明的最大敌人是思维的惰性。大部分人思维总是自觉或不自觉地沿着长期形成的思维模式来看待事物,对问题不敏感,即使看出了事物的缺陷和毛病,也懒于去进一步思索,不爱动脑筋,不进行积极的思维,因而难以有所创新。因为检核表法的设计特点之一是多向思维,用多条道路提示引导你去发散思考。如奥斯本创造的检核表法中有9个问题,就好像有9个人从9个角度帮助你思考。你可以把9个思考点都试一试,也可以从中挑选一两条集中精力深思。检核表法使人们突破了不愿提问或不善提问的心理障碍,在进行逐项检核时,强迫人们思维扩展,突破旧的思维框架,开拓创新的思路,有利于提高发现创新的成功率。

利用奥斯本检核表法,可以产生大量的原始思路和原始创意,它对人们的发散思维有很大的启发作用。当然,运用此方法时,还要注意几个问题,还要和具体的知识经验相结合。奥斯本只是提示了思考的一般角度和思路,思路的发展还要依赖人们的具体思考。运用此方法,还要结合改进对象(方案或产品)来进行思考。运用此方法,还可以自行设计大量的问题来提问。提出的问题越新颖，得到的主意越有创意。

奥斯本检核表法的优点很突出，它使思考问题的角度具体化了。它也有缺点，就是它是改进型的创意产生方法，你必须先选定一个有待改进的对象，然后在此基础上设法加以改进。它不是原创型的，但有时候，也能够产生原创型的创意。比如，把一个产品的原理引入另一个领域，就可能产生原创型的创意。

3.3.4 奥斯本检核表法的过程

奥斯本检核表法的核心是改进，或者说，关键词是改进。通过变化来改进，其基本做法是：首先选定一个要改进的产品或方案；然后，面对一个需要改进的产品或方案，或者面对一个问题，从不同角度提出一系列的问题，并由此产生大量的思路；第三，根据第二步提出的思路，进行筛选和进一步思考、完善。

3.3.5 实施步骤

1）根据创新对象明确需要解决的问题。

2）根据需要解决的问题，参照表中列出的问题，运用丰富的想象力，强制性地一个个核对讨论，写出新设想。

3）对新设想进行筛选，将最有价值和创新性的设想筛选出来。

3.3.6 过程注意

1）要联系实际一条一条地进行核检，不要有遗漏。

2）要多核检几遍，效果会更好，或许会更准确地选择出所需创新、发明的方面。

3）在检核每项内容时，要尽可能地发挥自己的想象力和联想力，产生更多的创造性设想。进行检索思考时，可以将每大类问题作为一种单独的创新方法来运用。

4）核检方式可根据需要，一人核检也可以，3至8人共同核检也可以。集体核检可以互相激励，产生头脑风暴，更有希望创新。

3.3.7 存在的问题

奥斯本的检核表法属于横向思维，以直观、直接的方式激发思维活动，操作十分方便，效果也相当好。

下述9组问题对于任何领域创造性地解决问题都是适用的，这些问题不是奥斯本凭空想象的，而是他在研究和总结大量近、现代科学发现、发明、创造事例的基础上归纳出来的。

（1）现有的东西（如发明、材料、方法等）有无其他用途

保持原状不变能否扩大用途？稍加改变，有无别的用途？

人们从事创造活动时，往往沿这样两条途径：一种是当某个目标确定后，沿着从目标到方法的途径，根据目标找出达到目标的方法；另一种则与此相反，首先发现一种事实，然后想象这一事实能起什么作用，即从方法入手将思维引向目标。后一种方

法是人们最常用的,而且随着科学技术的发展,这种方法将越来越广泛地得到应用。

某个东西"还能有其他什么用途?""还能用其他什么方法使用它?"这些问题能使我们的想象活跃起来。当我们拥有某种材料,为扩大它的用途,打开它的市场,就必须善于进行这种思考。德国有人想出了 300 种利用花生的实用方法,仅仅用于烹调,就想出了 100 多种方法。橡胶有什么用处?有家公司提出了成千上万种设想,如用它制成床毯、浴盆、人行道边饰、衣夹、鸟笼、门扶手、棺材、墓碑,等等。炉渣有什么用处?废料有什么用处?边角料有什么用处?当人们将自己的想象投入这条广阔的"高速公路"上就会以丰富的想象力产生出更多的好设想。

(2) 能否从别处得到启发

能否借用别处的经验或发明?外界有无相似的想法,能否借鉴?过去有无类似的东西,有什么东西可供模仿?谁的东西可供模仿?现有的发明能否引入其他的创造性设想之中?

当伦琴发现"X 光"时,并没有预见到这种射线的任何用途。因而当他发现"X 光"具有广泛用途时,感到很吃惊。通过联想借鉴,现在人们不仅用"X 光"来治疗疾病,外科医生还用它来观察人体的内部情况。同样,电灯在开始时只用来照明,后来,改进了光线的波长,发明了紫外线灯、红外线加热灯、灭菌灯,等等。科学技术的重大进步不仅表现在某些科学技术难题的突破上,也表现在科学技术成果的推广应用上。一种新产品、新工艺、新材料,必将随着它越来越多的新应用而显示其生命力。

(3) 现有的东西是否可以做某些改变

改变一下会怎么样?可否改变一下形状、颜色、音响、味道?是否可改变一下意义、型号、模具、运动形式?改变之后效果又将如何?

如汽车,有时改变一下车身的颜色,就会增加汽车的美感,从而增加销售量。又如面包,给它裹上一层芳香的包装,就能提高嗅觉诱力。据说妇女用的游泳衣是婴儿衣服的模仿品,而滚柱轴承改成滚珠轴承就是改变形状的结果。

(4) 放大、扩大

现有的东西能否扩大使用范围?能不能增加一些东西?能否添加部件,拉长时间,增加长度,提高强度,延长使用寿命,提高价值,加快转速?

在自我发问的技巧中,研究"再多些"与"再少些"这类有关联的成分,能给想象提供大量的构思设想。使用加法和乘法,便可能使人们扩大探索的领域。

"为什么不用更大的包装呢?"——橡胶工厂大量使用的黏合剂通常装在一加仑的马口铁桶中出售,使用后便扔掉。有位工人建议将黏合剂装在 50 加仑的容器内,容器可反复使用,节省了大量马口铁。

"能使之加固吗?"——织袜厂通过加固袜头和袜跟,使袜的销售量大增。

"能改变一下成分吗?"——牙膏中加入某种配料,成了具有某种附加功能的牙膏。

(5) 缩小、省略

缩小一些怎么样?现在的东西能否缩小体积,减轻重量,降低高度,压缩、变薄?——能否省略,能否进一步细分?

前面一条是沿着"借助于扩大""借助于增加"而通往新设想的渠道，这一条则是沿着"借助于缩小""借助于省略或分解"的途径来寻找新设想。袖珍式收音机、微型计算机、折叠伞等就是缩小的产物。没有内胎的轮胎，尽可能删去细节的漫画，就是省略的结果。

（6）能否代用

可否由别的东西代替，由别人代替？用别的材料、零件代替？用别的方法、工艺代替？用别的能源代替？可否选取其他地点？

如在汽体中用液压传动来替代金属齿轮，又如用充氩的办法来代替电灯泡中的真空，使钨丝灯泡提高亮度。通过取代、替换的途径也可以为想象提供广阔的探索领域。

（7）从调换的角度思考问题

能否更换一下先后顺序？可否调换元件、部件？是否可用其他型号？可否改成另一种安排方式？原因与结果能否对换位置？能否变换一下日程？更换一下，会怎么样？

重新安排通常会带来很多的创造性设想。飞机诞生的初期，螺旋桨安排在头部，后来，将它装到了顶部，成了直升机，喷气式飞机则把它安放在尾部，说明通过重新安排可以产生种种创造性设想。商店柜台的重新安排，营业时间的合理调整，电视节目的顺序安排，机器设备的布局调整，都有可能导致更好的结果。

（8）从相反方向思考问题

对比也能成为萌发想象的宝贵源泉，可以启发人的思路。倒过来会怎么样？上下是否可以倒过来？左右、前后是否可以对换位置？里外可否倒换？正反是否可以倒换？可否用否定代替肯定？

这是一种反向思维的方法，它在创造活动中是一种颇为常见和有用的思维方法。第一次世界大战期间，有人就曾运用这种"颠倒"的设想建造舰船，建造速度也有了显著的加快。

（9）从综合的角度分析问题

组合起来怎么样？能否装配成一个系统？能否把目的进行组合？能否将各种想法进行综合？能否把各种部件进行组合？等等。例如，把铅笔和橡皮组合在一起成为带橡皮的铅笔，把几种部件组合在一起变成组合机床，把几种金属组合在一起变成种种性能不同的合金，把几件材料组合在一起制成复合材料，把几个企业组合在一起构成横向联合。

应用奥斯本检核表是一种强制性思考过程，有利于突破不愿提问的心理障碍。很多时候，善于提问本身就是一种创造。

3.4　六项思考帽法

3.4.1　六项思考帽法的概念

"六项思考帽"是英国学者爱德华·德·博诺（Edward de Bono）博士开发的一种

思维训练模式，或者说是一个全面思考问题的模型。它提供了"平行思维"的工具，避免将时间浪费在互相争执上。它强调的是"能够成为什么"，而非"本身是什么"，是寻求一条向前发展的路，而不是争论谁对谁错。运用德·博诺的六顶思考帽，将会使混乱的思考变得更清晰，使团体中无意义的争论变成集思广益的创造，使每个人变得富有创造性。

六顶思考帽是平行思维工具，是创新思维工具，也是人际沟通的操作框架，更是提高团队智商的有效方法。如图3-2所示。

六顶思考帽是一个操作简单、经过反复验证的思维工具，它给人以热情、勇气和创造力，让每一次会议、每一次讨论、每一份报告、每一个决策都充满新意和生命力。这个工具能够帮助人们：提出建设性的观点；聆听别人的观点；从不同角度思考同一个问题，从而创造高效能的解决方案；用"平行思维"取代批判式思维和垂直思维；提高团队成员的集思广益能力，为统合综效提供操作工具。

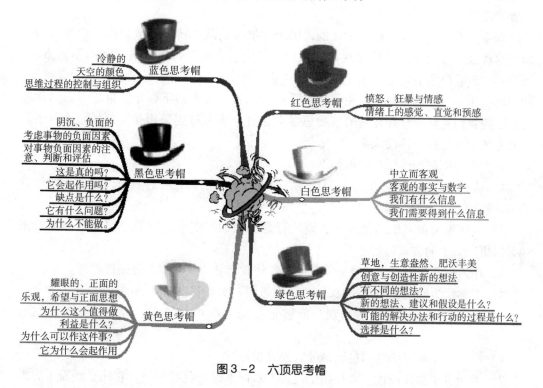

图3-2　六顶思考帽

3.4.2　六顶思考帽法的具体内容

所谓六顶思考帽，是指使用六种不同颜色的帽子代表六种不同的思维模式。任何人都有能力使用以下六种基本思维模式。

白色思考帽：白色是中立而客观的。戴上白色思考帽，人们思考的是关注客观的事实和数据。

绿色思考帽：绿色代表茵茵芳草，象征勃勃生机。绿色思考帽寓意创造力和想象力。它具有创造性思考、头脑风暴、求异思维等功能。

黄色思考帽：黄色代表价值与肯定。戴上黄色思考帽，人们从正面考虑问题，表达乐观的、满怀希望的、建设性的观点。

黑色思考帽：戴上黑色思考帽，人们可以运用否定、怀疑、质疑的看法，合乎逻辑的进行批判，尽情发表负面的意见，找出逻辑上的错误。

红色思考帽：红色是情感的色彩。戴上红色思考帽，人们可以表现自己的情绪，人们还可以表达直觉、感受、预感等方面的看法。

蓝色思考帽：蓝色思考帽负责控制和调节思维过程。它负责控制各种思考帽的使用顺序，它规划和管理整个思考过程，并负责做出结论。

3.4.3 六顶思考帽法的作用和价值

六顶思考帽经历了从理论到课程化开发的过程，可用于企业的会议、决策、沟通、报告甚至个人生活，很多企业评价：六顶思考帽的推行改善了企业文化，极大地提高了管理效能。

六顶思考帽法的思维是革命性的，因为它把我们从思辨中解放出来，帮助人们把所有的观点并排列出，然后寻找解决之道。使用它，我们可以理清思考的不同方面，而不是一次解决所有问题。我们可以集中考虑风险因素，其次是利益，然后是感受。我们可以让一个人戴上帽子采用某种思维进行思考，或者摘下帽子结束思考。六顶思考帽法使我们能够简单并礼貌的鼓励思考者在每个思考过程采用相等的精力，而不是一直僵化的固定在一种模式下。

六顶思考帽法的作用和价值如下。

1）这种思维区别于批判性、辩论性、对立性的方法，是一种具有建设性、设计性和创新性的思维管理工具。

2）它使思考者克服情绪感染，剔除思维的无助和混乱，摆脱习惯思维枷锁的束缚，以更高效率的方式进行思考。

3）用六种颜色的帽子这种形象化的手段使我们非常容易驾驭复杂性思维。

4）当你认为问题无法解决时，"六顶思考帽"会给你一个崭新的契机。

5）它使各种不同的想法和观点能够很和谐地组织在一起，避免人与人之间的对抗。

6）经过一个深思熟虑的过程，最后去寻找答案。

7）避免自负和片面性。六顶帽子代表了六种思维角色的扮演，它几乎涵盖了思维的整个过程，既可以有效地支持个人的行为，也可以支持团体讨论中的互相激发。

3.4.4 六顶思考帽法的应用

1. 应用说明

对六顶思考帽理解的最大误区就是仅仅把思维分成六个不同颜色，但其实对六顶思考帽的应用关键在于使用者用何种方式去排列帽子的顺序，也就是组制思考的流程。只有掌握了如何编制思考的流程，才能说是真正掌握了六顶思考帽的应用方法，不然往往会让人们感觉这个工具并不实用。而帽子顺序的编制仅通过读书是难以达到理想效果的。

帽子的顺序非常重要,我们可以想象:一个人写文章的时候需要事先计划自己的结构提纲,以免写得混乱;一个程序员在编制大段程序之前也需要先设计整个程序的模块流程。思维同样是这个道理。六项思考帽不仅定义了思维的不同类型,而且定义了思维的流程结构对思考结果的影响。一般来说,人们认为六项思考帽是一个团队协同思考的工具,然而事实上,六项思考帽对于个人应用同样拥有巨大的价值。

假设一个人需要考虑某一个任务计划,那么,他有两种状况是最不愿面对的:一个是头脑之中的空白,他不知道从何开始;另一个是头脑之中的混乱,过多的想法交织在一起造成了淤塞。六项思考帽可以帮助他设计一个思考提纲,按照一定的次序思考下去。就这个思考工具的实践而言,它会让大多数人感到头脑更加清晰,思维更加敏捷。

在团队应用当中,最大的应用情境是会议,这里特别是指讨论性质的会议,因为,这类会议是真正的思维和观点碰撞、对接的平台,而我们在这类会议中常常难以达成一致,往往不是因为某些外在的技巧不足,而是从根本上对他人观点不认同。在这种情况下,六项思考帽就成为特别有效的沟通框架。所有人要在蓝帽的指引下按照框架的体系组织思考和发言,不仅可以有效避免冲突,而且可以就一个话题讨论得更加充分和透彻。所以,会议应用中的六项思考帽不仅可以压缩会议时间,也可以增加讨论的深度。

除此以外,六项思考帽也可以作为书面沟通的框架,例如,用六项思考帽的结构来管理电子邮件,利用六项思考帽的框架结构来组织报告书、文件审核,等等。除了把六项思考帽应用在工作和学习当中,在家庭生活当中使用六项思考帽也经常会取得某些特别的效果。

在多数团队中,团队成员被迫接受团队既定的思维模式,限制了个人和团队的配合度,不能有效解决某些问题。运用六项思考帽模式,团队成员不再局限于某种单一思维模式,而且思考帽代表的是角色分类,是一种思考要求,而不是代表扮演者本人。六项思考帽代表的6种思维角色,几乎涵盖了思维的整个过程,既可以有效地支持个人的行为,也可以支持团体讨论中的互相激发。

2. 应用流程

下面是一个六项思考帽在会议中的典型的应用步骤:

1)陈述问题(白帽):运用"白色思考帽"来思考、搜集各环节的信息,收集各个部门存在的问题,找到基础数据。

2)提出解决问题的方案(绿帽):戴上"绿色思考帽",用创新的思维来考虑这些问题,不是一个人思考,而是各层次管理人员都用创新的思维去思考,大家提出各自解决问题的办法、好的建议、好的措施。也许这些方法不对,甚至无法实施。但是,运用创新的思考方式就是要跳出一般的思考模式。

3)评估该方案的优点(黄帽):对所有的想法从"光明面"和"良性面"进行逐

个分析。

4）列举该方案的缺点（黑帽）；对每一种想法的危险性和隐患进行分析。

5）对该方案进行直觉判断（红帽）：从经验、直觉上，对已经过滤的问题进行分析、筛选，作出决定。

6）总结陈述，作出决策（蓝帽）：在思考的过程中，还应随时运用"蓝色思考帽"，对思考的顺序进行调整和控制，甚至有时还要刹车。因为，观点可能是正确的，也可能会进入死胡同。所以，在整个思考过程中，应随时调换思考帽，进行不同角度的分析和讨论。

3.4.5 案例分析

作为思维工具，"六顶思考帽"已被美、日、英、澳等50多个国家政府在学校教育领域内设为教学课程。同时，也被世界许多著名商业组织所采用，作为创造组织合力和创造力的通用工具。这些组织包括：微软、IBM、西门子、诺基亚、摩托罗拉、爱立信、波音公司、松下、杜邦以及麦当劳，等等。德国西门子公司有37万人学习德·博诺的思维课程，随之产品开发时间减少了30%。

英国Channel 4电视台反映，通过接受培训，他们在两天内创造出的新点子比过去6个月里想出的还要多。

英国的施乐公司反映，通过使用所学的技巧和工具，他们仅用不到一天的时间就完成了过去需一周才能完成的工作。

芬兰的ABB公司曾就国际项目的讨论花了30天的时间，而今天，通过使用"六顶思考帽"，仅用了2天。

J. P. Morgan通过使用"六顶思考帽"，将会议时间减少了80%，并改变了他们在欧洲的文化。

麦当劳日本公司让员工参加"六顶思考帽"思维训练，取得了显著成效——员工更有激情，坦白交流，减少了"黑色思考帽"的消极作用。

在杜邦公司的创新中心，设立了专门的课题探讨用德·博诺的思维工具改变公司文化，并在公司内广泛运用"六顶思考帽"。

本章要点回顾

本章主要介绍了头脑风暴法、5W2H法、奥斯本检核表法、六顶思考帽法共4种创新的思考方法。重点对每种方法具体的概念、原理、特点、操作流程、使用情况和对象进行了详细的描述，并且列举了部分案例，有助于读者记忆以及对于抽象方法的深刻理解。

课堂训练

一、头脑风暴法练习题

1. 有 12 个乒乓球,其中有一个是次品(但不知比正常的重还是轻),你有一个天平,最少需几次才能找出那个次品?怎么称?

2. 有两个房间,其中一间房里有 3 盏灯,另一间房里有控制这 3 盏灯的 3 个开关。但是这两个房间是分开的,互相看不见对方。现在要求你分别进这两间房一次,也就是说每个房间你只能进一次,然后判断出这 3 盏灯分别是由哪个开关控制的。应该怎么做呢?

3. 尝试尽可能多地列举一个空矿泉水瓶的用途。

二、请尝试利用奥斯本检核表法改进电风扇或自行车

三、通过本章学习,结合导入案例,分析头脑风暴法的优点

 实践任务

1. 本章介绍了几种不同的创新方法,结合每种方法各自的特点,列举每种方法在现实生活中的具体应用。

2. 在常见的创新方法中,还有一种方法称为综摄法,本章未做介绍,请自行查找相关信息并写出综摄法的五个基本假定和两个原则。

 课后拓展

本章介绍了几种不同的创新方法,结合每种方法各自的特点,列举每种方法在现实生活中的具体应用。

第4章

技术创新管理

 学习目标

科学技术的发展始终引领并不断推动着人类从农业、工业向知识经济社会发展的进程。随着我国企业越来越多地参与国际市场的竞争，技术创新已经日趋成为企业提升竞争能力、体现企业竞争优势的主导因素，很多企业也作出了相同的战略选择，即努力提高创新管理水平，着力支持企业的技术创新。对于创业者来说，技术创新同样具有很强的现实意义。

学习完本章后，希望同学们做到：

①了解技术创新的概念与特点。
②掌握技术创新的类型和过程。
③理解技术创新管理的定义。
④熟悉技术创新管理的体系及其目标。
⑤掌握技术创新管理的重要性、复杂性与必要性。

 导入案例

深圳华为技术有限公司（简称华为）创建于1988年，当时只有2万元注册资本，从事HAX交换机代理业务。然而经过不到20年的快速发展，华为就在我国技术基础非常薄弱的情况下，在技术含量很高、技术发展迅速、市场竞争激烈的现代通信设备制造业中形成了较强的国际竞争能力，在国内外市场上赢得了比较显著的竞争优势，成为全球移动网络建设的主要供应商之一。2006年，华为签署了28个WCDMA/HSPA商用合同，全球市场份额达到21%，GSM网络销售复合增长连续3年超过74.1%。同时，华为的NGN、IP DSLAM、MSAN等产品在国际市场占有率上已经位居业界第一，光网络、宽带汇聚路由器等产品在国际市场上占有率保持业界第二位。截至 2006 年，全球 50 强电信运营商中，包括西班牙电信、法国电信、沃达丰、中国移动、英国电信（BT）、中国电信、中国联通和中国网通等在内的 31 家选择华为作为合作伙伴，其产品及解决方案广泛应用于英国、法国、德国、西班牙和荷兰等欧洲国家，并在日本和美国市场相继取得新的突破。2006 年公司销售收入达 656 亿元，其中国际市场销售额占 65%。

华为之所以能在较短的时间内赢得显著的国际竞争优势，得到快速发展，核心是其持续地进行技术创新，不断快速地向市场推出质优价廉的新产品。2006 年，华为在印度、美国、瑞典、俄罗斯以及北京、上海和南京等地设立了多个研究所，61 000 多名员工中从事研发工作的占 48%。截至 2006 年年底，华为已累计申请专利超过 19 000 件，PCT（Patent Cooperation Treaty）国际专利和国外专利超过 2 600 件，连续数年成为中国申请专利最多的单位。

（资料来源：仲伟俊. 企业技术创新管理理论与方法 [M]. 北京：科学出版社，2009.）

根据上述案例，请思考：
1. 华为在国内外市场快速发展的核心因素是什么？
2. 怎样理解该核心因素及其意义？
3. 华为的成功还给了你怎样的启示？

4.1 技术创新的原理与方法

技术创新能力在当今世界已经成为企业竞争力和竞争优势的主要来源。技术创新是一种以技术为手段实现经济目的的活动。本节将对技术创新的原理进行概述，并简单介绍技术创新的方法。

4.1.1 技术创新的概念和相关理论

1. 技术创新的定义

自熊彼特（J. A. Schumpeter）于 20 世纪初提出创新概念和理论以来，技术创新经历了 20 世纪 50 年代和 60 年代的开发性研究、70 年代和 80 年代初的系统研究和 80 年代至今的综合研究阶段。在这个过程中，学术界对于技术创新的定义进行了反复的讨论和争论，焦点集中在以下 3 个方面：第一，关于定义的范围，狭义的定义仅限于与产品直接有关的技术变动；广义的定义则包括产品和工艺，甚至于有人把非技术性的创新也包括在技术创新的范围之内，如组织创新、制度创新。第二，关于技术变动的强度，有人主张只有技术的根本性的变化才是创新；另一些人则主张既包括技术的根本性变化，也应包括技术的渐进性变化。第三，关于新颖程度，有人主张技术创新只限于"首次"；另一些人则主张创新的扩散性应用（在世界上不算"新"，但在某一国家或地区仍然是"新"的）也应包括在内。但不管持何种观点，有一点认识是共同的，那就是技术创新都必须实现商业化应用。

综合各种讨论，我们可以得出比较简练、相对通俗的定义：技术创新是指由技术的新构想，经过研究开发或技术组合，到获得实际应用，并产生经济、社会效益的商业化全过程的活动。

其中，"技术的新构想"指新产品、新服务、新工艺的新构想，构想的产生可以来源于科学发现、技术发明，也可以来源于用户需求；"研究开发"是实现技术新构想的基本途径；"技术组合"指将现有技术进行新的组合，它只需进行少量的研究开发，甚至不经过研究开发即可实现；"实际应用"指生产出新产品、提供新服务、采用新工艺或对产品、服务、工艺的改进；"经济社会效益"指近期或未来的利润、市场占有或社会福利等；"商业化"指全部活动出于商业目的，"全过程"则指从新构想产生到获得实际应用的全部过程。

2. 技术创新的特点

很多人将技术创新单纯地理解为技术发明或创造，这是不准确的。这二者的中文字面意思比较接近，但其实际含义却有很大差别。在英文中，"创新"（innovation）和"创造"（creation）从字面上看差别也比较明显。理解技术创新，要注意其以下 3 个特点：

（1）技术创新是基于技术的活动

"技术"创新与"非技术"创新的区别在于基本手段。在企业经营活动中和经济、技术、社会活动中，存在组织创新、管理创新和制度创新等，它们都可能产生商业价值。但为使概念更为清晰，还是以将技术创新和非技术创新区别开为好。这并不是说技术创新不涉及管理、组织、制度的变动，相反，技术创新往往要有相应的组织、管理甚至制度的变动相配合，但在概念上应将其涵盖的范围加以限定，不宜将其所涉及的全部内容包含在所定义的概念之内。

（2）技术创新所依据的技术变动，允许有较大的弹性

在所给出的定义中未强调技术突破（根本性变动），允许将技术的增量性变动包括在技术创新的概念之中。在概念的外延上，不仅包括新产品、新工艺，也可以包括对产品、工艺的改进；在实现方式上，可以是在研究开发获得新知识、新技术的基础上实现技术创新，也可以将已有技术进行新的组合（没有新知识和新技术的产生）以实现技术创新。

（3）技术创新注重技术与经济结合

技术创新不是纯技术活动，是技术与经济结合的活动。从本质上说，技术创新是一种经济活动，是一种以技术为手段，实现经济目的的活动。因此，技术创新的关键在于商业化，检验技术创新成功与否的基本标准是商业价值（在有些情况下也包含社会价值）。

3. 技术创新与有关概念的区别与联系

在我国经济、技术实践中，有几个概念常与技术创新相混淆，如技术发明（创

造)、研究开发、技术成果转化、技术进步、技术改造等。

(1) 与技术发明的区别和联系

技术发明(创造)是指在技术上有较大突破,并创造出与已有产品原型或方法完全不同或有很大改进的新产品原型或新的方法。技术发明仅指技术活动,只考察技术的变动性,不考察是否应用和产生经济效益。技术发明可以形成具有商业目的的技术新构想,从而构成技术创新活动的一个环节(组成部分),从这个意义上说,技术创新可以包含技术发明。但是,技术发明可能不具备商业价值,也可能终止于技术原型,这样,技术发明就不能构成技术创新的一个环节。如果不考虑后一种情况,将从发明到应用看成一个完整的技术活动链的话,技术发明侧重于链的前端,而技术创新则涉及整个链,且更侧重于链的后端。

(2) 与研究开发的区别和联系

研究开发常构成技术创新的一个必要环节,因此,它只能是技术创新的一部分。但是,当研究开发活动未延伸至商业化应用时,则没有完成技术创新的全过程。研究开发也侧重于技术活动链的前端。

(3) 与技术成果转化的区别和联系

在我国,"技术成果转化"这一概念被广泛应用,至今还没有严格的定义。它一般是指将研究开发形成的技术原型(产品样机、工艺原理及基本方法等)进行扩大试验,并投入实际应用,生产出产品推向市场或转化为成熟工艺投入应用的活动。从实践上看,我国的"技术成果转化"是最接近"技术创新"的一个概念,二者都侧重于技术活动链的后端,都强调商业价值。不过,技术创新不仅可以源于已有的研究开发成果,即技术原型,而且可以源于技术的研究开发活动本身。因此,严格地说,技术创新是一个更广义的概念,它包含了技术成果的转化。

(4) 与技术进步的区别和联系

"技术进步"是一个含义十分宽泛的概念,人们一般用它来表示社会技术经济活动的结果,在经济学上,技术进步指生产函数扣除资本、劳动等基本要素贡献后的余额。技术进步的实现手段很多,如提高教育水平和劳动者素质,实现规模经济等,但实现技术进步的根本途径则是技术创新。在这个意义上,可以说技术创新是手段,技术进步是结果。在我国,也有人把实现技术进步的手段包括在技术进步的大概念之内,是各种因素的集合,如果是这样的话,技术创新就是技术进步的一个组成部分(子集)。

(5) 与技术改造的区别和联系

"技术改造"是我国特有的概念,它是为区别"基本建设"而提出的。基本建设一般指新建工程项目的行为,技术改造则一般指在已有基础上改建、扩建的行为。因此,"技术改造"主要是用于投资项目的术语,它与技术创新是完全不同的两个概念。但是,在技术改造中也存在采用新技术、将技术成果加以商业化实现的活动,在这个意义上也可以说,技术改造中存在技术创新,技术改造是实现技术创新的一种方式(特别是当技术创新需要相应的投资建设时更是如此)。

4.1.2 技术创新的类型

对技术创新可以从不同的角度进行分类,如按创新程度、创新对象、技术特性等进行分类。

1. 按创新程度分类

按技术创新中技术变化的强度分类,可将技术创新分为渐进性创新和根本性创新两类。

(1) 渐进性创新

渐进性创新(incremental innovation)是指对现有技术进行局部性改进所产生的技术创新。在现实的经济技术活动中,大量的创新是渐进性的,如对现有的手机进行改造,生产出屏幕更大、操作界面更友好、能进行 MP3/MP4 播放、拍照、摄像、无线上网的手机。

(2) 根本性创新

根本性创新(radical innovation)是指在技术上有重大突破的技术创新。如第四代移动通信手机就是一项根本性创新。

2. 按创新的对象分类

按创新对象的不同,可将技术创新分为产品创新和工艺创新两类。

(1) 产品创新

产品创新(product innovation)是指在产品技术变化基础上进行的技术创新。产品创新包括在技术发生较大变化的基础上推出新产品,也包括对现有产品进行局部改进而推出改进型产品。广义的产品包括服务(无形产品),因此,产品创新也包括服务创新。

(2) 工艺创新

工艺创新(process innovation),又称过程创新,是指生产(服务)过程技术变革基础上的技术创新。工艺创新包括在技术较大变化基础上采用全新工艺的创新,也包括对原有工艺的改进所形成的创新。如炼钢工艺中的氧气顶吹转炉工艺的采用就是对平炉工艺的全新工艺创新;在生产过程中大量采用微机控制、节能降耗的工艺改进,并未改变基本工艺流程和方法,也是工艺创新,能产生良好的经济效益。

3. 按技术变动的方式分类

技术变动方式可分为两种,一种是结构性变动(architectural change),另一种是模式性变动(modular change)。结构性变动是指技术(产品或工艺)要素结构或联结方式的变动,如通信技术中从有线电话到无线电话就是结构性变动。模式性变动是指技术原理的变动,如从模拟通信技术到数字通信技术就是模式变动。

按技术变动方式的不同,可将技术创新分为 4 类。

(1) 局部性创新

局部性创新,或称渐进性创新,是指在技术结构和模式均未变动条件下的局部技术改进所形成的创新。如图 4-1 第 I 象限所示。例如,电话机由拨号式改进为按键式的创新就是一种局部创新。

(2) 模式性创新

模式性创新是指在技术原理变动基础上的技术创新。如图4-1第Ⅱ象限所示。例如，通信技术中由模拟交换到数字交换的创新就是模式性创新。

(3) 结构性创新

结构性创新是指技术结构变动形成的技术创新。如图4-1第Ⅲ象限所示。例如，无绳电话的创新，在一定程度上改变了通信连接方式，但原理并未发生变化。

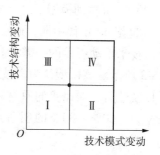

图4-1 按技术变动方式的不同的分类

(4) 全面性创新

全面性创新是指技术结构和模式均发生变动所形成的创新。如图4-1第Ⅳ象限所示。例如，由模拟式有线通信技术到数字式无线通信技术所形成的技术创新就是全面性的创新。

4.2 技术创新的过程

技术创新的过程主要分为单项技术创新过程和系列技术创新过程两个方面，本节着重介绍单项技术创新过程。

技术创新过程对于技术创新管理有重要意义。对技术创新过程的描述首先是从单项技术创新开始的，其目的在于归纳出技术创新发生过程的普遍规律。为此，研究者在实际考察和理论分析的基础上提出了对创新过程的解释性模型。

1. 线性模型

线性模型认为技术创新是由前一环节依次向后一环节推进的过程。由于起始环节的不同，又分为两种模型。

(1) 技术推动模型

技术推动模型如图4-2所示，这是最早提出的模型。该模型认为，技术创新是由科学发现和技术发明推动的，因而研究开发是创新的主要来源。研究开发产生的成果在寻求应用过程中推动创新的完成，市场是创新成果的被动接受者。在现实中，不乏这样的例子，特别是当出现重大技术突破时，会出现大量符合这种类型的创新。例如，无线电、晶体管、计算机的发明导致的大量创新的出现就属此列。因此，在技术创新管理中要遵循技术推动的相应规律，因势利导，促进技术创新的成功。技术推动模型对许多国家制定科技政策、配置科技资源，对企业管理创新活动产生了很大影响。

图4-2 技术创新过程的技术推动模型

(2) 需求拉动模型

20世纪60年代中期，通过对大量技术创新的实际考察，人们发现大多数技术创新不是由技术推动引发的，需求拉动起了更重要的作用，于是提出了需求拉动模型，如图4-3所示。该模型认为，技术创新是市场需求和生产需要激发的。市场的开拓与扩展，以及节省相对昂贵的原材料和其他消耗成为创新的最重要的动力。研究表明，就数量来说，60%~80%的创新是由市场需求引发的，因此，对企业来说，需求拉动型创新更为重要。

图4-3 技术创新过程的需求拉动模型

2. 交互模型

很多人认为线性模型这种将创新界定为由前一环节向后一环节单向推进的过程过于简单化，同时，对创新的激发过程过于绝对化。于是，在20世纪70年代末到80年代初，在综合前两种线性模型的基础上提出了交互模型，如图4-4所示。该模型认为，技术创新是由技术和市场共同作用引发的；同时，创新过程中各环节之间及创新与市场需求和技术进展之间还存在交互作用的关系。

上述3个模型的共同特点是，着重于技术创新的引导机制，因而十分重视创新过程的启动环节，而对中间过程的描述都比较粗略。可以说，这些模型是过程描述模型，更是诱导机制模型。

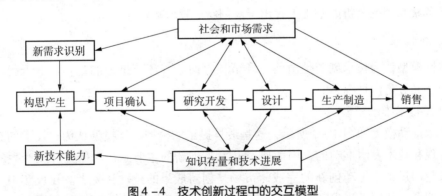

图4-4 技术创新过程中的交互模型

4.3 技术创新及其管理

企业技术创新是一项高风险且非常复杂的工作。要成功地进行技术创新，以比较低的投入带来比较高的产出，必须要了解技术创新的基本规律，掌握科学、有效地开展技术创新的方法，加强对技术创新的管理。由于技术创新的高风险性和复杂性，技术创新管理也是一项非常复杂、难度很大的工作,它面临一系列的挑战,需要有一套科学、系统的理论和方法加以指导。

4.3.1 技术创新管理综述

1. 技术创新管理的概念

技术创新管理概念的提出迄今已有70多年,但至今尚未形成一个严格统一的定义。熊彼特认为,技术创新管理是生产要素与生产条件的新组合。国际经济合作与发展组织(OECD)的定义是:技术创新管理包括新产品与新工艺以及产品与工艺的显著变化。国内学者认为技术创新管理是在经济活动中引入新产品或新工艺,从而实现生产要素的重新组合,并在市场上获得成功的过程。

企业技术创新管理的主要活动由产品创新管理和工艺创新管理两部分组成。包括从新产品、新工艺的设想、设计、研究、开发、生产和市场开发、认同与应用到商业化的完整过程。产品创新管理——为市场提供新产品或新服务、创造一种产品或服务的新质量;工艺创新管理——引入新的生产工艺条件、工艺流程、工艺设备、工艺方法。技术创新管理不仅是把科学技术转化为现实生产力的转化器,而且也是科技与经济结合的催化剂。技术创新管理的根本目的就是通过满足消费者不断增长和变化的需求来保持和提高企业的竞争优势,从而提高企业当前和长远的经济效益。

因此,技术创新管理是指由技术的新构想,经过研究开发或技术组合,到获得实际应用,并产生经济、社会效益的商业化全过程的活动。其中,"技术的新构想"指新产品、新服务、新工艺的新构想;"技术组合"指将现有技术进行新的组合;"实际应用"指生产出新产品、提供新服务、采用新工艺或对产品、服务、工艺的改进;"经济、社会效益"指近期或未来的利润、市场占有或社会福利等;"商业化"指全部活动出于商业目的;"全过程"则指从新构想产生到获得实际应用的全部过程。

综上所述,技术创新管理是在一定的技术条件下,为了使各种资源的利用更加合理,企业整个系统运行更加和谐高效,生产能力得到更充分有效的发挥而进行的发展战略、管理体制、组织结构、运作方式以及具体的管理方法与技术以及文化氛围等方面的管理。

2. 技术创新管理方法分类

实际上,人们对技术发明创造和技术创新及其管理方法的研究已经有比较长的历史,早在20世纪30年代奥斯本就提出了创造发明的方法——智力激励法。目前,全世界已经出现的、有案可查的技术创造发明方法就已经有360余种(张武城,2005)。因为多数方法都是研究者根据自己的实践经验和研究方法总结出来的,各种方法之间不存在科学上的逻辑关系,没有一个公认的标准,难以把所有或者多数方法归纳起来形成统一和科学的体系,只能从宏观上对各种发明创造和技术创新的方法进行大致的分类。

技术创新的定义表明,技术创新过程中既包括技术研发活动,即技术发明创造活动,也包括根据市场需求将开发的新产品推向市场产生经济效益的经济活动。由于技术创新涉及的活动类型比较多,需要应用的方法也比较多。

按照技术创新中的活动类型,可以将技术创新及其管理的方法大致分为3大类:①技术发明创造方法。②根据市场需求更有效地开发新产品和新工艺,即技术创新的方法。③以提升发明创造和技术创新的效率和效益为目标的技术创新管理方法。如图4-5所示。

人们通常把应用于技术发明创造的技法称为技术发明创造方法。目前,技术发明创造中常用的方法包括智力激励法、类比创造法、列举法、逆向思维法、TRIZ即解决创造性问题的理论等。企业技术创新过程中,也广泛应用领先用户法、质量功能展开等多种方法。

图4-5 技术创新中的活动类型

3. 技术创新管理与常规管理的区别

由于技术创新活动不同于企业的常规生产活动,企业中的创新管理与常规管理相比也必然有其特殊性。只有清楚地认识到这一点,才能使创新管理有效地实施。技术创新与企业的常规管理的区别在于如下4个方面:

(1) 涉及因素更为复杂

这种复杂不单是指技术创新所涉及的因素复杂,更是指因素之间的错综关系。在创新实践中,各主要影响因素不是孤立存在,而是相互存在联系的,一种因素的变动不仅直接作用于创新,还会波及其他因素再间接作用于创新而产生附加效应。而且各主要因素随创新阶段的发展而不断变化的程度也远比常规管理的因素频繁。

(2) 投入更难估算

在常规的经营管理中,通常的支出资金的预算和利润可以根据业务活动情况进行精确估算,而这也是科学管理的一项基本要求。但技术创新由于其进程的不确定性,很难把一切因素考虑周全,因此,做到估计准确无误是很困难的。正是由于看到了创新投入估算的复杂性,在美国、德国、英国的一些大企业中,甚至反对规定研究预算,他们认为"研究是创造性的工作,能创造出什么还不清楚,对这样的事业没有理由规定必须预算"。当然,由于创新投入估算困难,便认为创新投入资金的估算取决于直觉或随机的想法也是有害的。

(3) 预期回报更不确定

常规的管理一般采用的是以资产或投资的收益为基础的回报方法,而创新是一项高风险的事业,一旦失败,甚至可能会没有任何回报。而其成功所产生的超额利润有时也可能是始料不及的。因此,采取和常规管理同样的方法可能会扼杀创新项目及员工创新的积极性。

例如,在美国有一家化学公司,公司的每个人都知道公司的核心部门必须不断开发新的材料才能生存下去。可开发计划有了,也进行了研究,但却毫无结果。问题究竟在哪里呢?后来部门的总经理在一次总结会上坦诚地指出了症结所在:"我的管理部门及我本人是根据投资的收益而获取报酬的,开发新材料,至少在今后的 4 年中投资收益要下降一半。即使 4 年后这些投资开始回收时我还在现在的位子上,但利润这样少,我怀疑公司是否还会支持我。在这段时间中我是在剥夺部门其他同事的利益。"后来,公司改变了原来的规定,确定新项目的研发费用从投资收益中扣除。仅仅这样的小修改,马上就调动起员工的积极性,18 个月以后新材料上市。

(4) 创新人员较为独立

从事创新的人员大都喜欢独立自主地从事创新性工作,不希望对创新中细节问题有过多干预。对这部分的管理不应采取像对常规生产人员一样的硬性管理方式,而应当在给予他们一定自由(如选题的自由、研究的自由)和保障(如经费、实验条件的保障)的基础上,采取引导激励方式把他们的创新积极性调动起来。另外,不同的创新过程以及同一创新过程的不同阶段涉及的因素均不同,始终如一的控制模式显然是行不通的,这就要求管理控制应根据实际情况实施,即管理控制要灵活。

4.3.2 企业技术创新管理方法体系

为系统地介绍企业技术创新管理理论和方法,首先要根据技术创新及其管理过程,构建系统的企业技术创新管理方法体系。根据企业战略管理思想,按照企业技术创新管理过程设计的技术创新管理方法体系,如图 4-6 所示。

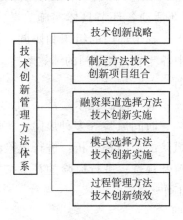

图 4-6 技术创新管理方法体系

1. 技术创新管理体系的构成

企业技术创新管理体系表现为:企业有关技术创新活动的各项规定、制度、办法、要求等;有关技术创新活动的各项具体措施、方案、模式、途径等;有关实施技术创新管理工作的各个机构、组织、设施、人员等;以及各部分之间的合理配置和有机组合。

管理体系的实施和运转,就是企业对技术创新工程的具体管理过程;管理体系的运行结果,就是企业技术创新核心能力的形成,以及企业技术创新规划目标的实现。

(1) 技术创新的资源管理

企业技术创新资源主要包括研发资金资源、有关技术创新的仪器设备和设施资源、技术创新的人才资源、技术创新的信息资源等。对技术创新的资源管理表现为：①各种资源的来源、筹集方案、实现途径、保障的具体规定和措施。②各种资源的积累、储备、更新和保管。③各种资源在技术创新实施过程中的优化配置和合理利用。④各种资源管理部门和人员的职责任务。⑤各种资源使用过程的监控及使用效果的考核评估。

（2）技术创新的决策管理

企业的技术创新决策是企业技术创新活动的关键环节，直接关系着企业技术创新过程的风险大小及最终效果。为了保证决策结果的科学性和合理性，我们要做到：第一，企业必须建立健全民主、科学的决策制度和规定，确保决策过程的民主集中制和决策方法的科学性。第二，建立包括企业内外部专家在内的项目评估组织，实现项目的优化决策。第三，开展企业技术创新项目的论证，从市场需求论证、技术成熟性论证、创新能力论证、实施技术方案论证等方面进行全面综合的分析。第四，做好创新项目的事中、事后评价。通过事中评价，可以及时发现项目实施中存在的问题并予以纠正；通过事后评价，总结项目实施过程中的成功经验和失败教训，能够更好地指导今后的技术创新活动。

（3）技术创新的过程管理

技术创新过程是由一个组织或组织群体构成的系统的技术经济活动过程，对该过程的管理包括：①对技术创新活动各环节具体实施、操作的有关规章制度的制定。②对各个环节、参与组织各方、各个部门的组织和协调。③对项目实施各环节的全过程监控。④对项目实施过程中各环节、各部门的绩效考核、评估等。

（4）技术创新的风险管理

企业的技术创新过程是一项高风险的技术经济活动，其中包括技术风险、市场风险、知识产权风险、信用风险、时间风险等多种风险。实施风险管理，就是针对技术创新过程中各个环节，进行风险的预测和分析；进行风险的预警和评估；进行风险的监测和控制；进行风险的化解和规避；进行风险的补救措施和方案设计；进行风险的责任界定和合理负担等管理工作。

（5）技术创新的制度管理

企业技术创新的制度管理，主要包括以下3个方面：一是技术创新过程中各个环节、各个步骤的具体操作制度。由于企业技术创新活动是一项连接科研成果和市场需求的系统工程，这期间包括多个繁杂的环节和步骤，必须使这些环节和步骤的具体操作和运转制度化、规范化，才能保证最终的创新效果。二是技术创新参与各方的协调管理制度。即有关创新过程中成果提供者、风险投资者、原料供应者、项目施工者等各方的权利、责任、义务等方面的制度。三是企业技术创新的配套管理制度。如有关技术创新的产权制度、组织制度、分配制度、培训制度、奖惩制度、调控制度，等等。

（6）技术创新的营销管理

企业技术创新的营销管理主要侧重于两大方面：一是创新产品的市场开拓，包括产品的广告策划、营销方案设计、目标市场的确定、营销渠道的选择、促销方式的优化，使企业的创新产品尽快占领市场，实现企业创新产品由产品化到商业化的成功转变。二是发挥技术创新源的功能，通过销售部门的营销活动，使营销人员贴近市场，及时地了解用户对产品的需求，对产品的需求信息做出更新的反馈，为企业实施技术创新提供更多的信息来源。

(7) 技术创新的文化管理

企业技术创新的文化管理，在于通过加强职工培训，提高普通员工的科学文化素质和创新观念；通过爱厂敬业教育，提高职工的主人翁意识和企业凝聚力；通过建立畅通的信息渠道，提高企业员工参与技术创新的积极性和主动性。企业技术创新的文化管理，可以建立良好的企业文化，营造浓厚的技术创新气氛，为企业技术创新活动的顺利开展提供良好的人文环境。

4.3.3 技术创新管理体系的目标

企业的技术创新工作是一项涉及多部门、多环节的系统工程，为了使企业技术创新活动顺利进行，必须建立一套完善高效的管理体系。

企业技术创新管理体系的目标在于通过技术创新管理体系的构建和一定时间的运行，使得企业能够形成一种旨在提高技术创新实力及技术创新管理水平的企业技术创新核心能力。通过企业不断开展的技术创新活动，实现企业一定时期的技术创新发展规划。通过企业技术创新发展规划与企业发展战略的整合，最终实现企业的整体发展战略目标。同时，这一总体框架又是一个动态的系统过程，随着企业发展战略目标的调整，及时制定与之相适应的技术创新发展规划，从而使企业的技术创新管理体系实现动态调整和修订，确保由其形成的技术创新核心能力以及采取的技术创新模式和途径始终与企业技术创新规划相协调。

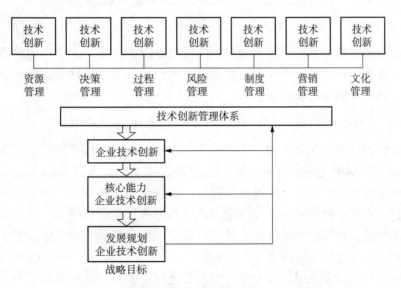

图 4-7 企业技术创新管理体系及具体运行过程

由图 4-7 可以看出，企业技术创新管理体系包括技术创新资源管理、技术创新决策管理、技术创新过程管理、技术创新风险管理、技术创新制度管理、技术创新营销管理、技术创新文化管理等 7 个部分，每个组成部分共同作用形成企业技术创新管理体系的总体框架。同时，这 7 部分内容之间又是相互作用、相互制约的，具有很强的相关性，只有使各部分都处于相对最优状态，才能保证管理体系总体功能的最大化，因而必须始终保持各组成部分之间的协调和互动。

另外，管理体系的运行需要一定的政策环境、经济环境、社会文化环境、管理体制环境、技术环境、市场环境的相互配合，必须使外界环境紧密配合才能使管理体系处于最优状态。

4.4 技术创新管理的特征

技术创新的重要性和复杂性使得加强技术创新管理不仅非常必要，而且具有极其重要的意义。

4.4.1 技术管理的重要性

1. 技术创新已经成为影响企业竞争能力的核心要素

当今世界全球化进程不断加快，技术发展日新月异，以信息技术、生物技术和新材料技术等为代表的新技术革命正在发生，技术创新的速度和技术传播的速度大大加快，这使得企业产品生产和服务提供过程中的知识和技术含量越来越高。企业要获得竞争优势，越来越依赖技术的作用，企业之间的竞争逐渐成为以技术创新能力为核心的创新能力的竞争，技术创新能力已经成为影响企业竞争能力的核心要素。

2. 技术创新已经成为带动新兴产业形成和发展、促进传统产业升级的主导力量

信息技术等高新技术的快速发展和广泛应用带动了包括计算机在内的信息设备制造业、软件业和信息服务业等一大批新兴产业的形成和发展。同时，技术创新还能极大地促进传统产业的改造和升级。

3. 技术创新已经成为加速经济和社会发展的核心原动力

据统计，1971 年以来虽然全世界的总人口在快速增加，但是即使在剔除物价上涨的影响后，人均 GDP 仍然一直在稳步上升。美国经济学家索洛（Solow）对经济增长进行大量研究后发现，过去的经济增长不能完全通过劳动力和资本的投入来解释，劳动力和资本投入不能解释的那一部分剩余经济增长是技术创新的结果。这个解释开始并没有被广泛接受，许多研究人员认为这一剩余经济增长来源于测算的误差、不确定的物价上涨和劳动者素质的提高等。

但是一系列的研究发现，每一个因素的变化都不能有效地抵消剩余经济增长。经济学界最终在这个问题上取得了一致，认为剩余经济增长是技术创新的结果，技术创新已经成为推动经济发展的核心力量。索洛也因此获得了 1981 年的诺贝尔经济学奖，这个剩余经济增长被称为"索洛剩余"。

技术创新不仅极大地促进了经济发展，而且强有力地促进了各项社会事业的发展。正是技术创新，使得大量的产品和服务延伸到全球的每一个角落，使得食品和其他生活必需品的生产更加有效率；使得医疗卫生服务水平极大地提高，人们的健康状况极大地改善，人均期望寿命显著延长；使得人们能非常方便地在全球范围内旅行和相互交流，等等。技术创新已经成为加速经济和社会发展的核心动力。

4.4.2 技术创新的复杂性

大量的事实表明，技术创新是企业形成竞争优势的有力手段，是增强企业竞争力的有效途径。但是同时必须认识到，技术创新是非常复杂的，虽然技术创新成功的故事层出不穷，但失败的案例也屡见不鲜。成功的技术创新可以为企业带来显著的竞争优势和巨大的经济效益，而失败的技术创新可能会给企业带来惨痛的损失。而大量的技术创新之所以不能取得预期的效果，乃至完全失败，有着多方面的原因。

首先，由于技术和市场的高度复杂性，大量的技术创新设想并不能够转变成为新产品。大量的实证调查和研究发现，大多数技术创新设想（创意）都不能够转变成新产品。一般认为仅有 1/700 的创新设想最终能获得成功，许多项目要么是不能成为技术上可行的产品；要么虽然技术上可行，但不能被市场接受。据一项对研发成果和专利的综合调查和分析发现，3 000 个初始的创新设想中，仅仅有一个能够最终在商业上获得成功（Stevens，Burley，1997）。医药产业也有类似的结论，10 000 个化合物中仅仅有 1 个能够成为新药，而且从发现到上市要经过 12 年的时间，总耗资约 3.5 亿美元。因此，创新过程常常被人们认为是一个隧道，开始时有许多有发展潜力的新创意，但到最后能够成功的却寥寥无几。

其次，技术创新类型的多样性更加剧了其复杂性，导致技术创新面临着非常困难的两难选择问题。按技术创新的程度对其进行分类，既有围绕企业现有技术进行局部改进的渐进性创新，也有利用技术上的重大突破进行的根本性创新。在很多产业，这种渐进性创新和根本性创新往往是交替进行的，这样对一个企业而言往往需要进行创新组合，即既要不断地进行渐进性创新，又要随时准备应对根本性创新带来的挑战。

实践表明，创新组合在理论上很完美，但是在实践中企业要处理和应对好渐进性创新和根本性创新是非常困难的。Christenson（1997）以美国硬盘驱动器产业为案例研究发现：从技术创新的角度看，当某个产业产生能力破坏型技术、发生根本性创新时，产业中原有的企业往往无法很好地适应这种变革，这时竞争优势逐渐向产业的新进入者转移。之所以如此，是因为产业中现有的企业倾向于按照商学院所宣扬的最佳方法去做：密切联系现有的顾客，发展与顾客之间紧密的互动关系，根据顾客需求不断对原有产品进行改进，实施渐进性创新。同时，渐进性创新也使企业能够更方便地监控质量、速度和成本等各种指标，使其运行状况更接近最佳状态。这种以渐进性为本质的创新是企业成功经营的关键因素。这样，产业中原有的企业往往非常专注于现有的顾客、现有的产品、现有的技术。

相反，新一代技术和产品出现的信号都非常微弱，一般是从现有市场的边缘产生，或者来自一个新的顾客群，新一代产品通常与现有产品有完全不同的性价比和价格预期，具有创造需求的潜力。这些特点导致产业中原有的大多数企业都难以识别能力破坏型技术产生的微弱信号，不能对根本性创新产生的新产品出现的信号做出反应，自然也不可能对根本性创新做出良好的反应。因此，企业技术创新面临着复杂而艰巨的任务，不但需要掌握如何进行渐进性创新，还需要学习如何应对根本性创新。

再次，打破产业发展平衡、对产业发展产生重大影响的能力破坏型技术通常来自产业之外，这进一步增加了技术创新的复杂性。一般而言，产业中很多现有的大企业为了紧跟产业的发展步伐，保持其已有的竞争优势，会投入大量的人才、资金等各种资源进行技术创新，但它们常常被那些来自产业外的技术创新打乱其发展的步伐。例如，汉字激光照排系统技术来自与传统的印刷产业完全无关的信息技术行业，该技术和系统引进印刷业对该行业带来巨大冲击，导致其产生巨大的变革。同样，保险和金融服务业中以在线服务和电话服务为特色的巨大变革，都是由本来与这个产业无关的信息技术工程师们开发的新系统所引发的。

这些实例都表明，许多破坏现有产业市场规则的创新来自新进入者和产业外部，"非本地发明"（not invented here NIH）对产业有可能产生重大的影响。因此，企业技术创新不仅要关注目前与产业发展相关的技术，还要随时关注目前与其发展不相关、处于产业外部的技术。然而，产业中大多数原有企业都难以应对这种复杂的局面，许多企业即使发现了对其未来影响很大的技术，但是往往并不去应用它，因为，企业认为这种技术与自己所在产业发展无关，或者不符合产业发展的方向。如柯达公司拒绝宝丽莱的工艺技术、西联国际汇款公司婉拒贝尔公司的电话发明等就是如此。这充分说明，创新管理不但要培养识别新技术信息的能力，还要培养能在关键时刻放弃旧事物、进入新领域的决心。

4.4.3　技术创新管理的必要性

虽然成功的技术创新能为企业带来巨大的经济效益，但由于其充满风险和不确定性，失败的案例屡见不鲜，因而很多企业都不敢或不愿意进行技术创新。然而仔细观察会发现，在当今市场需求越来越快速多变、市场竞争越来越激烈、技术发展日新月异的新形势下，很少有企业能够选择不开展任何技术创新而生存和发展。实际上，目前对企业而言，问题不在于是否进行创新，而在于如何成功地进行创新。

在回答如何成功地进行技术创新的问题时，许多人认为：技术创新过程是一个具有高风险的复杂过程，创新的成功是由偶然的机会带来的，运气对于成功进行技术创新发挥着重要作用，创新管理很难发挥比较大的作用。实际上，对大量成功的技术创新案例进行研究和分析可以发现，创新存在成功和有效的模式，创新是有一定的规律可循的。对一个企业而言，个别技术创新的成功可能受到偶然性和运气的影响。但是如果企业想获得长期稳定的发展，在持续大量的创新过程中，显然不可能把成功完全寄托在运气之上，必须最大限度地摆脱运气的成分。真正的成功来源于持续稳定、高水平的创新管理过程。企业要实现真正的成功，就必须了解技术创新的特点，了解技术创新的过程，对技术创新过程实施科学和有效的管理。

本章要点回顾

本章主要讲述了技术创新与技术创新管理的相关内容，包括技术创新：概念、特点、与其他相关概念的辨析以及技术创新的过程；技术创新管理：概念、体系、重要意义。

技术创新的类型首先从3个不同角度分为3个大类：创新程度、创新对象、技术特性。每个不同的分类角度下再进行具体分类。技术创新的过程需要大家掌握单项技术创新过程，其中包括技术推动模型与需求推动模型、交互模型这3种模型。

技术创新管理的体系由资源、决策、过程、风险、制度、营销、文化这7个方面构成；其目标也需要理解和掌握。

技术创新管理的重要性和复杂性决定了它的必要性，这3者是相互影响的3个方面，应熟悉它们的内涵，从而真正理解本章的意义。

课堂训练

1. 名词解释

   技术创新　技术创新管理　需求拉动模型

2. 简答题

   （1）简述加强技术创新管理的原因。

   （2）简述技术创新过程中交互模型的原理。

   （3）简述企业技术创新管理体系的运行过程。

3. 论述题

   技术创新与科学研究、技术发明和公共产品创新之间有什么区别和联系？

4. 综合应用题

   结合实例，说明技术创新及其管理的意义。

实践任务

TRIZ法在技术创新方面应用最为广泛，请大家查阅相关资料，根据实例具体分析TRIZ法在技术创新管理中的作用和要求。

第 5 章

产品设计创新

 学习目标

产品设计是一个创造性的综合信息处理过程,通过多种元素如线条、符号、数字、色彩等不同方式的组合把产品的形状以平面或立体的形式展现出来。而产品创新则是充分发挥设计者的创造力,利用现有的成果进行创新构思,为现有的市场带入全新的观念,设计出具有科学性、创造性、新颖性及实用成果性的一种实践活动。本章主要介绍新产品的开发流程、设计创意、产品概念以及产品评估的相关知识。

学习完本章后,希望同学们做到:

①熟悉新产品开发流程分析过程。
②理解设计创意产生的方法。
③了解构建产品的相关概念。
④掌握从技术、商业与客户需求进行产品评估的方法。

 导入案例

吉利汽车的设计与创新

浙江吉利控股集团是中国汽车行业十强企业之一。自 1997 年进入轿车领域以来,凭借灵活的经营机制和持续的自主创新,取得了快速的发展,现资产总值超过 340 亿元,连续 8 年进入中国企业 500 强,连续 6 年进入中国汽车行业十强,被评为首批国家"创新型企业"和"国家汽车整车出口基地企业"。浙江吉利汽车有限公司历经 9 年成长,现已发展成为中国自主品牌汽车制造基地的典型代表,也是吉利控股集团最核心的集整车、发动机、变速器研发、制造为一体的战略发展基地。

"吉利的成功，就在于创新。"总经理安聪慧介绍说，"吉利"始终有一个美丽的追求：就是打造全世界最好的汽车工厂，造最安全、最环保、最节能的好车，让吉利汽车走遍全世界。但公司起点低，又面对着跨国公司的技术封锁和市场垄断，这就决定了"吉利"必须通过创新，为自己开创出一片新天地。

但是创新从何下手呢？"吉利"公司清晰地认识到了我国的汽车产业的情况，我国汽车产业虽然发展迅速，但也面临着诸多问题，最突出的就是：投资过热、行业分散、配套设施落后，自主研发和创新能力的提高进展缓慢，甚至形成了严重的技术依赖，是在以市场换技术，但这些问题都可以通过企业间技术联盟得以解决或缓解。通过技术联盟推动企业重组，其效果要好于并购；纵向技术联盟则有效地加强配套设施建设；横向技术联盟又可以加快提升企业的研发能力。因此，研究我国汽车产业的技术发展战略有着重要意义。凭借着对国内外汽车制造业的实际情况，"吉利"首先导入了卓越的绩效管理模式，制定了发展目标，即从最简单的技术着手，从人才培养着手，从零部件体系着手，从标准、规范着手，要造最安全、最环保、最节能的好车，还应加上最舒适、最经济，这样才有更大的竞争力。先把低端市场做好，再进入中级轿车市场，不断形成核心竞争力，最终实现2/3的产品外销。

有了切合实际的定位和发展理念，"吉利"开始一步一个脚印朝着这个方向迈进。首先是研发能力迅猛提升，不断形成独立的造型设计、工程设计、工程分析、研制试装和同步工程能力，逐渐具备汽车整车、发动机、变速器及新能源等关键技术的正向自主开发能力。第二是车型产品层出不穷，科学的产品平台规划与不断深化的通用化建设不仅理顺了吉利产品序列，更使吉利新品不断推出成为可能。目前，吉利汽车研究院已形成了平均每个季度至少推出一款全新车型的开发能力。第三是核心技术不断突破，"安全第一"战略硕果累累，吉利独创的BMBS爆胎检测与控制技术的重大突破，带动了主动安全技术的全面提升。第四是科技成果节节攀升。近些年来吉利的专利、论文、科技成果三大科技指标呈几何级数增长，且质量不断提高，并获得了一系列科技奖励。吉利技术体系创新工程的建设，确保了企业战略转型的成功实施，提高了吉利产品的核心竞争力，支撑了企业的可持续发展。

汽车是人才密集型和技术密集型的产品，没有一流的人才和技术，造汽车就等于天方夜谭。为此，"吉利"在全世界范围内广泛招贤纳士，并注重培养一线员工素质，为他们提供创业创新的平台。"吉利"汽车开始实施了一个独创的具有"吉利"特色的管理方法——"源动力"工程。所谓"源动力"工程，就是赋予员工充分的话语权、考评权和监督权，通过领导干部为员工服务，职能部门为一线服务，达到解决实际问题、实施好的建议的目的，从而增强员工的主人翁意识，全面激发广大员工的智慧和力量，推动企业持续发展。这个源动力工程，为企业发展输送着源源不断的动力，企业内部的"点子大王"越来越多。

起初，吉利核心竞争力定位为低价策略，使人们对自主品牌有了一种偏见，"低质低价"的印象严重困扰着吉利人向前发展的步伐。于是吉利决定将核心竞争力从成本优势重新定位为技术优势、品质至上和服务优秀。企业理念也从"造老百姓买得起的好车"转变为"造最安全、最节能、最环保的好车"。吉利战略转型最为显著的表现，就是产品的更新换代，"新三样"——自由舰、金刚、远景迅速开拓市场，吉利的产品档次已向功能齐全、经济耐用的中级轿车进发，其中的成功转换，不仅提升了吉利汽车的利润，进一步拓展了市场空间，也让吉利汽车摆脱了低端企业的形象。新建的帝豪汽车EC718凭借世界技术前沿的BMBS系统，成了一款不怕爆胎的轿车。帝豪自上市以来产品供不应求，成功打响了吉利中级轿车的第一炮。如今的吉利控股集团已有帝豪、全球鹰、英伦等三大品牌30多款整车产品。

随着吉利的不断发展，浙江吉利控股集团在国内已经建立了完善的营销网络，拥有近千家品牌4S店和近千个服务网点；在海外兼有近200个销售服务网点；投资数千万元建立国内一流的呼叫中心，为用户提供24小时全天候快捷服务；率先实施了基于SAP的销售ERP管理系统和售后服务系统，实现了用户需求的快速反应和市场信息快速处理；率先实现汽车B2B、B2C电子商务营销，开创汽车网络营销新渠道。据统计，吉利汽车累计社会保有量超过了180万辆，吉利商标已被认定为中国驰名商标。

由此可见，产品的开发与创新并不是一件容易的事。今天的吉利已非昨日的吉利，它承载着中国汽车走向世界的梦想。吉利发展到今天，已不仅仅是吉利的吉利，也是中国的吉利，世界的吉利。吉利的成长过程，凝结着中华民族自强不息的精神力量；吉利的发展过程，反映了中国制造业从大变强的无比艰辛；吉利的壮大过程，必将为中国亿万百姓带来无尽的福音。一个拥有13亿人口的发展中大国，要想自立于世界民族之林，不能没有像吉利一样的灵魂，不能没有像吉利一样的脊梁！

（资料来源：根据相关资料整理）

案例思考：
1. 简述吉利汽车进行产品研发的过程。
2. 吉利是如何进行产品创新的？
3. 根据上述关于吉利汽车的设计与创新的介绍，你认为吉利还可以在哪些方面进行创新？

5.1 新产品开发

5.1.1 新产品的概念

新产品是指在某个市场上首次出现的或者是企业首次向市场提供的能满足某种消费需求的整体产品。

新产品又分为以下几类：

（1）全新产品

应用科技新成果，运用新原理、新技术、新工艺、新材料制成的市场上从未有过的产品,无可置疑为新产品。

(2)换代新产品

在原有产品的基础上,部分采用新技术、新材料、新结构制造出来的性能上有显著提高改善的产品。换代产品在性能上有了重大突破。

(3)改进新产品

在原有产品的基础上,对成分、特点、功能、包装、款式、质量等加以适当改进和变化的产品。市场上的新产品大部分是这种产品。

(4)仿制新产品(新品牌产品)

企业模仿市场上已有的产品,只是在造型、式样、外观等方面稍做改变,使用新品牌后,提供给市场的产品。

5.1.2　新产品开发的背景

不断开发新产品是现代企业生存和发展的关键,随着科学技术的迅速发展,人民生活水平的提高,产品的市场生命周期越来越短,企业只有不断开发新产品,适应消费者不断变化的需要,才能在市场竞争中立于不败之地。

5.1.3　新产品开发的流程

新产品开发主要包括以下8个步骤,流程分析如图5-1所示。

图5-1　新产品开发程序流程

(1)构思

构思指满足某种新需求的设想,主要来源于:消费者的意见;营销人员的观察;技术人员的研究;竞争者产品的分析;中间商、供应者的提供等。

(2)筛选

筛选指及早发现并去掉不可行或可行性不高的没有发展前途的设想,选出那些符合本企业发展目标和长远利益的并与企业资源相协调的设想。

(3)产品概念的发展和测试

产品概念的发展和测试指把构思发展成完整的产品概念,即用文字或图形、模型做出描绘,使之在顾客心目中形成一种潜在的产品形象。一个产品构思能转化为若干个产品概念,是已成型的产品构思。

(4)初拟营销计划

初拟营销计划指对已确认的新产品概念拟订粗略的市场营销策略,为日后投放产品做准备。

（5）经营分析

经营分析指分析该产品的销售量、成本与利润的估计情况，以了解其是否符合企业的目标。

（6）新产品研制

新产品研制指对概念产品进行试制，变成实体产品。

（7）市场试销

市场营销指用一定的品牌、包装及初步的营销方案，投入小批量生产并上市试销。

（8）投放市场

投放市场指正式向市场推出试销成功的新产品。

5.2 设计创意的产生

在设计创意阶段，设计师将会面临的潜在问题是受自己预想解决方案的影响，从而形成定式化的思路。预先的构想通常产生在设计创意过程的初期，设计师接到设计任务时会自然而然地产生解决问题的思路，即第一感觉。但是第一感觉只是设计师本人的想法，而并不一定是消费者真正想要的结果。从产品开发的实际情况来看，成功设计的创意与概念绝大部分都不是源自最初的想法，而往往是第20个、第30个，甚至更多想法的体现。

另一个存在于设计创意阶段的问题，是设计人员可能局限于个人经验的思考范畴，从而导致在新产品设计中无法做出重大的突破。对于由数人或十多人组成的开发小组而言，在开发过程中依靠各自经验和相互启发，的确可以产生出大量的产品解决方案。但相比以人类科学知识为基础而客观存在的解决方案，这个数字就显得渺小了。因而设计人员决不能满足于凭借有限的个人经验来进行新产品的创意，更不能形成这样一种思维定式；只要依靠自己的知识和洞察力，就一定能发现藏在某个角落的绝佳创意。

本章介绍的设计创意方法可以帮助设计人员克服存在创意过程中的上述问题。结构设计问题，即将其细致划分为较小的组成部分，就是一种有效的方法，也是设计创意的基本原则之一，当问题细致化、具象化以后，大量的设计想法就会自然产生。解构与重塑，对于复杂的产品体系结构，可以在很大程度上增加创意的数量。以逻辑思维与科学分析的眼光看待设计问题，则是另一个有效的创意原则，它可以帮助设计师在众多解决途径之中找出最优方案。创意的产生具有一定的偶然性特征，正如人们常说的"眼前一亮"，但这一过程并不仅仅是凭借灵感就能完成的。敏锐的洞察力来自广博的学识和理性的分析，这是设计创意得以产生不可或缺的条件。设计师只有经过艰苦勤奋的学习、工作与经验积累，才可能具备这样的能力，才可能产生更多更好的设计构想。

作为以工程设计为主的设计人员，在数理、技术、科学分析等方面曾受过良好的训练，但在创造性方面可能有所欠缺，因而我们不能仅仅依赖于自己天生的创造能力，而要努力训练和培养创造特别是创意设计的技巧。理解掌握相关原则并反复在实践中加以应用和总结,是提高创造技巧的关键。

5.2.1 设计创意的基本方法

产品设计构想是产品开发过程中的重要组成部分,这一过程通常从产品整体策略入手,通过系统的设计方法可以得到各种产品的创意。

我们常用的设计方法主要有两种类型,一类是建立在设计信息收集基础上的头脑风暴法。这类方法的重点在于对各种可行的技术信息进行分析归纳,进而由设计师通过综合思考得出结论,产生设计创意。一般说来,由此得出的创意对设计项目整体性的思考较为全面,因而适用范围较为广泛。第二类方法强调创意的针对性,设计师通过自己的经验和判断、预见能力,结合设计的基本原则,追求适合于设计项目某个具体方面的解决方案。针对具体项目,设计师就其最与众不同的特点与因素进行深入思考,产生大量的设计创意。在这类方法中,是否具有较强的创造性是判断创意优劣的首要考虑因素,设计师应尽量避免妥协、折中的结果。

5.2.2 创意产生过程

创意阶段的基本目标之一是产生尽可能多的设计想法,如果只得到一两个可选择的方案是不行的。通常而言,经过这一阶段,设计师应当提供数十个可供选择的设计方案。毋庸讳言,方案越多越好。如图 5-2 所示便是一个实现目标的过程。

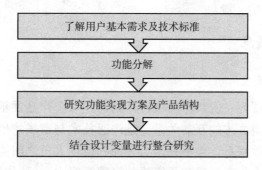

图 5-2 创意流程图

第一,从消费者需求入手,以最基本的需求为首要考虑因素,在最终产生的设计创意中必须满足这些需求。同时,在创意过程中应以此为贯穿设计的主线,在这个基础上综合考虑各种次要需求,并深入研究产品功能实现的方式。

第二,在确定了以消费者需求为核心的设计指导方针之后,设计项目被细致划分成一个个易于理解和解决的子系统。这些子系统可以归纳为3种类型:功能模型、产品结构和产品整体规划。无论在哪一种类型中,设计师应重点考虑的问题是产品应该具备什么样的功能,而如何实现这些功能则是下一步的问题。

第三,以形式体现功能。对于产品结构的分析可以确定各种可供选择的产品结构布局方案以及人机界面形式,而产品整体及各组成部分间的协调问题则是产品整体规划部分所要考虑的内容。采取上述方式,设计师能够提出大量的产品功能构想,并逐一设想不同的解决方案，然后设计师再根据产品结构分析及产品整体规划对解决方案进行可行性分析。

随后的工作则是将可行的解决方案整合在一起，形成完整的产品设计构想。根据整合内容的不同，设计师可以得到不同的产品设计构想，我们称之为可选择构想。随着创造性与设计灵感的闪现，设计师在众多的功能解决方案之中进行选取、整合，同时不断添加新的构思。经过整合阶段，大量的可选择构想得以确定。同时，设计师应当为这些可选择构想准备详细的说明材料，不仅包括设计草图，还要有细化方案，用以进行技术可行性的论证。

有效的创意方法对于帮助设计师产生并整合设计构想是十分必要的。本章接下来要讨论的是基本的创意方法，即关于产品功能解决方案的构想原则。

5.3 构建产品概念

4C 的时代是代表了消费者（customer）、成本（cost）、便利（convenience）、沟通（communication）为核心影响因素的企业生存的时代背景。当前，顾客成为市场重心，而其个性化需求具有很强的动态性，企业要争夺有限资源和顾客，还要应对竞争对手、形势与策略的变化，并应对市场环境的动态性。这样的环境中，企业如何通过构建有效的产品概念，提高企业的产品创新能力，保证优异的新产品业绩，成为企业生存和发展的关键。

5.3.1 产品概念

1. 产品概念的定义

产品概念外在表现为一份新产品项目计划书或一个产品展示模型，内在体现为企业与研究群体以及消费群体的互动关系，是沟通技术与市场的桥梁。但它绝不仅仅是技术和市场之间的简单联系，也不只是工程师和市场人员之间简单妥协的产物。它来源于从市场和技术两个角度观察产品变化的深邃洞察力，但同时又是市场和技术引导产品创新的原始驱动力。

2. 产品概念的来源

首先，产品概念是对市场和消费者需求的深刻理解的结果，体现于产品的表现和消费者期望的一致性。当顾客需求并不清晰时，即仅仅存在潜在的顾客需求时，普通的市场研究手段并不能够帮助产品开发人员得到第一手的关于潜在顾客情况的基本了解，只有依靠对顾客需求的深刻理解进行大胆的假设，才可能创造出真正的顾客需求。

其次，产品概念是追随产业技术发展潮流的结果，体现于"产品的功能与产品技术及结构的一致性"。技术的不断进步激发了人们无限的想象力，支持了更多更具有前瞻性的产品概念的形成，使它们具有技术上的可行性而得到进一步的开发，不至于被扼杀于摇篮之中。

因此,产品概念不仅是指产品内部所包含的技术组合,也不仅是产品的性能在多大程度上满足了消费者的期望,而应该是这两方面相互作用和融合的结果。在产品开发的初始阶段,它不单单受技术潮流或市场需求的驱动,而是技术和市场需求的有机融合,通常是综合了市场预期和技术预期的结果,然后被整合成一个综合的概念。同时,具备外部完整性和内部完整性的产品概念才能算是一个真正完整的产品概念。

3. 产品概念的作用

以产品概念为出发点和原动力来驱动产品创新过程,使新产品概念开发成为企业产品创新的关键。在这概念驱动的产品开发过程中,开发团队采用从产品概念出发的产品创新策略,强调产品概念的开发和概念上的创新,以产品概念为整个产品开发的核心,使之成为新产品开发项目管理的基础。

产品概念驱动着企业进行市场创新。企业面对着日益激烈的市场竞争和不明确的顾客需求,发现已经不能再采取那种直接把顾客需求转化为新产品特性的传统产品开发方法了,企业要"创造"新的市场需求使自己的创新型产品能够被市场接受。"创造"出来的产品概念中集中体现了顾客的"潜在需求"信息,使企业得以对一个将要出现的市场制定新的营销策略,开发新的市场。

产品概念驱动着企业进行技术创新。产品概念中暗含有对产品性能的期望,因此,这些就必须要转化为技术上的要求。如果产品概念中的某一方面难于用企业现有技术实现,那么技术上的突破就势在必行。同时,这种来源于顾客需求的技术创新也是企业进行市场竞争的内在需要。企业利用产品概念来定位相对于竞争者的技术优势,给竞争对手的模仿制造壁垒,使之无法轻松地复制自己的创新成果。市场和技术两者的力量共同作用的结果就是:企业的产品创新必须从构建产品概念上的创新开始。构建产品概念是企业产品开发创新的关键。

如图 5-3 所示,产品在受到产业结构影响的同时也在影响和改变着它。产品概念正是这一"充满效率的循环过程"的驱使力量。

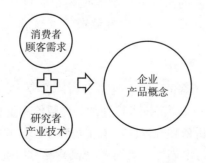

图 5-3 产业概念与产业结构间的互动关系

5.3.2 构建产品概念的流程

构建产品概念有 5 个基本环节，即顾客需要识别，建立产品规格，概念生成与概念选择，最后则是概念具体化。

1. 顾客需要识别

识别顾客需要的目标是"理解顾客的需求并有效地将它们传达给开发团队"（Urich and Eppinger, 2000），其结果是一套仔细构建起来的顾客需求陈述。开发团队将直接与潜在用户相互沟通，并经历产品的使用环境，从而增进开发团队对用户环境和用户观点的个人理解，有助于找到解决顾客需要的创新方法，做出正确的产品开发决策。

（1）信息源的选择

顾客信息源的选择被认为是顾客需要识别的一个关键性步骤，顾客访谈、顾客调查和顾客投诉信息是企业常用的了解顾客需要的方式。而有研究表明最重要的信息来自领先用户。

（2）市场研究技术

使用的市场研究技术也是一个重要方面。集体讨论在企业中得到了广泛的应用，并普遍反映效果不错。而通过一系列的试验研究表明，深度访谈通常比群体讨论的成本要低，需要量与集体讨论相等，并且深度访谈能使开发团队经历产品的使用环境，因此，建议把深度访谈作为数据收集方法的首选。

2. 建立产品规格

产品规格是指产品功能的精确描述，综合反映了企业和用户的设计要求，规定了最终产品的技术特性。建立产品规格是将设计要求转化为技术特性的一系列工作，主要基于广泛使用的质量功能拓展（QFD）方法（Burchill, 1993）或采用类似的技术（Cooper and Wootton, 1998, Mello, 2001）。事实上，正是 QFD 提供了有效可行的"质量屋"（HOQ）技术，使得建立于顾客要求一致的产品规格成为可能。最终的产品规格不仅要反映顾客的需要，还必须反映企业自身的需要及资源约束，因此，产品规格往往需要在概念开发过程中反复修改，在顾客需要和企业需要之间做出艰难的权衡。

（1）从顾客需要到技术特性

传统的 QFD 方法关注顾客的需要，通过分析顾客要求的重要程度以及顾客要求与相应技术特性的关联程度，来确定技术特性的具体数值和重要程度（Hauser and Clausing, 1988）。通常这种分析依靠开发团队的主观判断，这常常会导致明显的分析误差，并忽视了顾客需要实际上的模糊性。考虑到产品规格建立是一个多标准决策问题，通常解决上述两个问题的方法是层次分析法（AHP）和模糊集法（Fuzz Set）。AHP 法通过成对比较的方法来确定相对重要性，从而得到更精确的分析结果。最初，AHP 在 HOQ 中仅仅用于确定顾客需要的相对重要性，通过两两比较技术特性与某一顾客需要的关联度，来确定技术特性与相应顾客需要之间的相对关联度，从而计算出每个技术特性的重要程度。整合了 AHP 的 QFD 方法能提供对顾客需要更简捷、更精确的分析，但也需要更多的时间和资金支持。顾客需要通常是用户主观上的模糊表述，因此，模糊集方法常用来对 HOQ 进行分析。

(2) 公司需要的考虑

传统的 QFD 仅仅关注最终用户的需要，而没有考虑到另外一个客户——公司内部顾客的需要，如制造、财务、供应等部门。事实上，公司需要，如上市时间、成本、技术开发难度、可制造性等，对新产品绩效来说，和顾客满意度同等重要（Pugh，1990）。在传统 QFD 方法的基础上，Prasad（1998，2000）提出了同时实施 6 种目标的并行展开过程的并行功能拓展（CFD）方法，其中，"质量（顾客需要）"是最重要的 6 种目标（其他如成本、技术、可制造性、上市时间以及基础设施）中的一种。然而，Prasad 未能给出一个案例来说明其他 5 种公司目标是如何像"质量"一样进行并行功能拓展，这才是公司需要未能在建立产品规格过程中得到充分重视的根本原因。Gershenson and Stauffer（1999）采用目录法开发了包括 9 类公司需要的详细列表，每类公司需要从功能层、任务层一直分解到特征层。Gershenson and Stauffer（1995，1996）用一个实例详细说明了可制造性要求的目录列表，遗憾的是，迄今未能在公开刊物上见到其他类公司需要的详细目录，如营销、战略管理、财务等。一种可能的原因是公司需要通常是宏观的，相对于顾客需要更为模糊，难以层层分解到产品的每个技术指标上。尽管缺少将公司需要转化为产品规格的有效方法，研究者仍然在对新产品成功最重要的两类公司需要——产品成本和技术开发难度上做出了努力。产品成本通常被视为简单线性约束，从而可以利用整数规划模型来决定技术特性的最优选择（Bode and Fung，1998）。

3. 概念生成

概念生成，又称创意，是指在概念开发过程中产生新想法或新解决方案的活动。在概念生成活动中，人们最为关心的是这些新想法的创新性，因而发明或提炼了众多的提高创新性的技术，并在实践中广泛应用，以帮助产生更多的创新产品概念。在产品开发和管理文献（Pahl and Beitz，1996；Crawford and Benedetto，2000；Ulrich and Eppinger，2000）中经常提及的技术有形态分析法、头脑风暴法、检查表等。

许多概念生成方法都是在这些基本的创意方法基础上，添加、调整或组合对创新性起着关键作用的所谓"关键要素"而来。创意的关键要素是指那些"被认为能内在地推动创新性创意过程或帮助开发团队克服创意过程中的思维障碍"的基本元素（Shah，etc，2000）。研究者从企业实际经验中总结出这些关键要素，通过案例研究、过程研究以及试验研究来识别它们，进而了解它们在创意过程中的具体作用。这些关键要素可以分为 3 类：创造性机制、创造性使用工具和思维技巧。

4. 概念选择

概念选择，又称概念评价，是指根据顾客、企业或价值链上其他相关方的标准来评价和比较产品概念，然后选择一个或几个产品概念进一步开发的活动。概念选择通常被认为是一个模糊、耦合、不确定的多目标决策问题。

概念选择过程是基于组队的决策过程。一般来说，概念选择是产品开发过程中一个非常重要的阶段。不能提出没有明确方案的概念，组队的不同成员就可能对不同的方案有不同的见解，因不正确的决定将会浪费大量的时间和财力。

这里所讲述的概念选择过程是应对不确定性的一种办法。这个选择过程设计为在室外的全天活动，设计组对各种可选的概念进行评估，并对采用哪个最有效的概念达成一致意见。此活动明确聚焦于对组员之间不同见解的综合、通用定义的形成，以及对由不同见解产生的考虑选项的扩展。如同前边所述，进行该活动之后，设计组会达成关于要采用哪个概念的一致意见，组内的每位工程师都会明白为什么要转换思想认同集体决定的一致意见，并最终支持各自角色的转换。如果不能达成一致意见，组队将会深入理解在见解上还存在的分歧，并通过决议，确定该做何种进一步的分析以解决这个问题。这种情况下，概念选择将在此次分析的结果中完全确定。

概念选择过程应该在一个房间中完成。此房间至少应有 3 面墙可供题写，再加上必要的纸张等，或者有投影仪可用。其中一面墙上写定义标准并显示那些可供选用的概念；另一面是工作墙，用于组员之间的交流；最后一面墙用来做笔记，包括被否决的信息。

概念选择是一个迭代式的 5 个步骤的过程：
1) 达成对所用标准的一致意见。
2) 达成对所用概念的一致意见。
3) 对可选概念进行排序。
4) 对可选概念进行评估。
5) 对否定意见进行讨论。

执行后面的步骤时，根据需要可能要回头重新执行前面的步骤，这样能做出更好的选择。并且这些步骤本身就需要在若干个序列中不断重复。

5. 概念具体化

如何把产品的概念和体系转换成现实的系统，而这些系统必须能满足顾客的需求，能够适应各种环境的要求，并把发生故障的可能性降到最小，这个过程就是概念具体化。概念具体化可能是产品开发过程中与工程人员关系最为密切的工作。在这个过程中，工程人员（产品功能团队）要进行许多活动。下面将介绍两种有关概念具体化的基本方法，其目的是把粗略的设计概念转化成细化的几何图形及材料的选择。这种方法着重于产品的功能特性，包括所有相关的设计规范。

具体化设计实际上就是产品的参数及布局的设计。在概念创建的最后阶段，我们所获得的设计概念是以非常逻辑的方式，从若干方案中挑选出来的。

在具体化的过程中，首先要对产品设计规范进行确定。利用顾客的需求及这些设计规范来对关键需求进行识别以促进具体化设计。设计规范确定之后，基于概念性的设计结果来绘制产品总的布局。在该过程中，布局的轮廓线不宜过于详细，另外还必须注意，不要为布局添加过多的约束。通过对产品的大致布局，可以对相关内容进行确定。

一旦给出产品的大致比例轮廓，功能模型的主要功能载体及产品的概念就被确定下来。基于以上结果，其他主要功能载体的初步布局也可以被开发出来。利用功能模型及产品的体系结构布局，可以创建出其余功能载体的大致布局。

随着主要功能、子功能的粗略布局的建立，我们目前的任务是对这些布局进行细化，以确保所有子装配界面的兼容性。最后，在完成合理的测验和加工设计之后，具体化设计工程就结束了。

在为商业目的对客户需求进行收集时，可以采用的方法，包括：直接使用产品、问询、中心小组讨论和会面交流，使用不同的技术和方法可以创建客户需求列表。

其中最简单的方法是当客户使用产品时进行交谈，从而了解产品是否好用。在交谈过程中，设计人员在现场询问是否喜欢产品的某些特性。可以询问许多细节问题，以揭示产品的不同侧面。同时，编写合理的客户需求列表。重要的是交谈时要参与产品使用的全过程。

接下来是数据收集，可以采用表格的形式。基础的首要信息同项目和访谈的主题有关。最后则是对其进行整理，从而形成商业计划书的一部分，以供借鉴。

本章要点回顾

本章主要讲述了产品设计与创新的相关内容，包括新产品开发流程分析、设计创意的产生、构建产品概念。

新产品开发流程包括构思筛选、产品概念的发展和测试、初拟营销计划、经营分析、投放市场和市场试销6个步骤。

设计创意的产生则包括4个步骤：了解用户基本需求及技术标准、功能分解、研究功能实现方案及产品结构和结合设计变量进行整合研究。其中好的创意可以采用资料收集、头脑风暴和头脑传球的方法来获得。

构建产品概念则有5个基本环节：顾客需要识别、建立产品规格、概念生成与概念选择、最后则是概念具体化。

总之，产品的设计与创新是一个企业能否成功的核心竞争力。如果把产品设计与创新当作一个关键的战场，而产品设计师就是实施作战的前线部队。产品设计是一个完整的活动体系，其中更充满了风险和机遇。这就要求设计人员在技术、市场、实际等多个方面做出有效的判断，由此可看出，这一章对于设计人员的重要性。

实践任务

1. 名词解释

新产品　产品概念　产品评估

2. 简答题

（1）简述新产品开发的流程。

（2）简述设计创意的产生方法。

（3）简述如何构建产品概念。

3. 论述题

（1）论述如何将商业与客户需求相结合。

（2）论述构建产品概念的作用。

课后拓展

本章介绍了产品设计与创新的相关方法。由于篇幅有限，本文只介绍了部分方法，其实，还有很多产品设计与创意的点子。那么，你能否分享一下你对产品设计与创新的看法呢？

拓展视频

第6章

创业素质认知

 学习目标

创业者的成功绝非偶然,他们本身所具备的素质和能力,使得他们在机会来临时有敏锐的发现能力,在面对风险时能够冷静、灵活、坚毅,有很强的抗压能力,有不断开拓创新的能力和品质。那究竟什么样的人适合创业?他们具有什么样的性格、能力与价值观?如何对自己是否具有创业特质进行判断和评估,是本章将要探讨的问题。值得注意的是,所有测评的结果仅仅是参考,不是绝对的,某个人是否能够成为创业者,是环境、生活经历和个人选择的结果,没有人天生就是创业者。

学习完本章后,希望同学们做到:

①了解创业者具备的素质和能力。
②了解职业性格测评的方法和工具。
③了解职业价值观的评估方法。
④能对自己是否具有创业特质进行初步评估。

 导入案例

新东方的创始人

俞敏洪是国内英语培训的头牌学校新东方的创始人。对俞敏洪的创业经历,中国青年报记者卢跃刚在《东方马车——从北大到新东方的传奇》中有详细记录。其中令人印象尤深的是对俞敏洪一次醉酒经历的描述,看了令人不禁想落泪。俞敏洪那次醉酒,缘起于新东方的一位员工贴招生广告时被竞争对手用刀子捅伤。俞敏洪意识到自己在社会上混,应该结识几个警察,但又没有这样的门道。最后通过报案时仅有一面之缘的那个警察,将刑警大队的一个政委约出来"坐一坐"。卢跃刚是这样描述的:"他兜里揣了3 000块钱,走进香港美食城。在中关村十几年,他第一次走进这么好的饭店。他在这种场面交流有问题,一是他那口江阴普通话,别别扭扭,跟北京警察对不上牙口;二是找不着话题。为了掩盖自己内心的尴尬和恐惧,劝别人喝,自己先喝。不会说话,只会喝酒。因为不从容,光喝酒不吃菜,喝着喝着,俞敏洪失去了知觉,钻到桌子底下去了。老师和警察把他送到医院,抢救了两个半小时才活过来。医生说,换一班人,喝成这样,回不来了。俞敏洪喝了一瓶半的高度'五粮液',差点喝死。他醒过来喊的第一句话是:'我不干了!'学校的人背他回家的路上,一个多小时,他一边哭,一边撕心裂肺地喊着:'我不干了!——再也不干了!——把学校关了!——把学校关了!——我不干了!……'他说:'那时,我感到特别痛苦,特别无助,四面漏风的破办公室,没有生源,没有老师,没有能力应付社会上的事情,同学都在国外,自己正在干着一个没有希望的事业……'他不停地喊,喊得周围的人发怵。哭够了,喊累了,睡着了,睡醒了,酒醒了,晚上7点还有课,又像往常一样,背上书包上课去了。"

  俞敏洪还有一件下跪的事,在新东方学校也是尽人皆知。那是当着几十口子人,当着自己的同学、同事,当着在饭店吃饭的不相干的外人,俞敏洪"扑通"一声就给母亲跪下了。起因是,俞母将俞敏洪的姐夫招来新东方干事,先管食堂财务,后管发行部,但有人不愿意,不知谁偷偷把俞敏洪姐夫的办公设备搬走了。俞母大怒,也不管俞敏洪正和王强、徐小平两个新东方骨干在饭店包间里商量事,搬把凳子便堵在包间门口破口大骂。王强和徐小平看见俞敏洪站起来"大义凛然"向门外走去,还以为他是要去跟母亲做坚决的斗争呢,谁知这位新东方学校的校长,万人景仰的中国留学"教父","扑通"一声,当着大伙儿的面,给母亲跪下了。弄得王强和徐小平面面相觑,目瞪口呆。王强事后回忆说:"我们期待着俞敏洪能堂堂正正从母亲面前走过去,可是他跪下了,顿时让我崩溃了!人性崩溃了!尊严崩溃了!非常痛苦!"一个外人看见这样的场景尚且觉得"崩溃",觉得"非常痛苦",那么,作为当事人和下跪者的俞敏洪会是什么样的感觉呢?!现在大家都知道俞敏洪是千万富翁、亿万富翁,谁知道俞敏洪这样一类创业者是怎样成为千万富翁、亿万富翁的呢?他们在成为千万富翁、亿万富翁的道路上,有着怎样的品质和素质?付出了怎样的代价,付出了怎样的努力,忍受了怎样的委屈和痛苦?

6.1 创业者

6.1.1 创业者概述

1. 创业者的概念

  法国经济学家Richard Cantillon首次提出创业者一词,并将其定义为"敢于冒险开创一项新事业并勇于承担责任的人"。法国经济学家Say(1800)明确给出了创业者的定义,他将创业者描述为将经济资源从生产率较低的区域转移到生产率较高的区域的人，并认为创业者是经济活动过程中的代理人。奈特（1921）赋予了创业者不确定性决策者的身份，认为创业者要承担由创业的不确定性所带来的风险。此后，创业者的内涵随着经济的发展而不断丰富和完善。目前，理论界大多倾向于这种观点：创业者是发现和利用机会，负责创造新价值过程的个体。

2. 创业者的类型

按照不同的分类标准，可以将创业者分为不同的类型。从创业者的创业意图角度，我们可以将创业者分为以下3种类型：

（1）生存型创业者

生存型创业者是指为生活所迫，不得不开展创业行为的人群，比如，下岗职工、失地农民、城市其他失业人员等。这类创业者所从事的创业，多为科技含量相对较低的事业。

（2）变现型创业者

一般是过去在党政机关掌握一定权力，或者在国有企业、民营企业当经理人从而聚集了大量资源的领导者。他们在机会适当的时候离职开公司，实际是将过去的权力、资源和市场关系变现，将无形资源转化为有形的资产。

（3）机会型创业者

这种类型的创业者又可分为两种：一种是盲动型，一类是冷静型。前者多数极为自信，容易冲动，他们中多数同时是博彩爱好者，他们的创业行为容易失败，而一旦成功，往往能成就一番大事业。后者的特点是谋定而后动，不打无准备之仗，他们掌握了独特的资源，或是拥有专门的技术，一旦创业，成功率通常很高。他们是创业者中的精英。我们在本书中讨论的创业者主要是指机会型创业者。

3. 创业者性格

"性格"一词来源于希腊语，意为雕刻的痕迹，它强调个人的典型行为表现和由外部条件决定的行为。我国的心理学界把性格定义为：一个人经由生活经历所积累的稳定行为习惯倾向。了解自己的性格特点是进行职业生涯规划、进行创业选择的重要环节。

性格探索的工具 MBTI（Myers – Briggs Type Indicator）的理论来源于著名心理学家荣格有关知觉、判断和人格态度的观点，由布莱格斯（Katherine C. Briggs）和她的女儿迈尔斯（Isabel Briggs – Myers）研究发展成为心理测评工具，因此称作 Myers – Briggs Type Indicator。MBTI 有许多研究数据的支撑，并经证明信度和效度都比较高，因此被广泛运用。

（1）MBTI 的 4 个维度

MBTI 用4个维度偏好二分法来评估一个人的类型偏好，每个维度偏好二分法均由两极组成。

能量倾向维度：你更喜欢将自己的注意力集中于何处？你从何处获得活力？（见表6-1）

表6-1 能量倾向维度偏好二分法

外倾型（E）	内倾型（I）
注意力和能量主要指向外部世界的人和事，从与人交往和行动中得到活力	注意力和能量集中于自己的内心世界，从对思想、回忆和情感的反思中得到活力
与他人在一起时感到振奋	独自一个人感到振奋
希望成为注意的焦点	避免成为注意的焦点
先行动，再思考	先思考，再行动
喜欢边想边说出声	在脑中思考
易于被了解，愿与人共享个人信息	注意隐私，只与少数人共享个人信息
说的比听的多	听的比说的多
热情地交流	不把热情表露出来
反应迅速，喜欢快节奏	思考之后再反应；喜欢慢节奏
较之精深更喜欢广博	较之广博更喜欢精深

接受信息维度：你如何获取信息？（见表6-2）

表6-2 接受信息维度偏好二分法

感觉型（S）	直觉型（N）
用自己的五官来获取信息，喜欢收集实实在在的、确实已出现的信息，对于周围所发生的事件观察入微，特别关注现实	通过想象、无意识等超越感觉的方式来获取信息，喜欢看整个事件的全貌，关注事实之间的关联，想要抓住事件的模式，特别善于看到新的可能性
相信确定而有形的事物	相信灵感和推理
喜欢具有实际意义的新主意	喜欢新主意和新概念只出于自己的意愿
崇尚现实主义与常识	崇尚想象力和新事物
喜欢运用和琢磨已有的技能	喜欢学习新技能，但掌握之后容易厌倦
留心特殊的和具体的事物，喜欢给出细节	留心普遍和有象征性的事物，使用隐喻和类比
循序渐进地给出信息	跳跃式地以一种绕圈的方式给出信息
着眼于现在	着眼于将来

处理信息维度：你是如何做决定的？（见表6-3）

表6-3 处理信息维度偏好二分法

思考型（T）	情感型（F）
通过分析某一行动或选择的逻辑后果来做决定；会将自己从情境中分离出来，对自己的正反两方面进行客观分析；从分析和确认事件中获得活力；目标是要找到一个能够应用于所有相似情景的标准或原则	喜欢考虑对自己和他人来说什么是最重要的，会在头脑中将自己放在情境所牵涉的所有人的位置上并试图理解别人的感受，然后在此基础上根据自己的价值判断做出决定；从对他人表示赞赏和支持中获得活力；目标是创造和谐的氛围，把每一个人都当作一个独特的个体来对待

续表

思考型（T）	情感型（F）
后退一步，客观地分析问题	向前看，关心行动给他人带来的影响
崇尚逻辑、公正和公平；有统一的标准	注重感情与和睦；看到规律的例外性
自然地发现缺点，有吹毛求疵的倾向	自然地想让别人快乐；易于理解别人
可能被视为无情、麻木、漠不关心	可能视为过于感情化、无逻辑、脆弱
认为诚实比机敏更重要	认为诚实与机敏同样重要
认为只有合乎逻辑的感情才是正确的	认为所有的感情都是正确的，无论有意义与否
受获得成就欲望的驱使	受被人理解的驱使

行动方式维度：你如何与外部世界打交道？（见表6-4）

表6-4 行为方式维度偏好二分法

判断型（J）	知觉型（P）
喜欢将事情管理得井井有条，过一种有计划的、井然有序的生活；喜欢做出决定，完成后继续下面的工作；生活通常会比较有规划、有秩序；喜欢把事情敲定下来，照计划和日程安排事情对他们来说很重要，从完成任务中获得能量	喜欢以一种灵活、自发的方式生活，更愿意去体验和理解生活而不是去控制它；详细的计划或决定会使他们感到被束缚；愿意对新的信息和选择保持开放，直到最后一分钟；足智多谋，善于调节自己适应当前场合的需求，并从中获得能量
做完决定后感到快乐	因保留选择的余地而快乐
具有"工作原则"：先工作再玩（有时间的话）	具有"玩的原则"：先玩再工作（有时间的话）
确立目标并按时完成任务	当有新的情况时便改变目标
想知道自己的处境	喜欢适应新环境
着重结果	着重过程
通过完成任务获得满足	通过着手新事物而获得满足
把时间看成有限的资源，认真对待时间期限	把时间看成无限的资源，认为时间期限是活的

（2）MBTI测评问卷

以下有成对的32题，请你考虑一下你喜欢成对中的哪一个，1A还是1B或2A还是2B，如果你非常喜欢1A，就给它5分；如果你很不喜欢1B，就给它0分，但A和B的分数加起来应等于5，既不能大于5也不能小于5，即你若给1A4分或3分，那就得给1B1分或2分（4+1=5或3+2=5）。同时所给分数必须是整数，不能出现2.5分等，另外，这里只有"喜欢"与"不喜欢"，没有"正确"与"错误"。最后取每组较高分数对应的字母，组合起来就是你的测评结果。

把分数填写在评分栏中，注意题号及选择项的顺序。（见表6-5）

表6-5 MBTI测评问卷计分表

I -		E -		N -		S -	
题号	评分	题号	评分	题号	评分	题号	评分
1B		1A		2A		2B	
5A		5B		6B		6A	
9A		9B		10A		10B	
13A		13B		14A		14B	
17A		17B		18A		18B	
21B		21A		22A		22B	
25B		25A		26B		26A	
29B		29A		30A		30B	
合计		合计		合计		合计	
F -		T -		P -		J -	
题号	评分	题号	评分	题号	评分	题号	评分
3A		3B		4A		4B	
7A		7B		8A		8B	
11A		11B		12A		12B	
15A		15B		16A		16B	
19B		19A		20B		20A	
23B		23A		24B		24A	
27A		27B		28A		28B	
31B		31A		32B		32A	
合计		合计		合计		合计	

①A. 了解了别人对问题的想法之后，才做出决定

　B. 不和人家协商，就自己做出决定

②A. 人家说你有想象力，说你富有直觉

　B. 人家说你重视事实，要求准确

③A. 根据个人感情以及对他人的了解，设身处地为人着想

　B. 根据现有客观资料对情况做系统的分析

④A. 如果有人愿意承担任务，那就作为任务来安排

　B. 力求任务明确，保证有人承担

⑤A. 愿意安静地思考问题

　B. 愿意与人们周旋，活跃，有干劲

⑥A. 用所熟悉的有效方法，把工作做完

B. 设法用新的方法来做工作
⑦A. 根据以往生活的经验和人们的是非观念，做出结论
　　B. 不掺情绪地根据逻辑进行谨慎分析，最后做出结论
⑧A. 避免照固有计划办事，不给事情规定最后期限
　　B. 安排好了的事情，就不再变动
⑨A. 遇到问题，不与别人沟通交谈，喜欢独自承担或思考
　　B. 喜欢和别人谈话或讨论，不愿独处或独自考虑问题
⑩A. 考虑可能实现的问题
　　B. 应付现实
⑪A. 被认为是一个重感情的人
　　B. 被认为是一个爱思考的人
⑫A. 做决策周密地考察事物并长时间从各个角度来考虑
　　B. 收集所需信息，考虑一下后迅速而坚定地做出决策
⑬A. 人家很难了解自己的想法和行动
　　B. 常常和别人一道参加各项活动
⑭A. 喜欢抽象的、概括性的或理论性的论述
　　B. 喜欢具体的或真实的叙述
⑮A. 帮助别人了解他们自己的情感
　　B. 帮助别人做出逻辑的决策
⑯A. 不断随现实的变化而寻找新的选择，改变原有选择
　　B. 事先对问题的发展和变化有所了解并做出预料
⑰A. 自己的思想和感情，一概不外露
　　B. 随时与别人沟通自己的思想和感情
⑱A. 惯于整体地看待事物
　　B. 注重事物的细节
⑲A. 用资料与数据、分析与推理来做决策
　　B. 用常识和经验来做决策
⑳A. 根据事情进展逐步订出计划
　　B. 一有必要，就在行动前先期订出计划
㉑A. 愿意结识新朋友、了解新事物
　　B. 愿意独自一个人或与熟悉的人在一起
㉒A. 注重印象
　　B. 注重事实
㉓A. 信服可以证实的结论
　　B. 信服通情达理的说法
㉔A. 把有关具体的情况都尽量写在本子上
　　B. 尽量不用笔记本或做记录

㉕A. 在一个小组内充分地讨论一个未曾考虑过的新问题

　　B. 自己冥思苦想一个问题，然后把结果和别人谈

㉖A. 准确地执行小心制定的详细计划

　　B. 想出计划，搭好架子，但不一定实行计划

㉗A. 偏重感情的人

　　B. 重视逻辑的人

㉘A. 在一时冲动之下，随意做出一些事情

　　B. 事先清楚地知道自己所要做的事情

㉙A. 成为人们注意的中心

　　B. 显得沉默寡言

㉚A. 有不与实际完全吻合的想象

　　B. 查看实际的细节

㉛A. 乐于用理性来分析情况

　　B. 乐于体验充满情绪的场景或讨论

㉜A. 按安排好的时间开会

　　B. 等一切就绪时开会

（3）MBTI 的 4 个维度的说明

在 MBTI 测评结果中，一个人在每个维度上只能是一种偏好，如一个人是内倾型的就不能是外倾型的，是知觉型就不会是判断型。但这并不意味着一个内倾的人没有外倾的特征，只是表明，在绝大多数情况下其自然反应是内倾的，但是也有外倾的时候，在特别的情境下，甚至可能主要表现为外倾。所以，不要绝对地看待测评的结果。

（4）MBTI 与创业者型

在以上所述的 4 个维度下，根据每个人的不同性格表现，会产生 16 种不同的组合，这 16 种组合分别对应着不同的职业倾向。按照 MBTI 的解释，在 16 种组合中，只有 ESTP 是创业者型，即能量外倾、感觉型信息接受方式、思考型处理问题方式及知觉型行动方式。这类性格的人，往往灵活、忍耐力强、实际、注重结果；认为理论和抽象的解释非常无趣；喜欢积极采取行动解决问题；注重当前，自然不做作；享受和他人在一起的时刻；喜欢物质享受和时尚；学习新事物最有效的方式是通过亲身感受和练习。

6.2　创业者素质

6.2.1　创业者素质的概念

创业者想要取得成功，不仅需要良好的外部条件，比如，国家政策、市场环境、行业环境、良好的团队，等等，同时内部条件也是极其重要的，这种内部条件就是创业者个人必须具备的促使创业成功的素质，这种素质是一种综合素质。

目前具有代表性的 3 种观点如下：

1）创业素质是指人在后天接受教育和环境影响下形成和发展的，在社会实践活动中表现出来的比较稳定的个性特征。

2）创业素质是指在人的心理素质和社会文化素质基础上，在环境和教育的影响下形成和发展起来的，在社会实践活动中全面地、较稳定地表现出来并发挥作用的身心组织要素、结构及其质量水平。

3）创业素质是以人的先天禀赋为基础，在环境和教育的影响下形成和发展起来的、在创业实践活动中表现出来并相对稳定地发挥作用的身心组织要素的总称。

6.2.2 创业者素质的构成

不同学者对于创业者素质的构成有各自的观点。美国创业家马丁·J·格伦德认为，成功创业者应该具备"九大素质"：选择一个爱好、制定一个目标、拿着薪水学习、与成功者为伍、相信自己、以己之长发财致富、敢于提问、不循规蹈矩、不墨守成规和努力工作等；威廉·D·拜格雷夫认为优秀创业者的基本素质应包括十个"D"：理想（Dream）、果断（Decisiveness）、实干（Doers）、决心（Determination）、奉献（Dedication）、热爱（Devotion）、周详（Details）、命运（Destiny）、金钱（Dollar）和分享（Distribute）。我国学者对创业素质构成要素的阐述往往概括性比较强。如有人认为创业素质包括个性素质、智力素质、文化素质、心理素质、身体素质5种素质；有人认为主要包括创业意识、创业心理品质、创业能力和创业社会知识结构；也有人认为包括人格品质、心理素质、能力素质等。

（1）强大的内在驱动力

创业者的内在驱动力往往表现为强烈的成功欲望和事业心。欲望是一种生活目标或人生理想。创业者的欲望与普通人的欲望的不同之处在于，他们的欲望往往超出他们的显示，往往需要打破他们现在的立足点，打破眼前的樊笼，才能够实现。所以，创业者的欲望往往伴随着行动力和牺牲精神。

创业者的内在驱动力，除了来自于强烈的成功欲望之外，现实生活的刺激也有可能激发创业者的创业行为。如果这种刺激让承受者感到痛苦和屈辱，就可能在其心中激起强烈的愤恨与反抗精神，从而促使他们焕发出"超常规"的能力，进而实现成功创业。

（2）强大的心理素质

心理素质是指创业者个人的心理条件，由创业者的自我意识、气质、性格、情感、价值观等心理要素构成。由于创业者致力于创业活动的特殊性，往往要求创业者具有与常人不同的心理素质。创业的过程是艰辛并充满诸多不确定性的，面对无数的不确定性和未知的风险，只有保持良好的心态，才能避免患得患失，避免冲动行事，避免与目的背离的选择，从而更好地面对和解决困境。要具备强大的心理素质，一方面要加强修养，多从历史经验中寻找答案，另一方面要善于学习，恐惧往往来源于无知，只有不断地学习，才能减少无知，才能更加稳重。

（3）良好的知识素质

知识素质是指创业者所应该具有的较为丰富的企业管理知识，如营销、财务等方面的专业知识,极为丰富的企业管理经验和新创企业所涉及的技术、工艺知识,还应拥有一定的外语知识,以及计算机、网络基础知识等。创业者的知识素质对企业经营活动发挥着重大的影响,创业者必须具有良好的知识素质才能胜任创业管理活动。

良好的知识素质还包括良好的经验素质。创业者的经验素质是指创业者在创业过程及新创企业经营管理活动中实践锻炼和经验的积累。经验之所以对创业者具有重要意义,是因为经验是形成管理能力的中介,是知识升华为能力的催化剂。一个受过良好管理教育的人,只有与创业实践相结合,才能形成创业管理能力,成为成功的创业者。

(4) 创业精神

创业精神是创业者必须具备的基本素质,包括独立性、敢为性、坚韧性、克制性、适应性5种因素,它与一个人的心理品质相关。独立性是指思维和行为不受他人影响,能够独立地思考、判断、选择、行动;敢为性是指敢于行动、敢于冒险、敢于拼搏、敢于承担;坚韧性是指为了达到目标而坚持不懈、不屈不挠、忍耐坚毅等个性品质;克制性是能够自我调节和控制自己的情绪、情感,能够避免盲动、冲动的个性品质;适应性是能及时适应环境和条件变化,处事灵活不局限,善于进行自我调查和角色转换的认同和学习,善于人际合作。

王江民40多岁到中关村创业,靠卖杀毒软件,几乎一夜间就变成了百万富翁,几年后又变成了亿万富翁,他曾被称为中关村百万富翁第一人。王江民的成功看起来很容易,不费吹灰之力,其实不然,王江民困难的时候,曾经一次被人骗走了500万元。他的成功,可以说是偶然之中蕴含着必然。王江民3岁的时候患过小儿麻痹症,落下终身残疾。他从来没有进过正规大学的校门,20多岁还在一个街道小厂当技术员,38岁之前不知道电脑为何物。王江民的成功,在于他对痛苦的忍受力,从上中学起,他就开始有意识地磨炼意志:"比如爬山,我经常去爬山,500米高很快就爬上去了,慢慢地爬上去也就不感觉得累。再一个就是下海游泳,从不会游泳到喝海水,最后到会游泳,一直到很冷的天也要下水游泳,在冰冻的海水里锻炼忍受力。再比如别人要游到一千米、两千米,那么我也要游到一千米、两千米,游到两三千米以后再上岸的时候都不会走路了,累得站不起来了。就这样锻炼自己,磨炼自己的意志。"当他40多岁辞职来到中关村后,面对欺骗,面对商业对手不计手段、不遗余力的打击,都能够坦然面对。所以,中关村能人虽多,但却让这样一个身残志坚的人拔了百万富翁的头筹。(王江民先生于2010.4.4病逝)

所以,创业的先决条件,不只是有多好的项目、多雄厚的资金,更要有坚韧、执着等无与伦比的创业精神。只有拥有了创业精神,才能够突破困难,打开成功的大门。

6.2.3 哪些人不适合创业

1. 缺少职业规划和职业意识的人

任何人的成功都不是偶然,职业规划和职业意识往往能更大限度地激发人的活力和创造力。缺少职业规划和职业意识的人,往往满足于机械性地完成自己分内的工作,缺少进取心和主动性。

2. 不勤奋的人

前面提到，创业的成功需要自己具备良好的知识结构、能力、个性心理品质、创业精神等。一个懒惰的人，一定无法达到这些要求。在创业的过程中，可能会遇到许多困难和风险，不勤奋的人是难以应对的。

3. 唯命是从、僵化死板的人

这种类型的人，往往难以进行开拓性的工作，难以发现创业机会，难以灵活处理创业过程中遇到的难题，难以创造性地完成任务。

4. 固执己见、缺乏团队精神的人

固执己见不等于坚持自己的意见，而是任何时候都以自我为中心，不尊重他人意见，没有团队精神，在创业的过程中，尤其是创业初期，团队的良好协作是事业成功的基本条件。

5. 无主见、患得患失的人

创业过程中，需要创业者有主见、果敢、坚毅、经得起困难和风险，无主见、患得患失的行为会导致创业行为难以坚持到底、难以克服创业过程中的各种困难。

6.2.4 创业者素质的自我认知与判断

创业者素质的认知是创业准备的重要环节，自我认知是创业素质认知的基本方法。

1. 自我认知的重要性

自我认知是心理学的一个重要课题，客观全面的自我认知是心理健康的基础。从职业发展理论的角度来看，大学生进行自我认知是自我评估、进行生涯规划和职业选择的基础。

在进行了正确的自我认知后，大学生才能更好地对性格、兴趣、能力、价值观等进行评估，从而有助于进一步认识社会、认识工作的环境，认识人与社会的关系，进而有助于大学生进行包括创业在内的理性的职业选择。

正确的自我认知是成功创业的基础，有了正确的自我认知，在创业选择、创业项目选择、创业团队组建等方面才能更加有效率。你可以有的放矢地去搜寻那些符合个人特质的人和信息，而不会将时间浪费在一些明显不适合的领域里。

正确的自我认知是一个人能否健康快乐生活的基础。日常生活中，我们的自我了解往往比较粗略，这种粗略的了解可能会使我们对生活的理解、甚至人生价值的认识产生偏差，从而影响工作和生活的质量。如果一个人有全面、客观的自我认知，他在进行职业选择时，包括在创业选择时，就不会盲目，不会患得患失，相反，会更有自信、更有毅力。

2. 自我认知的方法和原则

一般而言，自我认知的方法或途径有以下 4 种：

(1)职业测评

正规的职业测评工具和量表都是经过心理学家和职业发展理论专家经过多年研究和实证检验而成的。职业测评具有简单、快捷、全面、相对科学的特点,但是,由于这些测评方法和量表多为国外研究成果,其常模的选择具有特定的人文和社会背景。尽管国内专家们已经做了大量的本土化研究,但是,大学生在使用这些工具时,仍然要理性地看待测试结果,应结合多种途径得到的结果,对自己进行评估。

(2)生活事件法

通过反思自己在日常生活中的各种活动和重要事件中处理问题的认识、方法、感受等,来判断和分析自己的性格、能力等特点。比如,自己在遇到问题时是比较冷静还是比较急躁,是喜欢自己独自处理还是喜欢求助于他人,是不是体现出了进取精神,等等,从中分析自己的特质是否与创业者素质相符,从而判断自己是否真的适合创业。

(3)他人反馈法

所谓"旁观者清",有时候我们自己确实很难意识到自己存在的优点或缺点,而这些优缺点很可能是创业是否能成功的关键要素,因此,从他人的反馈中分析自己的特点很有必要。这些"他人"主要包括父母、亲朋、老师、同学、合作伙伴等。

(4)职业咨询

即寻求专业职业指导和咨询人员的指导。在使用各种方法进行自我认知时,应遵循以下原则:

1)科学原则。

在进行自我认知的过程中,应该多种方法和途径相结合,以弥补各种方法的不足,达到对自己更科学的评估。

2)发展原则。

大学阶段,是一个人成长和发展非常迅速的阶段,体能、性格、理想、价值观等都可能慢慢清晰或者改变,因而,自我认知也是一个发展的过程,因此,通过一两次评估得出的结论并不就是全面、科学的。从创业素质认知的角度来看,由于创业行为的机会成本相对来说更大,对个人创业素质的认知更需要在一定时期内,以发展的眼光进行科学和准确的评估,以增加成功的概率。

6.3 创业者的能力

创业者能力是个人或团体所具备的从事开拓性活动时的特殊的心理能力和个性品质,是创业者解决创业及创业企业成长过程中遇到的各种复杂问题的本领,是创业者基本素质的外在表现。它有很强的实践性、一定的开拓性、集中的表现力和高度的综合性。创业者的能力是创业者整体素质体系中的核心要素,从实践的角度看,表现为创业者把知识和经验有机结合起来并运用于创业管理的过程。它具体包括机会识别、整合资源、风险决策能力、战略管理能力、创新能力和创业网络构建能力等。

6.3.1 机会识别能力

机会总是给善于捕捉机遇的"机会头脑"。在稍纵即逝的"机会"面前,能敏捷捕捉、明智决断,是创业者创业的思维基本功。只有具备这种"机会敏感综合征"——以一种近乎病态痴狂的态度去等待、感悟、决断机会的人,才能够不失时机地进行创业,成为合格的创业者。

6.3.2 风险决策能力

创业者的决策能力集中体现在创业者的战略决策能力上,即创业者在对新创企业外部经营环境和内部经营能力进行周密细致的调查和准确而有预见性分析的基础上,确定企业发展目标、选择经营方针和制定经营战略的能力。虽然创业者有时候也进行一些战术性决策,但更多的精力是用于战略决策。

6.3.3 战略管理能力

把创业仅仅看作是一些天赋、灵感与智慧的闪念是完全错误的,创业始终是一种可以管理,也需要管理的系统工作,而绝不是坐等灵感的降临。因此,创业者必须在创业始终都保持着常态的管理意识。管理主要是针对机会的捕捉和利用,有许多发明家,虽然擅长创新,也有创业的宏愿,但由于管理意识的薄弱,以致错失良机,实现不了将创新成果向创业成果的转化,并且他们也没有意识到,只有通过常态的管理机制,才能更好地进行发明创造。

6.3.4 开拓创新能力

创业者必须具备创新能力,这是由经营管理活动的竞争性所决定的。而提高竞争力的关键在于发挥创业者的创新能力。只有不断地用新的思想、新的产品、新的技术、新的制度和新的工作方法来替代原来的做法,才能使企业在竞争中立于不败之地。

6.3.5 创业网络构建能力

创业者必须善于建立本行业的广泛社会网络,包括有关本行业的现代电脑网络。密集的行业网络沟通有助于创业者从广泛的社会网络中获取高回报的创业信息,促使创业者在巨型网络提供的信息精华中,吸取经验教训、培养创业精神,既勇于冒险,又坦然地接受失败。"网络"素质较高的创业者,由于掌握了极其丰富的发明、生产、销售等诸多信息,真正做到了知己知彼,因而其决策之成功,回报之效益,为一般创业者所望尘莫及。

6.3.6 组织管理能力

创业者具有把各项生产要素有机组合起来,形成系统整体合力的杰出才能。创业者就是研究、开发、生产、销售等各个环节的协调者、组织者和领导者。为使创业者的组织才能发挥到最高水准，创业者必须具备敏锐的判断力，坚韧的毅力，以及高超的管理艺术，尤其应具备以下两方面的能力：一方面必须对自己经营的事业了如指掌，有预测生产和消费趋势的能力；另一方面，必须善于选择合作伙伴，有组织或领导他人、驾驭局势变化的能力。

6.4 创业者价值观

6.4.1 概念

1. 价值观

价值观就是我们在生活和工作中所看重的原则、标准或品质。它是指导我们一生的最重要的东西，因此也是一套自我激励机制。价值观具有因人而异、相对稳定、在特定条件下可能发生改变的特点。

2. 职业价值观

职业生涯规划大师舒伯（Super）认为，职业价值观是个人追求的与工作有关的目标，即个人的内在需求及在从事活动时所追求的工作特质或属性。

任何人无论做任何事，其最终目标是追求人生的成功和快乐。但不同人获得成功和快乐的来源是不一样的，那些能使人从工作中体验到成功和快乐的要素就是职业价值观。不同的人对于职业的期待可能是不一样的：有的人希望安安稳稳地做自己力所能及的事情，有的希望挣得高薪，有的希望能获得权力……造成这些差别的原因，主要就是职业价值观的不同。

3. 创业者的职业价值观

创业是一种职业选择，创业者的职业价值观也是众多职业价值观的一部分。不同的价值观有不同的体现，同样，对创业者而言，他们的价值观也有不同的体现，但总体来说，创业者的价值观有许多共同的特征。

马斯洛（Maslow）提出，人有5个层次的需求：生理需求、安全需求、归属需求、自我尊重需求、自我实现的需求。只有当低层次的需求得到基本满足后，个人才能关注并致力于满足下一层次的需求，这些需求的内在推动力，就是职业价值观，层次需求对应了不同的职业价值观。其中，自我尊重需求对应着：成就、地位、声望、自主性；自我实现的需求对应：发展和成长、兴趣、创造性、社会意义等。这两类需求往往是创业者的需求，一般情况下，它们所对应的价值观就是创业者的职业价值观。

6.4.2 职业价值观测评

说明：下面有52道题目，每个题目都有5个备选答案，请根据自己的实际情况或想法，在题目后面圈出相应的字母，每题只能选择一个答案。

A——非常重要

B——比较重要

C——一般

D——较不重要

E——很不重要

①工作必须经常解决新的问题。A B C D E

②工作能为社会福利带来看得见的效果。A B C D E

③工作奖金很高。A B C D E

④工作内容经常变换。A B C D E

⑤能在工作范围内自由发挥。A B C D E

⑥工作能使同学、朋友非常羡慕你。A B C D E

⑦工作带有艺术性。A B C D E

⑧工作能使人感觉到你是团体中的一分子。A B C D E

⑨不论怎么干，总能和大多数人一样晋级和涨工资。A B C D E

⑩工作使自己有可能经常变换工作地点、场所和方式。A B C D E

⑪工作中能接触到各种不一样的人。A B C D E

⑫工作上下班时间比较随便、自由。A B C D E

⑬工作使自己不断获得成功的感觉。A B C D E

⑭工作赋予高于别人的权力。A B C D E

⑮在工作上，能试行一些自己的新想法。A B C D E

⑯在工作中不会因为身体或能力等因素，被人瞧不起。A B C D E

⑰能从工作的成果中知道自己做得不错。A B C D E

⑱工作经常要外出，参加各种集会和活动。A B C D E

⑲只要做这份工作，就不想再被调到其他意想不到的单位和工种上去。A B C D E

⑳工作能使世界更美丽。A B C D E

㉑在工作中，不会有人常来打扰你。A B C D E

㉒只要努力，工资会高于其他同年龄的人，升级或涨工资的可能性比干其他工作大得多。A B C D E

㉓工作是一项对智力的挑战。A B C D E

㉔工作要求自己把一些事务管理得井井有条。A B C D E

㉕工作单位有舒适的休息室、更衣室、浴室及其他设备。A B C D E

㉖工作让自己有可能结识各行各业的知名人物。A B C D E

㉗在工作中，能和同事建立良好的关系。A B C D E

㉘在别人眼中，自己的工作是很重要的。A B C D E

㉙在工作中经常接触到新鲜的事务。A B C D E

㉚工作使自己能常常帮助别人。A B C D E

㉛在工作单位中，有可能经常变换工作。A　B　C　D　E

㉜工作作风使自己被别人尊重。A　B　C　D　E

㉝同事和领导人品较好，相处比较随便。A　B　C　D　E

㉞工作会使许多人认识你。A　B　C　D　E

㉟工作场所很好，如有适度的灯光，安静、清洁的工作环境，甚至恒温、恒湿等优越的条件。A　B　C　D　E

㊱在工作中，为他人服务，使他人感到很满意，自己也很高兴。A　B　C　D　E

㊲工作需要计划和组织别人的工作。A　B　C　D　E

㊳工作需要敏锐的思考。A　B　C　D　E

㊴工作可以使自己获得较多的额外收入，如常发实物、常购买打折扣的商品、常发商品的提货券、有机会购买进口货等。A　B　C　D　E

㊵工作中自己是不受别人差遣的。A　B　C　D　E

㊶工作结果应该是一种艺术而不是一般的产品。A　B　C　D　E

㊷工作中不必担心会因为所做的事情领导不满意而受到训斥或经济惩罚。A　B　C　D　E

㊸工作中能和领导有融洽的关系。A　B　C　D　E

㊹可以看见努力工作的结果。A　B　C　D　E

㊺工作中常常需要提出许多新的想法。A　B　C　D　E

㊻由于自己的工作，经常得到许多人的感谢。A　B　C　D　E

㊼工作成果常常能得到上级、同事或社会的肯定。A　B　C　D　E

㊽在工作中，可能做一个负责人，虽然可能只领导很少几个人，但信奉"宁做兵头，不做将尾"的俗语。A　B　C　D　E

㊾从事的那种工作，经常在报刊、电视中被提到，因而在人们心目中很有地位。A　B　C　D　E

㊿工作有数量可观的夜班费、加班费、保健费或营养费等。A　B　C　D　E

㉑工作比较轻松，精神上也不紧张。A　B　C　D　E

㉒工作需要和影视、戏剧、音乐、文学等艺术打交道。A　B　C　D　E

【评分与评价】

上面的52道题分别代表13项工作价值观。每圈一个A得5分、B得4分、C得3分、D得2分、E得1分。请根据下面评价表中每一项前面的题号，计算每一项的得分总数，并把它填在表6-6中每一项的得分栏上。然后在表格下面依次列出得分最高和最低的3项。

表6-6　评价表

得分	题号	价值观	说明
	②，㉚，㊱，㊻	利他主义	工作的目的和价值，在于直接为大众的幸福和利益尽一份力

续表

得分	题号	价值观	说明
	⑦，⑳，㊶，(52)	审美主义	工作的目的和价值，在于能不断地追求美的东西，得到美感的享受
	①，㉓，㊳，㊺	智力刺激	工作的目的和价值，在于不断进行智力的操作，动脑思考，学习及探索新事物，解决新问题
	⑬，⑰，㊹，㊼	成就感	工作的目的和价值，在于不断创新，不断取得成就，不断得到领导和同事的赞扬，或不断实现自己想要做的事
	⑤，⑮，㉑，㊵	独立性	工作的目的和价值，在于能充分发挥自己的独立性和主动性，按自己的方式、步调或想法去做，不受他人的干扰
	⑥，㉘，㉜，㊾	社会地位	工作的目的和价值，在于所从事的工作在人们的心目中有较高的社会地位，从而使自己得到人们的重视和尊敬
	⑭，㉔，㊲，㊽	管理权	工作的目的和价值，在于获得对他人或某事物的管理支配权，能指挥和调遣一定范围内的人或事物
	③，㉒，㊴，㊿	经济报酬	工作的目的和价值，在于获得优厚的报酬，使自己有足够的财力去获得自己想要的东西，使生活过得较为富有
	⑪，⑱，㉖，㉞	社会交际	工作的目的和价值，在于能和各种人交往，建立比较广泛的社会联系和关系，甚至能和知名人物结识
	⑨，⑯，⑲，㊷	安全感	不管自己能力怎样，希望在工作中有一个安稳局面，不会因为奖金、涨工资、调动工作或领导训斥等经常提心吊胆、心烦意乱
	⑫，㉕，㉟，(51)	舒适安逸	希望能将工作作为一种消遣、休息或享受的形式，追求比较舒适、轻松、自由、优越的工作条件和环境
	⑧，㉗，㉝，㊸	人际关系	希望一起工作的大多数同事和领导人品较好，相处在一起感到愉快、自然，认为这就是很有价值的事，是一种极大的满足
	④，⑩，㉙，㉛	追求新意	希望工作的内容应该经常变换，使工作和生活显得丰富多彩，不单调枯燥

一般而言，具有创业特质的人，其职业价值观更多地表现为智力刺激、成就感、社会地位、独立性、经济报酬等。在进行创业选择时，职业价值观的测评可以作为一个参考维度。

本章要点回顾

本章包含 4 小节，分别介绍了创业者、创业者素质、创业者的能力和创业者价值观。创业者是指某个人发现某种信息、资源、机会，或掌握某种技术，利用或借用相应的平台或载体，将其发现的信息、资源、机会或掌握的技术，以一定的方式，转化、创造成更多的财富、价值，并实现某种追求或目标的过程的人。创业者想要取得成功，不仅需要良好的外部条件，比如，国家政策、市场环境、行业环境以及良好的团队等，同时内部条件也是极其重要的。这种内部条件就是创业者个人必须具备的促使创业成功的素质。这种素质是一种综合素质。不同的学者对创业者素质的构成有不同的观点。本章主要介绍了 4 种创业者应该具备的素质：强大的内在驱动力、强大的心理素质、良好的知识素质以及创业精神。创业者能力是指个人或团体所具备的从事开拓性活动时的特殊的心理能力和个性品质，是创业者解决创业及创业企业成长过程中遇到的各种复杂问题的本领。创业者的能力是创业者整体素质体系中的核心因素，从实践的角度看，表现为创业者把知识和经验有机结合起来并运用于创业管理的过程。它具体包括机会识别能力、整合资源能力、风险决策能力、战略管理能力、创新能力和创业网络构建能力等。创业者的职业价值观也是众多职业价值观的一部分。不同的价值观有不同的体现；同样，对创业者而言，他们的价值观也有不同的体现。通过本章的学习，相信你已经对创业者有了初步的认识。

 实践任务

1. 名词解释

创业精神　生存型创业者　变现型创业者　机会型创业者

2. 简答题

（1）简述创业素质认知的 4 个过程。

（2）简述什么是创业精神。

（3）从创业意图角度来说，我们可以将创业者分为哪 3 种类型，每种类型有什么特点？

3. 思考题

通过本章的学习，结合本章导入案例，分析俞敏洪属于生存型创业者、变现型创业者、机会型创业者这 3 种类型中的哪一种？

课后拓展

本章介绍了创业者应该具备的创业素质。限于篇幅,本章只是简单概括了 4 种创业者素质,以及 4 类不适合创业的人。请选择其中一种,具体分析这类人为什么不适合创业。

拓展视频 1　　　拓展视频 2　　　拓展视频 3　　　拓展视频 4

第 7 章

创业项目分析

 学习目标

对于创业者来说,创业项目的选择是十分重要的。为此,我们要掌握创业项目的识别能力,对创业项目的风险进行评估。同时,在进行创业的过程中,创业者也需要拥有寻找、整合创业项目资源的能力。本章详细介绍了创业者如何对创业项目进行识别、评估,并通过合适的途径寻找创业资源,运用专门的方式对创业资源进行整合与创造性利用。

学习完本章后,希望同学们做到:
① 了解创业项目的类型与特点。
② 掌握创业项目的评估方法。
③ 了解创业项目资源的获取方式。
④ 掌握整合并创造性利用创业项目资源的方式。

 导入案例

"90后"男孩的无人机梦想

胡同学是湖南信息职业技术学院无人机应用技术专业的大一学生,在学习的过程中,他积极参加各类社会实践和比赛活动,通过实践和比赛,他的专业技术水平、协调能力、创新能力、社会交往能力和管理能力等都得到了很大提升。随着自己的深入学习和实践,胡同学对无人机应用越发感兴趣,他利用课余时间,考取了"无人机高空驾驶证",同时,他在心里萌发了更大的想法,那就是利用自己的专长进行自主创业。他把这个想法讲给几名志同道合的同学听,大家一拍即合,决定组成一个创业团队,一起进行创业。

团队组建好了之后,他们分析了自身的优势和资源,对无人机市场进行了深入调研,他们了解到的情况是:由于无人机具有运行成本低、无人员伤亡风险、可进行超视距飞行、使用方便高效等特点,目前已在影视航拍、测绘航测、应急救援与救护等领域广泛应用。在国内,无人机越来越受到市场的青睐。2017 年中国民用无人机产业研究报告预测,2019 年,我国民用无人机市场销售规模将达到 390 万台、约 600 亿元,预计到 2025 年,国内民用无人机市场规模将达到 750 亿元,年复合增长率 59%。但是,销售火爆的背后是无人机维护保养市场的缺口巨大。他们在调查中发现,目前市场占有额较大的是大疆无人机(60%)、零度智控无人机(20%)、亿航无人机(10%),而这些品牌的售后方式都是"返厂维修"。消费者普遍反映,返厂维修时间周期长,耽误时间,而且有些故障即便返厂也不能彻底解决,甚至要多次返厂。通过调研,结合自身实际,他们决定做无人机售后维修和研发制造。同时,因为团队成员中有影片拍摄的资源,所以他们将影视拍摄也纳入前期业务范围。

目标明确后,他们需要成立一家公司,但资金、场地问题让他们犯难。胡同学想起自己参加创业培训时,指导老师曾说过目前国家给予大学生创业大力政策支持。于是他们认真学习了相关政策,创建了长沙＊＊＊公司,申请并成功入驻望城大汉金桥国际创业孵化基地,还获得两万元奖励基金。

案例思考:
1. 胡同学为什么会有自主创业的想法?
2. 胡同学在自主创业之前做了哪些准备?
3. 你认为胡同学在这个创业项目中具有哪些优势?

7.1 创业项目的识别

7.1.1 创业项目与创业机会

1. 创业项目与创业机会

在创业的过程中,最重要的一件事情就是寻找并确定合适的创业项目。而合适的创业项目,是与创业机会分不开的。创业机会的识别是创业的开端,更是创业的前提。

那么什么是创业机会呢?创业机会是一种通过创造性结合资源、满足市场需求、创造了价值,并且有利于创业者和社会的机会。

2. 创业机会的来源

机会是在变化中产生的。创业机会主要来源于各种因素的变化与创新,其中最主要的就是政策的变化、技术的发展与创新,还有市场的变化。

（1）政策变动

政策因素、规章制度的变动带来了相关资源使用上的变动，因此成为创业机会的重要来源之一。国家或区域政策环境的变化能够促进商机的产生，从而将原有的资源重新整合并使用，提高了资源使用效率。

（2）技术创新

技术的变化与创新是创业机会的重要来源之一。随着科技的发展，技术上的变化组合与创新，可为创业者带来创业机会。

（3）市场变化

由于市场变化而产生的具有一定规模与开发价值的消费需求，被认为是创业机会。市场机会是潜在的、隐性的、非直接的消费需求带来的。市场新需求的产生、市场供求关系的转变、市场竞争态势的变化，都能带来创业机会。

【扩展阅读】

技术创新带来商业机会

上海九港公司近年来坚持走"技术创新，加强科技投入"的道路，依靠新技术、新产品走天下。在日前召开的"新千年首次订货会"上，签订合同达400多万元，用户来自浙江、江苏、内蒙古、四川、广西、福建、山东、湖南等17个省市，销售形势十分好。该公司当年一直沿着简单模仿其他厂家的机械的老路子，销售上一直打不开局面，公司领导意识到只有创新，才能立本，哪怕花费10倍的努力，也要走自己的创新之路。

几年来，他们先后开发成功热风循环快速纸箱烘干机、全自动平台模切机，大规格纸箱成型机等新产品，用户想到的，他们千方百计去做好，用户没想到的，他们也想尽办法去做好。"想用户所想，急用户所急。"成为他们公司的宗旨。扬州永盛纸制品有限公司看到该公司 2 600×1 800 大型平台自动模切机爱不释手，在订货会上立即拍板，当场提货；浙江省最大的服装生产集团莱机华集团买走了该公司的模切机、纸箱成型机、分纸压线两用机、双色水性印刷开槽机等十多台大型设备；黑龙江光明家具公司看了国内20多家纸箱机械厂家，最后还是看中了九港公司的设备，他们的看法是："九港公司的机械的确千方百计为用户着想，确有特色。"

"人无我有，不断创新"。该公司开发出的国内独创的多功能纸箱烘干机，曾帮助国内许多中、小型纸箱厂走出靠天吃饭的困境，这次他们在技术上又有创新，在订货会上也十分"抢手"。

（摘自《中国包装》2000年03期【分类号】：F279.27）

7.1.2 创业机会的特征与类型

1. 创业机会的特征

创业机会主要是指具有较强吸引力的、具有时效性、持久性的能够创造价值的有利于创业活动的机会，创业者或者创业团队可根据创业机会进行创业活动，并从中获益。

（1）时效性

创业机会只存在于某个时间段，这个时间段被称为"机会窗口"，因此创业机会具有时效性。当市场需求处于一种不平衡的状态时，创业者需要及时搜集信息并捕捉机会，迅速采取行动，这样就可能取得创业的成功并获取收益。

（2）持久性

创业机会在具有时效性的同时，也应该具有持久性，能够得到进一步的发展。也就是说，判断一个创业机会合适与否的标准之一，是判断市场是否会有足够的时间使创业者对创业机会进行开发。

（3）创造价值

创业机会应带来商业价值或社会价值。市场回应是判断创业机会价值的一个重要标准。所谓市场回应程度，就是指市场对创业者产品或服务的接受程度。只有在市场能够对创业项目的产品有很好的回应时，创业者的产品才有可能实现货币价值。

2. 创业机会的类型

（1）技术机会

技术机会是指技术创新带来创业机会。随着科技发展与社会科技的进步，技术上的变化组合与创新，可为创业者带来创业机会。一方面，机会会引导新创企业者开发出新产品和新服务；另一方面，新产品和新服务又能带来新的创业机会。

（2）市场机会

市场机会一般分为 3 类：第一类是在当下市场的已有的产品和服务中，去寻找尚未满足顾客的需求，去开发一个新的市场，或开发现有产品的新功能和新用途。第二类是指创造开发，设计生产出具有新功能的产品，来满足变化的市场需求。第三类是指基于社会分工演化下，专业化所衍生的市场。

（3）政策机会

政治因素、规章制度的变动带来了相关资源使用上的变动，因此带来了相关的创业机会。国家或区域政策环境的变化能够促进商机的产生，从而将原有的资源重新整合并使用，提高了资源使用效率。

7.1.3 创业项目的识别

创业项目识别是创业者在创业活动中需要关注的一个重要问题。由于创业过程就是围绕着机会进行识别、开发、利用的过程，因此，创业者应当具备识别正确的创业机会的重要技能。

1. 创业愿望

创业的愿望是创业机会识别的前提。创业者拥有创业愿望，并将其作为创业的原动力，督促创业者去发现和识别市场机会。创业者如果没有创业意愿，他遇见再好的创业机会也会视而不见并失之交臂。因此，拥有创业的愿望是创业机会识别的前提。

2. 创业能力

创业者的创业能力是创业机会识别的基础。创业者在识别创业机会的过程中会需要用到创业者的个人能力。与创业机会识别相关的能力主要有：远见与洞察能力、信息获取能力、技术发展趋势预测能力、模仿与创新能力、建立各种关系的能力等。

3. 创业环境

创业环境的支持是创业者进行创业机会识别的关键。创业环境包括政府政策、社会经济条件、创业和管理技能、创业资金和非资金支持等方面，是创业过程中多种因素的组合。一般来说，以下条件会鼓励人更多创业：社会对创业失败比较宽容，有浓厚的创业氛围；国家对个人财富创造比较推崇，有各种渠道的金融支持和完善的创业服务体系；产业有公平、公正的竞争环境。

7.1.4 创业项目的评估

基于蒂蒙斯（Timmons）在《New Venture Creation：entrepreneurship for the 21th century》中提出的创业机会评价体系，创业者在进行创业项目评估的过程中需要注意8大类的评估。这8大类包括：行业和市场、经济性、收获、竞争优势、管理团队、致命缺陷问题、个人标准、战略差异。对每个指标的吸引力分为最高潜力和最低潜力，并对最高潜力和最低潜力进行描述。

1. 市场评估准则

（1）市场定位

一个好的创业机会，必然具有特定市场定位，专注于满足顾客需求，同时能为顾客带来增值的效果。因此评估创业机会的时候，可由市场定位是否明确、顾客需求分析是否清晰、顾客接触通道是否流畅、产品是否持续衍生等，来判断创业机会可能创造的市场价值。创业带给顾客的价值越高，创业成功的机会也会越大。

（2）市场结构

针对创业机会的市场结构进行5项分析，包括进入障碍、供货商、顾客、经销商的谈判力量、替代性竞争产品的威胁，以及市场内部竞争的激烈程度。由市场结构分析可以得知新企业未来在市场中的地位，以及可能遭遇竞争对手反击的程度。

（3）市场规模

市场规模大小与成长速度，也是影响新企业成败的重要因素。一般而言，市场规模大者，进入障碍相对较低，市场竞争激烈程度也会略为下降。如果要进入的是一个十分成熟的市场，那么纵然市场规模很大，由于已经不再成长，利润空间必然很小，因此这个行业恐怕就不值得再投入。反之，一个正在成长中的市场，通常也会是一个充满商机的市场，所谓水涨船高，只要进入时机正确，必须会有获利的空间。

（4）市场渗透力

对于一个具有巨大市场潜力的创业机会，市场渗透力（市场机会实现的过程）评估将会是一项非常重要的影响因素。聪明的创业者知道选择在最佳时机进入市场,也就是市场需求正要大幅成长之际,你已经做好准备,等着接单。

(5) 市场占有率

从创业机会预期可取得的市场占有率目标,可以显示这家新创公司未来的市场竞争力。一般而言,成为市场的领导者,最少需要拥有 20% 以上的市场占有率。如果低于 5% 的市场占有率,则这个新企业的市场竞争力不高,自然也会影响未来企业上市的价值。尤其处在具有赢家通吃特点的高科技产业,新企业必须拥有成为市场前几名的能力,才比较具有投资价值。

(6) 产品的成本结构

产品的成本结构,也可以反映新企业的前景是否光明。例如,从物料与人工成本所占比重之高低、变动成本与固定成本的比重,以及经济规模产量大小,可以判断企业创造附加价值的幅度以及未来可能的获利空间。

2. 效益评估准则

(1) 合理的税后净利

一般而言,具有吸引力的创业机会,至少需要能够创造 15% 以上税后净利。如果创业预期的税后净利是在 5% 以下,那么这就不是一个好的投资机会。

(2) 达到损益平衡所需的时间

合理的损益平衡时间应该能在两年以内达到,但如果 3 年还达不到,恐怕就不是一个值得投入的创业机会。不过有的创业机会确实需要经过比较长的耕耘时间,通过这些前期投入,创造进入障碍,保证后期的持续获利。在这种情况下,可以将前期投入视为一种投资,才能容忍较长的损益平衡时间。

(3) 投资回投率

考虑到创业可能面临的各项风险,合理的投资回报率应该在 25% 以上。一般而言,15% 以下的投资回报率,是不值得考虑的创业机会。

(4) 资本需求

资金需求量较低的创业机会,投资者一般会比较欢迎。事实上,许多个案显示,资本额过高其实并不利于创业成功,有时还会带来稀释投资回报率的负面效果。通常,知识越密集的创业机会,对资金的需求量越低,投资回报反而会越高。因此在创业开始的时候,不要募集太多资金,最好通过盈余积累的方式来创造资金。而比较低的资本额,将有利于提高每股盈余,并且还可以进一步提高未来上市的价格。

(5) 毛利率

毛利率高的创业机会,相对风险较低,也比较容易取得损益平衡。反之,毛利率低的创业机会,风险则较高,遇到决策失误或市场产生较大变化的时候,企业很容易就遭受损失。一般而言,理想的毛利率是 40%。当毛利率低于 20% 的时候,这个创业机会就不值得再予以考虑。软件业的毛利率通常都很高,所以只要能找到足够的业务量,从事软件创业在财务上遭受严重损失的风险相对会比较低。

(6) 策略性价值

能否创造新企业在市场上的策略性价值，也是一项重要的评价指标。一般而言，策略性价值与产业网络规模、利益机制、竞争程度密切相关，而创业机会对于产业价值链所能创造的增值效果，也与它所采取的经营策略与经营模式密切相关。

(7) 资本市场活力

当新企业处于一个具有高度活力的资本市场时，它的获利回收机会相对也比较高。不过资本市场的变化幅度极大，在市场高点时投入，资金成本较低，筹资相对容易。但在资本市场低点时，投资新企业开发的诱因则较低，好的创业机会也相对较少。不过，对投资者而言，市场低点的成本较低，有的时候反而投资回报会更高。一般而言，新创企业的活跃的资本市场比较容易创造增值效果，因此，资本市场活力也是一项可以被用来评价创业机会的外部环境指标。

(8) 退出机制与策略

由于投资的目的都在于利益的回收，因此，退出机制与策略就成为一项评估创业机会的重要指标。企业的价值一般也要由具有客观鉴价能力的交易市场来决定，而这种交易机制的完善程度也会影响新企业退出机制的弹性。由于退出的难度普遍要高于进入，所以一个具有吸引力的创业机会，应该要为所有投资者考虑退出机制，以及退出的策略规划。

7.2 创业项目的资源需求分析

7.2.1 创业项目资源概述与分类

1. 创业项目资源概述

创业者在进行创业项目之前，要筹集并获得必要的资源。资源是企业在向社会提供产品的过程中，所拥有的或能支配的用以达到创业目标的各种要素以及要素组合。创业过程实际上就是创业者筹集、整合和拓展资源的过程，是创业者对创业资源重新整合，以获得竞争优势的过程。

2. 创业项目资源分类

根据资源基础论，我们可将创业项目资源分为核心资源与非核心资源。在创业过程中，要学会识别核心资源，在立足于核心资源的基础上发挥非核心资源的辐射作用，这样才能实现创业资源的最优组合，才能够最充分地利用创业资源。另一种分类方法是将创业资源分为内部资源与外部资源。

(1) 核心资源

核心资源是创业资源中最重要、有别于其他创业项目的具有优势的资源，是创业机会识别、机会筛选和机会运用几大阶段的主线。核心资源主要包括技术、管理和人力资源。

1）技术资源。技术资源是一种积极的机会资源，它在创业初期起着最关键的作用。第一，创业技术是决定创业产品的市场竞争力以及获利能力的重要因素。第二，创业技术的核心程度影响着所需创业资本的大小。第三，是否具有独特的核心技术影响着新创企业能否在市场中取得成功。

对于创业团队来说，主动寻找并引进具有商业价值的科技成果，是创业团队的核心竞争力所在。创业企业的首要任务就是寻找一个成功的创业技术。

2）管理资源。管理资源亦即是创业者资源，它代表着创业团队的领导人本身对机遇的识别、把握能力和对其他资源的整合能力。这些能力都直接影响着创业的成败。管理资源对创业企业的成长有着十分重要的作用。

3）人力资源。人力资源是一个企业创新的源泉，是企业的财富。一个创业团队在成长为企业的过程中，需要不断地去发现去挖掘高素质人才，为团队注入新的活力。人力资源不仅仅包括创业者及其创业团队的特点和知识、激情，还包括创业者及其团队的能力、意识、社会关系、市场信息，等等。

（2）非核心资源

非核心资源主要是指创业团队所需的资金、场地与环境资源，在创业过程中存在着同样重要的作用。

1）资金资源。资金是创业者在创业过程中资源整合的重要媒介。对于创业者来说，创业过程中筹集并投入一定的资金资源，不仅是创业活动得以开展的基础，更有助于筹集社会资源。资金资源包括创业需要的启动资金，创业转型或发展所需要的再次融资。

2）场地资源。企业在选择场地时，要考虑到多方面的因素。良好的场地资源能够大幅度降低企业的运营成本，为企业提供便利的生产环境与经营环境，更能帮助企业在短期内积累更多的顾客或质量好、价格低廉的供应商。

3）环境资源。环境资源作为一种外围资源影响着创业企业的发展，包括信息资源、文化资源、政策资源、市场资源等。例如，信息资源可以为创业者提供优厚的场地资金、管理团队等关键资源；文化资源是指企业的核心文化，有助于企业凝聚力的形成，促进管理资源的持续发展。

（3）内部资源

从控制资源的主体角度，可以将创业资源分类为内部资源和外部资源。

内部资源来自创业团队内部的积累，是创业者自身所拥有的可用于创业的资源。具体包括创业者个人或创业团队具有的知识技能与核心技术、创业团队所拥有的自主支配权的生产资料、创业者自身拥有的可用于创业的自由资金、创业者所拥有的创业机会信息、创业者的管理才能等。

1）团队拥有的资金。创业团队所拥有的资金，不仅属于创业的核心资源，更属于内部资源。资金是一种速动性资产，可以迅捷地换回新创企业所需的各种其他资产，也可在其他资产难以快速兑现的情况下发挥应急作用。

2）知识性资产及技术专长。创业者或创业团队所拥有的、有价值的知识性成果被称为知识性资产,包括已经获得的各类知识产权。例如,专利、软件著作权,等等。在知识经济形态下,知识性资产和技术专长是创业团队的创业基础,代表着创业团队的核心竞争力。

3)关系网络。关系网络是创业者或创业团队所拥有的各种社会关系的总和,包括创业者的个体关系网络以及创业企业的组织关系网络。例如,已有的客户资源、稳定的合作伙伴等。这些关系网络有助于创业团队进行市场拓展,为新创企业的初期创建及其后续发展奠定良好的基础,为新创企业的发展提供更为坚实的支持和保障等。

4)营销网络。新创企业的成功与强大的营销网络是分不开的,营销网络是重要的创业资源之一。创业团队无论是销售自己生产的产品,还是销售别人的产品,都需要强大的营销网络作为营销平台。

(4)外部资源

外部资源则更多地来自外部的机会发现,在创业初期起着重要的作用。创业团队在创业初期,面临着资源不足的重要问题。一方面,新创企业的创新与成长必须消耗着大量资源;另一方面,新创企业由于自身还很弱小,没有途径去实现资源的自我积累与增殖。因此,创业团队需要识别机会,从外部获取充足的创业资源,实现企业的快速成长。

1)市场。市场是创业项目得以产生、生存并发展的基础,是创业者正确决策的重要信息依据,是适时调整创业思路的基础。在千变万化的市场经济中,创业团队需要及时地搜集尽量完备的市场信息,否则就会因信息滞后而处于竞争的劣势。

另一方面,在市场上首先获得客户认同、较早占据市场的新创企业具有更大的优势。消费者容易形成品牌忠诚度,为市场先行者带来更稳定的客户支持。因此,创业团队需要及时收集市场信息,努力开拓市场资源,积极争取获得更多的客户认同。

2)政策信息。政府政策对创业活动的支持主要体现在按照创业企业衍生及发展的需求,提供必要的优惠和支持,包括税收、注册等方面的支持。

创业者及创业团队需要在创业的过程中时时关注政策信息,把握政策变动中对自己有利的一面,及时避开或减轻对自己创业活动方面的不利影响。对于创业团队来说,信息的收集也十分重要,在竞争十分激烈的情况下需要更加丰富、及时的信息。

3. 影响创业资源获取的因素

创业资源的获取环节是创业团队在创业初期所面临的一个重要环节,是新创企业在确定了资源需求以后利用自身的资源禀赋获取资源的过程,主要包括外部购买、外部吸引和内部积累3个方面。经过调查分析,以下因素可能会影响创业资源的获取,在创业过程中应当尤其注意。

(1)创业导向

创业导向是创业组织解决问题、响应环境变化的一系列相关活动在创业活动中的具体表征。创业导向使企业具备创新和风险承担的态度,能够在面对竞争对手时积极应战,面临市场机会时超前行动。创业导向反映了企业追求机会时的态度,驱使企业得以扩张，技术得以进步，这种态度或者意愿会正向激励创业行为，财富由此被创造。

创业导向被分为多种维度，包括创新性、风险承担性、前瞻性与竞争积极性。

创新性是指创业团队或新创企业在面临挑战时愿意通过具有创意、创新的方式来解决，包括新产品、新技术、新工艺或新的管理思想等。

风险承担性是指新创企业愿意将大量资源投入创业活动中的意愿和愿意承担不确定风险的程度。

前瞻性是指新创企业在预测市场需求的前提下，率先将新产品或新服务引入市场并获得利润的行为。

竞争积极性是指新创企业为了成功进入市场而与市场中已有竞争者有力地进行竞争的程度。

在创业导向的指导下，创业团队能够创造性地、积极主动地整合资源并利用资源。因此，创业导向影响着创业团队对于创业资源的获取。

（2）创业团队拥有的初始资源

创业团队拥有的初始资源包括教育程度、创业经验、知识、技术以及网络关系。

创业团队在进行创业活动的过程中，将先前的创业经验中转移来的知识，运用到本次创业活动中，有助于发现、获取更多资源。拥有创业经验的创业者在不确定性和时间压力下，运用先前的创业经验来做出有利于本次创业活动的判断，更容易获得可取的特定机会，从更多途径获取到创业资源。

创业者已有的行业经验、市场知识等强化了其发现创业机会、获取创业资源的能力。同时，创业者拥有的初始资源能够帮助创业者解决创建和管理创业团队中遇到的许多困难，更有利于新创企业的发展。

（4）创业网络

创业网络包括社交关系网络与营销网络。创业者拥有的社交关系网络是新创企业最重要的资源之一，有助于提供企业正常运转所需各种资源。社交关系网络能通过促进信息传递的方式，大大降低企业的交易成本，帮助新创企业获得与企业需求相匹配的资源，因此，对于创业资源的获取具有重大意义。

营销网络是重要的创业资源之一，创业团队在销售产品的过程中需要强大的营销网络作为营销平台。强大的营销网络有助于创业资源的获取。

7.2.2 创业资源的作用

创业者获取创业资源的最终目的是为了组织这些资源并服务于创业活动，使创业活动获得成功。因此，创业者获取的创业资源，对创业活动产生着积极的影响。

（1）资金资源在创业中的作用

资金资源是创业者在创业活动中最重要的媒介，充足的资金有助于新创企业的发展。创业团队在创业的过程中，无论是进行产品研发、产品推广还是生产销售，都离不开充足的资金，并且大多数新创企业在创业初期是没有或少有收入的。因此，创业之前要对资金资源做好准备，以备不时之需，来规避因资金链断裂而带来的创业活动失败的风险。

(2) 技术资源在创业中的作用

针对基于技术服务的新创企业来说，技术资源是企业存在和发展的基石，是创业活动稳定发展的根本所在。因此，新创企业在进行创业活动之前，就要找寻成功的创业技术。

(3) 专业人才在创业中的作用

专业人才对于新创企业的成长和发展起着十分重要的作用。对于技术类导向的新创企业来说，专业人才的获取显得尤为重要。因此，新创企业需要不断地去发现去挖掘高素质人才，为团队注入新的活力。

(4) 社会关系网络在创业中的作用

社会关系网络是创业者或创业团队所拥有的各种社会关系的总和，包括创业者的个体关系网络以及创业企业的组织关系网络。例如，已有的客户资源、稳定的合作伙伴等。这些关系网络有助于创业团队进行市场拓展，为新创企业的初期创建以及其后续发展奠定良好的基础，为新创企业的发展提供更为坚实的支持和保障等。

7.2.3 创业项目资源的获取方式

1. 资金资源

(1) 外源融资

创业团队可以通过市场交易途径获取创业资源，其中比较常见的一种方式是通过外源融资的方式获取创业资源。外源融资是指企业通过一定方式向企业之外的其他经济主体筹集资金，包括直接融资、间接融资两种融资方式。外源融资是指吸收其他经济主体的储蓄，以转化为自己投资的过程。外源融资方式包括：银行贷款、发行股票、企业债券等，此外，企业之间的商业信用、融资租赁在一定意义上说也属于外源融资的范围。

(2) 内源融资

内源融资是指公司经营活动结果产生的资金，即公司内部融通的资金，它主要由留存收益和折旧构成。是指企业不断将自己的资金储蓄转化为投资的过程。内源融资主要包括权益性融资和债务性融资两种方式。权益性融资构成企业的自有资金，投资者有权参与企业的经营决策，有权获得企业的红利，但无权撤退资金。债务性融资构成负债，企业要按期偿还约定的本息，债权人一般不参与企业的经营决策，对资金的运用也没有决策权。

2. 人才与技术资源

创业团队在创业阶段需要引进人才资源与技术资源，创业者可以通过以下几种方式来吸引人才、引进技术：第一，吸引技术持有者加入创业团队。第二，购买他人的成熟技术，并进行技术市场寿命分析。第三，购买他人的前景型技术，再通过创业团队的后续开发，将其包装成为一件商品。

3. 技术、市场与政策信息资源

创业者需要在创业阶段引入技术、市场与政策信息资源。创业者可以通过自己的实际情况，通过政府机构、同行创业者、专业信息机构、互联网等方式来获取技术、市场与政策信息资源。

7.3 创业项目资源的整合

创业资源整合是指创业者用最小的资源量获得最好的收益，是企业间竞争的一个新角度。在当今社会日趋激烈的企业竞争中，对资源的整合能力的考察很重要。资源整合能力强的企业，说明它充分利用了自己的内部资源与外部资源，处于竞争优势。创业者需要在获得各种创业资源后，有效地对其进行识别，并借助创业团队内部力量或外部力量对创业资源进行组织和整合，实现企业的核心竞争力。

7.3.1 创业资源整合的原则

1. 寻找利益相关者

创业团队在进行资源整合时，要关注到与自身具有利益关系的组织和个人。首先寻找出利益相关者，辨别出利益相关者之间的利益关系。强调创业团队自身与利益相关者的利益关系，必要时创造出与利益相关者之间的利益。

2. 构建共赢机制

创业团队在进行资源整合的过程中，不仅要考虑到自身的利益，更要考虑到资源提供者的利益，使双方达到利益上的共赢。在与资源提供者进行合作时，创业团队要确立好各方利益都能实现的共赢机制，给资源提供者一定的回报。

3. 维持长期合作

资源整合以利益共赢为基础，需要以信任来维持，达到长期合作。创业团队要努力构建制度信任，从而与资源提供者建立更广泛的信任关系，以获取更长远的合作和更大的回报。

【扩展阅读】

"久久丫"傍"青岛啤酒"玩转2006世界杯

2006年德国世界杯之前的"久久丫"，是在全国拥有600多家连锁店的熟食企业，但在广州等南方市场，一直无法打开局面。"久久丫"决定抓住世界杯这个4年一遇的机会，从球迷身上找到突破口。"久久丫"想到了啤酒。一直以来，看足球喝啤酒是众多球迷的消费习惯，如果再加上鸭脖子，就是一种绝妙的搭配。"青岛啤酒"投入几千万冠名了央视的世界杯栏目,"久久丫"若能与其联手,对"久久丫"来说,无论是品牌形象,还是市场推广,都是莫大的促进,而且不需要付出额外的费用。于是"久久丫"主动找到"青岛啤酒",提出联合营销,并为"青岛啤酒"开出免费陈列的优惠条件。数百家分店的网络对于"青岛啤酒"是个不小的诱惑,基于市场双赢的考虑,"青岛啤酒"欣然接受了"久久丫"抛来的橄榄枝。从6月5日起的一周内,"青岛啤酒""久久丫"合作的新闻发布会在上海、北京、广州、深圳四地轮番召开,正式展开世界杯营销攻势。6月9日,世界杯第一天,"24小时电话、网上购买'久久丫'鸭脖子,送青岛啤酒助威世界杯组合套餐"活动开始推出,双方联合打出的口号是:看世界杯,喝青岛啤酒,啃久久丫。旋即,全国范围内刮起了鸭脖子销售风暴。世界杯开赛当天,"久久丫"全国销量比平时一下子增长了70%~80%,几乎销售一空。在上海"久久丫"连锁店,世界杯首日正值德国队对阵哥斯达黎加队的焦点战,"久久丫"鸭脖子销量急速上升,甚至导致部分连锁店脱销。1个月下来,"久久丫"卖掉了200多万只鸭脖子,全国营业额达到1 800万,而"久久丫"不过投入150万元左右的资金。

7.3.2 创业资源整合的途径

1. 业务外包

业务外包又称为资源外包,是指企业在拥有合同的情况下,将一些非核心的、辅助性的功能或业务外包给专业化厂商,利用它们的专长和优势来提高企业的整体效率和竞争力,从而达到降低成本、提高效率、充分发挥自身核心竞争力和增强企业对环境的迅速应变能力的一种管理模式。

2. 合资

合资又称合营,是指企业通过合资经营的方式将各自的资源整合在一起,共同分享利润、共同承担风险。

3. 联合研发产品

新产品的开发是个复杂的过程,从寻求创意到新产品问世往往需要花费大量的时间,而市场环境的复杂多变又使新产品开发上市的成功率极低。企业间共同开发与提供新产品,可以利用共同的资源,进行技术交流,减少人力资源闲置,节省研究开发费用,分散高风险和共同攻克技术难题。两个企业或者多个企业联合开发一项新的产品,企业各自都可以利用新产品改造现有的产品,提高产品的质量或创新卖点,从而提高市场竞争力。

4. 资源共享

资源共享就是把属于本企业的资源与其他企业共享,其共享方式可以是有偿的,也可以是无偿的。资源共享一方面可以充分利用现有资源提高资源利用率,另一方面可以避免因重复建设、投资和维护造成的浪费,是实现优势互补和高效、低成本目标的重要措施。

7.4 创业项目资源的创造性利用

1. 善用资源整合技巧

创业者将已有的资源进行拼凑，加入一些新的元素，与已有的元素重新组合，或是形成新的创业目的，形成在资源利用方面的创新行为，就是善用资源整合的技巧之一。

创业者突破环境、市场等资源的约束，积极主动地突破资源传统利用方式的约束，利用手头已有的资源完成创业目标。

创业者通常使用身边已有的一切资源进行创业活动，创业者可以通过自己的独有经验和技巧，对一些效用不那么高的资源进行改造利用，并加以整合创造。整合已有的资源，快速应对新情况，是创业者创业成功的利器之一。创业者善于用发现的眼光，洞悉身边各种资源的属性，将它们创造性地整合起来。

2. 发挥资源杠杆效应

尽管存在资源约束，但创业者并不会被当前控制或支配的资源所限制，成功的创业者善于利用关键资源的杠杆效应，利用他人或者别的企业的资源来完成自己创业的目的：用一种资源补足另一种资源，产生更高的复合价值；或者利用一种资源撬动和获得其他资源。其实，大公司也不只是一味地积累资源，它们更擅长于资源互换，进行资源结构更新和调整，积累战略性资源，这是创业者需要学习的经验。

3. 设置合理利益机制

资源通常与利益相关，创业者之所以能够从家庭成员那里获得支持，就因为家庭成员之间不仅是利益相关者，更是利益整体。既然资源与利益相关，创业者在整合资源时，就一定要设计好有助于资源整合的利益机制，借助利益机制把包括潜在的和非直接的资源提供者整合起来，借力发展。因此，整合资源需要关注有利益关系的组织或个人，要尽可能多地找到利益相关者。同时，分析清楚这些组织或个体和自己以及自己想做的事情有利益关系，利益关系越强、越直接，整合到资源的可能性就越大，这是资源整合的基本前提。

本章要点回顾

本章所涉及的内容是创业项目的资源分析，分别介绍了创业项目的类型与特征、创业项目的识别方式、创业项目的资源需求分析，以及创业项目的资源整合途径。

创业者在进行创业活动之前，要对创业项目有一定的评估，而该评估是需要有固定的标准的。

随着创业活动的进行，如何筹集创业资源成了创业者要面对的重要问题。创业者要学会创造性地整合资源，掌握创业资源管理的技巧和策略。

课堂训练

1. 名词解释

创业评估　特定机会的风险收益的测算公式

2. 简答题

（1）简述创业机会的来源和特征。

（2）创业项目有哪些类型，都可以从什么方式识别并获得？

（3）如何对创业项目进行评估，要注意哪些方面，运用什么准则？

（4）创业项目资源都有哪些类别？

（5）简述从哪些途径可以获取创业项目资源。

（6）创业项目资源整合的原则是什么？

3. 综合应用题

（1）结合"久久丫"案例，分析"久久丫"在资源整合过程中用到了什么原则？

（2）试举一个成功进行资源整合的商业案例。

 实践任务

本章介绍了创业项目的识别及创业项目资源整合的知识。限于篇幅，本章只介绍了创业项目的普遍类型和创业资源的一般获取方式。其实，还有很多与创业资源整合有关的内容没有体现。那么，你能否收集相关资源整合案例并对其分析呢？请同学们以小组为单位，选择一个创业项目，找出一个你认为最有特点的资源整合案例，并运用所学对该项目进行评估并得出结果。

第8章

创业计划编制

 学习目标

创业计划书是创业过程中必不可少的，详尽的创业计划书，就好像有了一份业务发展的指示图一样，它会时刻提醒创业者应该注意什么问题，规避什么风险，并最大限度地帮助创业者获得来自外界的帮助。好的创业计划也会成为衡量创业者未来业务发展的标准。

学习完本章后，希望同学们做到：

①了解创业计划的含义。
②掌握创业计划书的写作原则、主要内容等。
③通过案例掌握创业计划书的撰写要领。

 导入案例

长科公司的创业计划

胡同学在申请入驻望城大汉金桥国际创业孵化基地（以下简称"基地"）时，为了对项目进行全面考察，基地要求他们递交详细的创业计划。主要包括公司基本情况、业务范围、市场调查及预测、实施计划、财务分析、经营目标、团队管理和项目风险与规避方案等内容。

胡同学按照要求完成了创业计划编制，在编制的过程中，他们的创业目标更清晰，市场定位更准确，对自身优劣势的了解也更清楚了。

通过全面的考察，他们最终成功入驻基地。目前，公司已经跟多家公司签订了业务订单，公司运转正常，发展势头良好。

案例思考：
1. 为什么基地要求他们提交创业计划书？
2. 通过案例，谈谈创业计划书的作用。

8.1 创业计划

8.1.1 创业计划的概念与特点

创业计划是创业者计划创立业务的书面摘要。它用以描述与拟创办企业相关的内外部环境条件和要素特点，为业务的发展提供指示图和衡量业务进展情况的标准。通常创业计划是市场营销、财务、生产、人力资源等职能计划的综合。

创业计划具有以下特点：

1. 时效性

由于企业外部的经济社会环境并非一成不变的，创业企业也是在不断发展进步中的，因而创业条件会随着内外部条件的变化而改变。因此在制订创业计划时，应根据不同的发展阶段的实际情况进行调整，使创业计划总能够保持领先于发展现状的时效性。

2. 可行性

创业计划的内容有两个方面：一是企业追求的目标；二是为了实现这个目标的行动规划。行动和目标越一致，创业计划的可行性越高，创业成功的概率越大，得到投资者认可的概率也就越高。

3. 概括性

从创业项目的选择、确立到创业企业的真正成立并持续发展是一个漫长的过程，是无法在纸上呈现并向投资者展示的。此时，就需要一份具有可操作性的行动指南的创业计划，这对创业者整个经营设想的总结和概括具有举足轻重的作用。

8.1.2 创业计划的作用

1. 指导行动，明确方向

数据显示，切实可行、目标明晰的创业计划有助于创业者冷静地识别和分析创业机会，明确自己的创业理想，进而为创业行动指明方向。

2. 凝聚人心，有效管理

创业计划通过描绘创业企业的发展前景和成长潜力，使团队成员对未来充满信心；创业计划中明确要从事什么项目或活动，从而使大家了解自己将要充当什么角色、达到什么目标，这对于凝聚人心、协同发展具有重要意义。

3. 决策参考，投资依据

从融资角度来看，创业计划通常被誉为"敲门砖"。撰写创业计划为创业者提供了自我推销的重要工具，为新企业提供了一种向潜在投资者、供应商、商业伙伴和关键职位应聘者展示自身的机制。

8.2 创业计划书的内容

8.2.1 创业计划书的概念

创业计划书是创业者为了达到发展经营目标及面向社会筹措资源的目的而撰写的、旨在展现项目和企业现状及发展前景的书面文件。创业计划书更多是适应外部资源提供者，特别是投资者的需要，写作时很大程度上要遵循特定格式或规范；而创业计划则用于指导创业者的创业行为，是基于创业团队的构想所编写的，因而拥有较多的主观性。

8.2.2 创业计划书内容的选择原则

创业计划书有固定的写作模式，但可以根据不同的技术项目、不同的创业计划、不同的创业团队等加以改进，使计划书更具特色。在内容和格式的选择上，可以参考以下原则：

1. 换位思考，投其所好

创业计划书写作的最终目的就是吸引社会资源拥有者的投资，以将项目落到实处，因而在内容选择上就要遵循为投资者着想的原则。创业计划书是风险投资者评估企业的重要依据，如果创业者可以根据投资方的评估或关注的侧重点，如股份分配、年收益率等，在计划书中给出有倾向性的具体解答，或者做探讨性的自我评估，就会一定程度上增加成功的概率。

2. 重点突出，详略得当

创业计划书的篇幅不宜过长，应以 20～40 页为宜。而想要在这短短几十页纸中把一个企业及其发展路线展示得淋漓尽致，同时博取投资者的青睐，就要做到详略得当。由于投资人每天要看很多商业计划书，不可能每一份都去仔仔细细审查，对其中的每个条目都去认真研究。所以，尽量避免在项目简介、公司战略这些虚无的地方着墨过多，而应重点关注数据、风险分析这些比较实在的方面。

3. 定位精准，独特取胜

创业企业大多是为了填补市场空白而萌生的，因而应在创业计划书中展现出明确的市场定位及独特性，使投资者体会到效益最大化和机会成本最小化。企业的独特性不仅可以体现在产品和服务上，还可以体现在营销模式、团队管理等各方面。

8.2.3 创业计划书的主要内容

1. 执行概要

执行概要或执行总结，是对创业计划书核心关键内容的提炼，是整个创业计划书中最重要的内容。由于创业计划书的篇幅普遍较长，投资者很难做到通篇阅读，在这种情况下一篇精练的执行概要就可以使忙碌的投资者对项目有一个简短却全面的了解，在最短时间内最大程度激发投资者兴趣。

为了准确概括创业计划书的核心内容，执行概要应在整本计划书完成之后撰写。其主要内容依序与正文对应，大致包括创业团队、产品与服务、目标客户群体、市场现状与前景、竞争优势、盈利模式、融资额度等，每部分内容用一句话或简短的一段话阐明，总篇幅以 2 页为宜。需要注意的是，执行概要内容不必与正文结构完全一致，而是可以根据创业计划书的写作目的加以调整与强调，如以获得股权投资为目的的商业计划书，可以明确投资者在不同投资额度下所能获得的股权比例，以达到投其所好的效果。

另外，其语言应做到逻辑清晰、严谨工整，同时对发展前景有积极的预期，以达到引起投资者共鸣与认可的目的。

2. 企业介绍

这一部分是对创业企业的介绍，是将抽象的创业计划具体化。主要内容应包括企业简介、企业文化、主要业务与市场定位、经营目标、管理机制等，必要时还可加入启动资金、公司选址等细节性内容，尽量做到真实可信。

（1）企业简介

此部分要求以精练的语言对企业名称、组织形式、主要业务、经营目标、核心竞争力等内容加以阐述，已注册的企业还可增加企业历史、地址、年利润、投资回报率等信息。

（2）企业文化

企业文化是企业全体成员共同认可和接受的、可以传承的价值观、道德规范、行为规范和企业形象标准的总称，是物质文化和精神文化的总和。写作时这份内容主要涵盖企业理念、宗旨、商标 LOGO、口号等。

【案例 1】

宝洁公司创建于 1837 年，在世界 500 强中称得上是名副其实的"长寿企业"。究竟是什么力量使宝洁公司赢得 100 多年的长盛不衰，并始终保持着独特性呢？Purpose（宗旨）、Value（核心价值观）和 Principles（原则）——这就是宝洁的秘密。宝洁公司的宗旨是提供优质超值的品牌和服务，美化世界各地消费者的生活，获得领先的市场销售地位、不断增长的利润和价值，实现共同繁荣。宝洁公司的价值观是吸引和招聘世界上最优秀的人才，实行从内部发展的组织制度，选拔、提升和奖励表现突出的员工;核心价值观就是宝洁人、领导才能、主人翁精神、诚实正直、积极求胜、信任,坚信宝洁的所有员工始终是公司最为宝贵的财富。宝洁公司的原则是:尊重每一位员工,公司与个人的利益休戚相关;有策略地着眼于他们的工作,创新是成功的基石;重视公司外部环境的变化发展,珍惜个人的专长,力求互相依靠、互相支持的生活方式。

(资料来源:王斋.宝洁公司怎样打造企业文化[J].石油政工研究,(2012)(1):78-78.)

(3)产品和服务

对创业企业的产品和服务的独特之处、目标客户群体、市场定位、经营目标等进行简要描述。

3. 市场与竞争分析

市场是创业的大背景,一个企业只有对市场及其需求有敏锐准确的了解,才能在市场竞争中占据有利地位。商业计划书的相关部分大体上可分为市场分析和竞争分析两个方面。具体内容可包括目标消费者群体、市场容量、竞争对手分析、市场份额和销售额预估、市场发展走势等。

(1)市场分析

市场分析可以从3个层次展开:

1)宏观层次

政治分析:政府的方针、政策、法律法规等。经济分析:社会总体经济水平、经济周期、收入等。技术分析:技术变革及可能衍生的新产业、新产品等。社会分析:人口结构、受教育水平、价值观念、宗教信仰、文化习俗等。宏观环境分析(PEST模型)。宏观环境又称一般环境,是指影响一切行业和企业的各种宏观因素。对宏观环境因素做分析,不同行业和企业根据自身特点和经营需要,分析的具体内容会有差异,但一般都应对政治(Political)、经济(Economic)、社会(Social)和技术(Technological)这四大类影响企业的主要外部环境因素进行分析。简单而言,称之为PEST分析法。

【案例2】

PEST分析——光纤检测设备宏观发展环境分析

1. 政策法规

中国政治大环境稳定,近年来,随着信息时代的来临和光纤网络的日益普及,光纤相关产业成了国家大力扶持的行业之一。电信行业首当其冲地越来越需要光纤相关的多样化支持,特别是中国电信、中国联通、中国移动三家巨头,在国家大规模光纤普及的政策支持下,已经在大力开发并寻找大规模光纤网络的监测和故障修复解决方案了。另一方面,企业内部私有云的建立,或者是使用现有的光纤网络来加强内部的信息化管理、扩展渠道建设、增加营销机会等,随着相关技术的越发成熟和普遍,对于提供这些服务的基础光纤网络,其稳定性要求和短时间内的故障恢复要求也越来越受到国家与地方政府的重视。

国家鼓励信息产业的发展,国家第十二个五年期规划的重点任务之一就是全面提高信息化水平。工信部在《"十二五"中小企业成长规划》中,明确提出建立健全中小企业信息化服务平台、完善中国中小企业信息网等举措。工信部在"十二五"期间,将加大对中小企业信息化的扶持力度,把"强化服务"和"促进应用"放在突出位置,通过加强对中小企业的分类指导,加强信息化服务产品的开发和推广应用,构建信息化服务网络和平台,探索运用云技术、移动商务等新一代信息技术等方式为中小企业降低信息化应用门槛和服务成本。

由此可见,国家和各个地方政府对于信息化建设的支持力度是前所未有的,因此,与信息化网络(光纤网络)的配套监测,故障排除等光纤检测设备产业也必将获得极大的支持。当然在相关法律的体制建立方面,我们还与国外有比较大的差距,因此,相关的技术专利申请和保护等,还要特别注意,做好充分的准备,为进一步的发展打下基础。

2. 经济

中国改革开放以来的成就举世瞩目,过去 10 年经济持续走强,以年均 10% 以上的增长率持续飞速发展。即使在外部环境充满不确定性的 2011 年,世界经济发展增进放缓,国际贸易增速回落,国际金融市场剧烈动荡,贸易保护主义抬头,欧洲债务危机不断加剧,美国经济复苏乏力,新兴经济体增长态势良好但通胀形势严峻,我国依然保证了全年 GDP 增长 9.2%,顺利完成保八任务,可见,整个国内的经济环境形势依然是非常乐观的。全球虽然有着剧烈的金融市场震荡,但是在 2012 年,许多国家和地区也开始呈现出走出金融危机的态势,总的来说,全球经济环境还是相比 2009 年以来越来越好转。

2012 年 GDP 增速可能会进入下行通道,整体 GDP 增速预期会稳中有降,但应该不会出现大起大落。拉动 GDP 增长的三驾马车的趋势将是:国内市场的开拓与资金注入依然是拉动 GDP 增长的主要动力;消费内需也会继续保持增长势头,但是应该幅度有限不会成为拉动 GDP 的主力;最后随着全球经济增长的明显放缓,中国进出口增幅将明显回落,但相比之前的大幅回落应该还是能保持一定的增长;2012 年将是中国经济在持续回落中逐步趋稳的一年。我们在这种经济大环境下,如果可以打开市场需求,则一定可以为国内经济奉献出自己的力量。

3. 社会文化环境

中国人的传统观念比较含蓄,但是交流却喜欢同步的方式,也就是相对于邮件而言,中国人更愿意选择面对面的交流或者电话视频等更直观的方式,因此,对于光纤网络与通信网络的要求也一直在提高。另一方面,现今社会人与人之间的距离变得越来越远,无数的"宅男宅女"由于孤独,开始依赖于网络上的虚拟社会与即时通信交流,这更是加速了光纤网络的发展。企业级别的通讯需求也在逐年增大,过去企业基本每个分支机构都是自行解决相关的信息化需求，充其量也就是构建一个机房，装几台服务器，拉一根上网线路。现在，由于企业内部管理机制的加强，追求中心化策略的趋势越来越大，数据的安全性也越来越被重视，与之而来的 MPLS 网络构建，数据中心支持等过去的金融行业特殊需求，都逐渐成了大众需求。

人们对于交流的效率和方式的要求都越来越高，因此，才导致了国家大力开发和支持三网融合以及推进光纤宽带网络的建设，而以上的社会环境对于我们而言，正是全力发展光纤检测设备的绝好时机，因为在不久的将来，这些人们赖以生存的网络都需要悉心的监测与呵护，我们也一定能够在今后一段时期内顺势而为，顺利发展。

4. 技术环境

在国内，真正的自主研发公司还是很少，由于山寨风的盛行，大多数的公司都很难下血本去研发技术，可以说"拿来主义"依然是国内高科技企业的惯用手法。同时，由于自身没有研发阶段，因此，最终的产品技术指标始终与原厂正品会有一些差距，加上没有技术核心竞争力，升级产品的开发自然也无法完成。在国外，技术与知识产权的重视程度还是非常高的，许多高科技公司之所以可以和国家合作项目，就是因为其极高的科技专利实力。同时，对于一些技术的保密与对外禁售策略更加使得其技术优势得以保持。中国如果想要真正成为世界强国，自身的科技力量与研发实力必须得到加强。

（资料来源：周汭. 上海冠方信息技术有限公司创业计划书 [D]. 上海外国语大学，2013.）

2）中观层次。

主要包括行业结构变化、行业技术发展、行业周期演进等。

【案例3】

行业环境分析

节能门窗发展状况

门窗的历史源远流长，从人类有住所开始就有了窗户的概念。起初的门窗形式是草盖窗，后来逐步发展到木门。这3 000多年的历史，是我国建筑文明史上重要的组成部分。

受工业革命的影响，木窗、金属窗、塑钢窗等门窗形式也曾先后主导了门窗市场。随着门窗技术的不断革新以及人们对节能意识的增强，节能门窗的市场形势又在悄悄发生变化。

变革就是推陈出新，门窗技术的变革也影响了人们的生活质量。门窗的更新换代就是行业的升级。随着社会的发展，人们生活的不断提高，门窗已经超出了功能本身，而更像一种艺术而存在。

据报道，我国目前节能指标不合格的建筑占建筑总量的80%以上。能源危机是我们目前面临的最大问题，而门窗耗能大约占建筑总能耗的1/2。因此，采用技术领先的高精尖门窗幕墙迫在眉睫，同时也是行业发展的必然。

为推动建筑节能的发展，控制能源危机，2008年，国家发改委发布了《节能中长期专项规划》。这是到目前为止，我国出台的第一个中长期节能标准。

为了响应国家号召，节能门窗和幕墙如雨后春笋般出现。各种形式的门窗结构，如：实木节能门窗、铝合金节能门窗、木包铝节能门窗、钢塑节能门窗、铝包木节能门窗等产品不断涌向市场。

据广东铝合金协会数据统计，目前，节能门窗占到整个门窗市场50%以上的份额，而且还有上升的趋势，为社会节约了大量能源资源。因此，要大力推广这种节能产品。

中国暖边技术的需求

1865年美国人发明了中空玻璃生产技术。其结构与现在的中空玻璃还有些差异，但已十分接近。在第一块中空玻璃问世之前，人们使用双层玻璃窗，由于该种窗户的水密、气密性较差，人们要花一定时间来清洁玻璃中间的污渍。发明中空玻璃起初是为了方便清洁，最开始中空玻璃空腔层用绳子或木条来间隔，用焦泥来密封。这种玻璃最大的缺点就是水密、气密性不好，空腔层容易结露，影响中空玻璃使用寿命。在此后的100年里，这种技术的缺点只在部分结构上得到了改善，发展十分缓慢。从20世纪60年代起，包括铝合金间隔条、有机密封胶和3A分子筛干燥剂等新型中空玻璃配件应用之后，才使得中空玻璃的各种性能得到较大改善，也就是目前中空玻璃的结构。

铝合金间隔条的广泛应用使中空玻璃的加工效率提高了，实现了批量生产。但另一方面，牺牲了节能性，这是由于铝合金的导热系数大，能量容易流失。为了解决中空玻璃边缘部节能的问题，暖边间隔条在发达国家已是节能门窗标准配置。据统计，1990年铝合金间隔条中空玻璃市场份额为85%。但是到2009年年末，暖边间隔条就占到市场80%的份额。这说明暖边间隔条越来越被行业认可，并广泛使用。

（资料来源：宋毅刚. T公司中空玻璃暖边间隔条商业计划书［D］. 华南理工大学，2015.）

3）微观层次。

主要是对与创业企业的产品和服务直接相关的因素进行分析，以期获得最为直接的消费者需求与市场机会信息。如部分企业的市场份额萎缩、部分企业技术更新难以为继、部分企业存在人才流失现象等。

（2）竞争分析

在市场经济高度发达和经济全球化的大背景下，只要创业企业的价值还依赖市场认同，特别是顾客认同来实现，就必然面临市场竞争。创业企业想要在有竞争的环境下保证自身价值实现，并且凭借核心优势有效实施对价值分配的掌握和控制，使得投资者对企业发展潜力和市场前景充满信心，就一定要对市场竞争做到有效分析。一般可分为竞争环境分析、主要竞争对手分析、核心竞争优势分析：

一是竞争环境分析，一般包括集中度、产品与服务的差别度、行业壁垒分析、行业信息化程度分析等。

二是主要竞争对手分析。竞争对手主要是与创业企业的客户群体或提供的产品服务有较大交集的且在同类型企业中所占市场份额较大的企业。一般来说，至少要对行业内位居前三位的在位竞争企业进行详细对比分析。分析内容包括产品或服务特征、质量、技术、成本、市场占有率、财务状况、经营规模、利润水平等，必要时也要考虑到在位企业的顾客忠诚度、消费惯性等。

【案例4】

宁夏A企业所处行业竞争环境因素分析

近年来，为了积极应对发达国家对我国农产品设立的贸易壁垒，宁夏不断加强对国际农业标准的研究，逐步形成了与国际标准接轨的枸杞种植和加工体系。实现了枸杞品种优良化、种植规模化、管理规范化、生产标准化和经营产业化的目标，枸杞产品的出口竞争力大大增强。在内销市场方面各个企业充分发挥各自优势，占有一席之地，加剧了竞争格局，对A企业的发展造成一定程度上的威胁。针对A企业竞争威胁企业的具体态势分析如下：

1. **高端品牌代表企业：宁夏百瑞源枸杞产业发展有限公司**

优势：准确的市场定位，独创"枸杞养生专家"的产品概念迎合消费需求，通过"枸杞养生馆"的渠道经营模式引领整个枸杞行业走向高端市场，获利极大。（2008年销售1 500万元；2009年销售3 500万元；2010年销售7 400万元；2011年销售1.7亿元，2012年销售1.9亿元；创造了枸杞市场连续3年销售额年均大幅增长的发展速度；目前，已构建起了宁夏市场绝对优势的品牌领导地位，政府支持力度非常大；本土市场方面除枸杞酒类产品，特产礼品市场占有率达到85%以上。）企业负责人具有极强的事业心。

不足：企业缺乏高水平的科学管理能力，无有效激励机制；由于是家族企业，任人唯亲的现象普遍存在，外聘高水平各级管理人员难以发挥作用；企业负责人驾驭高速成长的市场经验不足；企业所处竞争环境分析经营决策过于谨慎，导致全国市场扩张速度缓慢；区外商业合作伙伴由于合作政策不够合理，高端的产品价格使得外地客户一时难以接受，专卖店式的渠道建设对合作商要求较高等原因使得其在全国市场开拓方面发展缓慢，品牌影响力有限。

2. **中端品牌代表企业：宁夏沃夫百瑞生物食品工程有限公司、宁夏红（以枸杞酒为主）**

优势：企业负责人曾为大学教授，掌握枸杞行业多项专利，其工艺技术、产品设备、加工及生产能力、出口产品质量标准的管控等方面均为行业领先。目前，为宁夏最大的枸杞干果及原汁出口商。（拥有1 000吨浓缩枸杞汁、3 000吨枸杞原汁和15 000吨枸杞果汁饮料生产线；截至2011年12月出口额近4 500余万元，占宁夏出口市场的1/4。）

不足：成品市场定位模糊，无清晰的品牌个性，市场份额逐年被其他企业蚕食；

企业领导人诚信不足,销售管理极度混乱,缺乏优秀的销售和经营管理团队,近几年发展缓慢。

3. 低端品牌代表企业:银川雅丽、宁安堡、杞里香、杞创、恒发

优势:定位于日常消费人群,以土特产经营为主,销售渠道遍布各个土特产品经销店,价格便宜,质量低劣,产品包装方面一味模仿百瑞源,迎合了一部分的消费人群,利润率普遍较低;渠道开发方面,由于"百瑞源"品牌构筑期间自身诸多原因,电商销售一直为该企业非主流渠道,未能及早建设,上述企业积极发展电子商务,目前占据行业领先。以"杞里香"为例,其中一款500克产品最高月销售达35 000多件,仅仅依靠网络销售每月销售达100余万元。

不足:缺乏相应技术和生产设备,产品质量低劣;企业以盈利为目的,无品牌化经营意识;利用消费者对产品信息掌握不足迅速掠夺市场资源;管理团队缺乏枸杞行业事业心,以赚钱为目的,产品采用多样化的经营模式,枸杞只是其中一个产品系列,如市场发生变化则会立即转行或放弃。当企业发展到一定程度时,由于缺乏优秀的职业经理人管理团队,驾驭成长期企业经验和能力不足,因此难以发展壮大。

(资料来源:王磊. 宁夏A企业竞争战略的分析研究[D]. 宁夏大学,2013.)

三是核心竞争优势分析。面对市场上与在位企业、潜在进入者形成的激烈竞争,创业企业要想获得成功就必须有独特的核心优势。一般来说,能够形成核心竞争优势的条件主要包括以下几点:

第一,技术创新。

第二,率先达到生产及市场经济规模。

第三,绝佳的用户体验,培养良好的美誉度与顾客忠诚度。

4. 产品与服务

产品和服务是创业企业价值主张的载体,是企业得以建立的基础。商业计划书的这一部分内容应写对产品或服务的介绍、市场定位、可行性分析等内容。

(1) 产品或服务介绍

主要内容应根据创业企业的类型来进行选择。

一是提供服务类的企业:此类企业没有成熟、独立的产品以做销售,而是在其他社会资源的基础上衍生服务并提供给消费者。这一类创业企业在此部分写作时应涵盖服务的基本功能、运营模式、核心特点、目标客户群体、可行性分析等内容。

【案例5】

1. 平台介绍

宠物短期寄养在线服务平台作为连接宠物主人和寄养家庭的纽带,推出了个性化家庭寄养服务。宠物主人在付出比宠物医院更低的寄养成本的同时,宠物们也会生活得更加快乐,主人离开家外出的时候也会更加安心。

平台运营初期将厦门、福州、泉州、广州、深圳、上海、武汉、重庆、北京等地作为第一批服务城市。寄养家庭的收费标准根据养宠物的经验、医护知识、活动空间的大小而各不相同，基础服务价格一般低于50元人民币。

宠物短期寄养在线服务平台将利用完善严格的审核机制来考察申请成为寄养家庭的爱宠人士，以确保寄养家庭符合资质。作为交易担保的第三方，平台将提供医疗咨询、上门急救、保险、用户评价、社交论坛、看护知识培训等功能。在平台运营的初期，实施全免费的服务方式，当平台的注册会员数突破50万，我们将实施收费模式，平台抽取5%~10%的佣金。我们将为每只宠物提供涵盖各种紧急情况的保险（高达5 000元人民币），并将选择符合我们要求的宠物医院合作，为我们的会员提供医疗咨询和急救服务。此外，平台还将提供7×24小时的服务咨询，提供在线客服支持功能。

寄养平台为双方提供信任保证，对于寄养过程中可能发生的纠纷和问题进行预防和解决。通过寄养平台选择的寄养家庭，不仅可以让宠物得到在家一样的待遇，还可以提供散步、洗澡、游戏以及全身按摩等服务。寄养家庭每天定时上传宠物的照片，主人随时可以在平台的专属"博客"上查看自己宠物的最新状况，安心地享受自己假期的同时，让自己的宠物也度过一个愉快的假期。

2. 平台主要页面搭建

平台首页：首页主要功能是让宠物主人方便快速地搜索合适的寄养家庭，这是网站的核心服务，除此之外，我们还将在首页设置宣传视频位置，初期用于广告宣传，后期开放给寄养家庭制作微电影。为了加强和客户的黏性，我们将每季度评选出明星寄养家庭，每月评选明星宠物，并给予奖励。

寄养家庭注册页面：寄养家庭可以登录我们的注册页面，填写基本信息进行实名认证。认证通过后完善寄养资料，资料越完善，则星级评定越高，初始评级均为一星，后续将根据宠物主人的评价进行星级调整。

3. 平台运作

寄养家庭申请：为了保证宠物在寄养家庭的安全，我们对申请成为寄养家庭的负责人实行实名认证。申请人在注册时需提交基本的真实信息以便我们人工进行审核，审核通过后，寄养家庭将拥有一个账户和页面，可以完善自己的养宠经验、护理知识、对宠物的喜好等基本信息。寄养资料更新完毕，寄养家庭将接受平台的在线视频面试和指导。通过考核，成为合格寄养家庭，才可以开始为宠物提供服务。

宠物主人搜索：在首页选择城市、宠物种类、寄养的起止日期即可搜索条件匹配的宠物寄养家庭。如希望注册成会员的宠物主人，直接点击注册按要求填写信息即可。成为会员的宠物主人，可以享受到更多的会员增值服务。

交易：宠物主人和寄养家庭在见面沟通环节取消交易，则寄养费用全额退还给宠物主人。当宠物主人评价结束后，寄养家庭可以实时收到看护佣金。

（资料来源：王丹雪. 宠物短期寄养在线服务平台创业计划书［D］. 厦门大学，2014.）

二是提供产品类的企业。此类创业企业有自己独立的成熟产品，或者已得到专利或产品授权用于商业化运营，以产品或技术为主体，附加相关业务。这类创业企业在写作时应该包括产品的概念、性质及特征，品牌和专利，目标客户群体，市场前景预测等。写作语言既要准确精练，也要通俗易懂；产品结构、功能、用户体验等内容可通过大量的图片展示，使之更直观明了。需要注意的是，对于依托创新技术研发的产品，要对技术来源和专利所有权进行细致、诚实的说明，必要时在附录中附上专利证书等。

（2）可行性分析

这部分内容主要包括市场分析、资金使用、产品成本及盈利分析、销售前景、项目目标等。

5. 营销模式

营销策略是创业企业以顾客需求为出发点，以为顾客提供满意产品和服务为目标，在市场调查等途径的基础上，开展的销售推广活动。撰写这一部分的最好方法就是清楚地说明其总体的营销策略，包括定位策略、差异化点等信息，然后通过定价策略、销售过程和促销组合、渠道策略说明如何支持总体营销战略的开展。

（1）主要内容

一是总体营销战略。每一个企业在制订营销计划、开展销售活动时都会受到资源的限制，所以，一个总体的营销指导思想和操作方法，使得企业在使用资源上更有目的性和连贯性。该部分要对企业的定位策略和差异点予以说明，针对企业与竞争对手相比的处境，突出企业提供的产品或服务的特性。

二是定价策略。这部分是对企业产品或服务的定价方法及其原因进行解释。企业可以采用的定价方法有竞争定价法、心理定价法、差别定价法、成本加成定价法等不同的方法，分别适用于不同的产品或服务及市场竞争状况。

三是销售过程与促销组合。销售过程是企业识别潜在顾客和完成销售所经历的过程；促销组合是企业所采用的用来支持销售和提升总体品牌形象的具体策略。

企业的销售过程不尽相同，但一般来说会包含以下步骤：搜集销售机会、接触消费者、实现销售机会、进行销售演示、和顾客沟通、完成销售、客户关系管理。

企业可以采用的促销方式有广告、公共关系和其他促销方式等。公共关系不需要资金投入，还可以增加企业的信誉度；新闻发布、媒体报道、博客、微信等是常用的建立公共关系的方式。企业还可以通过提供免费样品、试用体验等促销方式来开展销售活动。

四是渠道策略。渠道包含企业的产品或服务从产出地到达消费者手中所经历的过程。企业必须清楚地展示谁来负责销售，以及采用的具体渠道。如采用直接销售方式，还是使用分销商、批发商，是通过同行联合还是使用其他渠道等。

（2）营销模式撰写原则

一是注重创新。把创新理论运用到市场营销中，包括营销观念的创新、营销产品的创新、营销组织的创新和营销技术的创新，随时保持思维模式的弹性，让自己成为

"新思维的开创者"。

二是重视用户体验。营销手段中好的用户体验可以给顾客带来信心和信任，从而得到顾客的认可进而留住客户，客户认可后又有可能通过各种途径在群体中相互传播，最终帮助企业达到宣传推广的目的，增加企业的盈利。一般情况下，拥有较好用户体验的营销模式通常能够超过用户预期、让用户有所感知、重视细节及客户的沟通和维护工作。

三是切实可行。营销策略是企业经营管理策略的一部分，应遵循可行性这一根本原则。在撰写营销策略时，应充分考虑到企业发展所处的阶段、目标市场、客户群体、竞争状况等关键要素，确保营销策略能够顺利开展并取得预期效果。

四是方法灵活。营销模式不应拘泥于某种单一形式，而应采取如线上线下相结合等多种方法，对症下药，灵活应对各种销售环境。

五是手段新颖。互联网时代下，重视利用现有的社交软件或者创建自己的宣传软件等公共平台，如微博、微信、博客、企业官网、新闻媒体等，经常更新企业的新闻和动态，重视与客户的互动和交流。

6. 组织与管理

风险投资者在选择项目时，往往会在查看了执行概要部分后直接阅读创业团队部分，通过评估创业者实力来预测企业发展前景。因而，创业团队及其组织管理在商业计划书中也是一部分重要内容，具体内容可包括以下3部分：

（1）创业团队成员介绍

新企业的管理团队一般由创业者和几个关键的管理人员等组成。这一小节概括介绍团队成员的简历，包括年龄、性别、背景、教育和职业经历、专长、主要业绩等；同时，根据专业背景、特长等对团队核心成员在企业中负责的工作、拥有的股份等进行划分。

（2）组织架构及职责分工

企业的组织架构是对企业基本业务部门、职能机构、运作流程等做出的界定和规划，反映组织构成要素之间的关系，多用图例的形式来展现，如图8-1和图8-2所示。

在创业计划书中画出组织结构图，对其中各个业务部门、职能机构的职权做出解释说明，介绍各部门的主要负责人。需要注意的是，不同性质的创业企业，其内部职能部门的设置不尽相同。例如，以提供网络技术服务为主的企业需要设置网络技术部等相关部门，如图8-1所示；而以提供实物产品为主的企业，则需有生产、仓储等部门，如图8-2所示。

（3）人力资源规划

一个企业想要长久发展，就要基于以人为本的理念，反映在商业计划书中即为人力资源管理规划。这部分主要包括各部门人才需求计划、招聘培训计划、奖惩机制等。

7. 财务分析

财务分析是对商业计划书中的所有定性描述进行量化的一个系统过程，直接关系

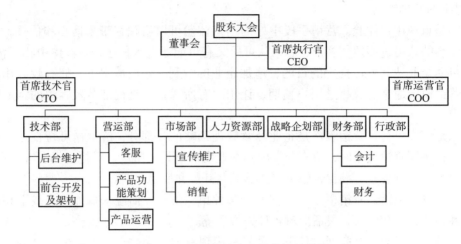

图8-1 某网络技术公司的组织结构

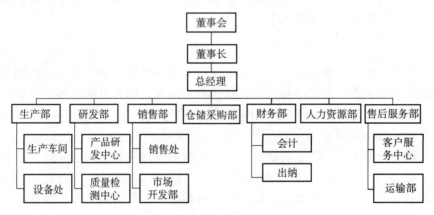

图8-2 某木制品生产企业的组织结构

到对项目价值的评估和取得资金的可能性。在商业计划书中，一般需要对创业企业做3~5年的财务规划，具体内容可仿照如下模式：

(1) 经营的条件假设

创办企业需要人、财、物等各方面资源的支持。人力资源的条件假设在前文第6点组织与管理中已做阐述，财力资源将在下面的融资计划中说明。此处主要讲述企业所需物质资源的条件假设。创业需要的物质资源一般表现为有形资产，按照流动性可以分为流动资产和非流动资产。流动资产是在一年或一年以上的一个营业周期中可以变现的资产，如原材料、库存商品等；流动资产外的有形资产或无形资产均属于非流动资产，如机器设备、办公桌椅、商标权、专利权等。购置资产需要支付现金，从而影响企业的融资计划。对资产进行预估，再结合对流动资产资金需求的判断，可以计算出物质资源所需的资金数量。

(2) 未来的财务预算

在对企业未来发展做出合理预测的前提下进行财务预算，确定资金需求、融资额度、预期收支等。这部分主要通过编制预计的资产负债表、损益表、现金流量表等来展现。

预计资产负债表是反映在未来某一时刻的企业经营状况,可根据表中数据来获得可能的投资回报率,由固定资产、现金、贷款、净资产、股本、利润准备金、股东资金等组成。资产负债表范例如表 8-1 所示。

表 8-1 资产负债表范例

资产负债表(第一年至第六年)						
项目	2013 年 12 月	2014 年 12 月	2015 年 12 月	2016 年 12 月	2017 年 12 月	2018 年 12 月
资产						
流动资产						
银行现金	113.79	81.07	394.65	776.48	1 555.87	2 583.85
应收账款	0.00	0.00	0.00	0.00	0.00	0.00
库存商品	15.00	300.00	300.00	400.00	400.00	400.00
待摊费用	13.23	6.61	0.00	0.00	0.00	0.00
流动资产合计	142.02	387.68	694.85	1 176.48	1 955.87	2 983.85
固定资产	5.00	5.00	5.00	0.00	0.00	0.00
减:固定资产折旧	1.70	3.40	5.00	0.00	0.00	0.00
固定资产净值	3.30	1.60	0.00	0.00	0.00	0.00
资产合计	145.32	389.28	694.65	1 176.48	1 955.87	2 983.85
负债及所有者权益						
流动负债						
短期借款	0.00	100.00	0.00	0.00		
应付账款	0.00	100.00	200.00	200.00	200.00	0.00
流动负债合计	0.00	200.00	200.00	200.00	200.00	0.00
所有者权益						
实收资本	200.00	200.00	200.00	200.00	200.00	200.00
资本公积	0.00					
本年利润	-54.68	43.97	305.37	481.83	779.39	1 227.98
项目	2013 年 12 月	2014 年 12 月	2015 年 12 月	2016 年 12 月	2017 年 12 月	2018 年 12 月
未分配利润	-54.68	-10.72	294.65	776.48	1 555.87	2 783.85
所有者权益合计	145.32	189.28	494.65	976.48	1 755.87	2 983.85
负债及权益合计	145.32	389.28	694.65	1 176.48	1 955.87	2 983.85

(资料来源:杜志明.佳普乐有限公司创业计划书[D].厦门大学,2013.)

损益表反映企业未来的盈利状况，是对创业企业经过一段时间运作后的运营结果的预期，包括销售收入、毛利、管理费用、营业利润、财务费用和净利润等内容。损益表范例如表8-2所示。

表8-2 损益表范例

损益表（第一年至第六年）						
项目	2013年	2014年	2015年	2016年	2017年	2018年
一、销售收入	50.00	1 000.00	3 000.00	4 500.00	6 750.00	10 125.00
产品成本	35.00	700.00	2 100.00	3 150.00	4 725.00	7 087.50
占销售%	0.70	0.70	0.70	0.70	0.70	0.70
二、毛利	15.00	300.00	900.00	1 350.00	2 025.00	3 037.50
占销售%	0.30	0.30	0.30	0.30	0.30	0.30
减：营业费用	65.43	188.68	338.24	478.06	641.56	883.81
占销售%	1.31	0.19	0.11	0.11	0.10	0.09
工资	23.80	71.40	74.97	114.00	120.00	126.00
社保费	4.30	4.30	4.30	6.70	6.70	6.70
办公费	2.40	2.40	2.40	2.40	2.40	2.40
水电费	1.80	1.80	1.80	1.80	1.80	1.80
租赁费	4.05	13.20	19.20	19.20	19.20	19.20
电话费	2.16	2.16	2.16	2.16	2.16	2.16
应酬费	4.80	4.80	4.80	4.80	4.80	4.80
差旅费	12.00	12.00	12.00	12.00	12.00	12.00
运输费	1.00	20.00	60.00	90.00	135.00	202.50
开办费	6.62	6.62	6.61	0.00	0.00	0.00
提成金	2.50	50.00	150.00	225.00	337.50	506.25
减：固定资产折旧	1.70	1.70	1.60	0.00	0.00	0.00
减：产品销售税金	2.55	51.00	153.00	229.50	344.25	516.38
三、税前利润	-54.68	58.62	407.16	642.44	1 039.19	1 637.32
占销售%		0.06	0.14	0.14	0.15	0.16
四、所得税	0.00	14.66	101.79	160.61	259.80	409.33
五、净利润	-54.68	48.97	305.37	481.83	779.39	1 227.99

（资料来源：杜志明. 佳普乐有限公司创业计划书[D]. 厦门大学，2013.）

现金流量表反映企业的未来现金流动，如表8-3所示。

表 8-3 现金流量表范例

项目	行次	2014 年	2015 年	2016 年	2017 年	2018 年	2019 年
现金流量表（第一年至第六年）单位：万元							
一、经营活动产生的现金流量							
销售商品、提供劳务收到的现金	1	400	1 600	3 200	4 800	7 200	10 800
收到的税费返还	2						
收到的其他与经营活动有关的现金	3						
现金流入小计	4	400.00	1 600.00	3 200.00	4 800.00	7 200.00	10 800.00
购买商品、接受劳务支付的现金	5	310.00	1 120.00	2 240.00	3 360.00	5 040.00	7 560.00
支付给职工以及为职工支付的现金	6	45.00	105.00	115.50	127.05	139.76	153.73
支付的各项税费	7	18.60	67.20	134.40	201.60	302.40	453.60
支付的其他与经营活动有关的现金	8	110.00	224.00	416.00	576.00	864.00	1 296.00
现金流出小计	9	483.60	1 516.20	2 905.90	4 264.65	6 346.16	9 463.33
经营活动产生的现金流量净额	10	-83.60	83.80	294.10	535.35	835.85	1 336.67
二、投资活动产生的现金流量							
收回投资所收到的现金	11						
取得投资收益所收到的现金	12						
处置固定资产、无形资产和其他长期资产所收回的现金净额	13						
收到的其他与投资活动有关的现金	14						
现金流入小计	15	0.00	0.00	0.00			
购建固定资产、无形资产和其他长期资产所支付的现金	16	20.00			20.00		
投资所支付的现金	17						
支付的其他与投资活动有关的现金	18						
现金流出小计	19	20.00	0.00	0.00	0.00	0.00	0.00
投资活动产生的现金流量净额	20	-20.00	0.00	0.00	0.00	0.00	0.00
三、筹资活动产生的现金流量							
吸收投资所收到的现金	21	200.00					
借款所收到的现金	22						
收到的其他与筹资活动有关的现金	23						
现金流入小计	24	200.00	0.00	0.00	0.00	0.00	0.00
偿还债务所支付的现金	25						
分配股利、利润或偿付利息所支付的现金	26						

续表

现金流量表（第一年至第六年）单位：万元							
项目	行次	2014 年	2015 年	2016 年	2017 年	2018 年	2019 年
支付的其他与筹资活动有关的现金	27						
现金流出小计	28	0.00	0.00	0.00	0.00	0.00	0.00
筹资活动产生的现金流量净额	29	200.00	0.00	0.00	0.00	0.00	0.00
四、汇率变动对现金的影响额	30						
五、现金及现金等价物净增加额	31	96.40	83.80	294.10	515.30	853.85	1 336.67
货币资金期末数	32	96.40	180.20	474.30	989.65	1843.50	3 180.16
货币资金期初数	33	0	96.40	180.20	474.30	989.65	1 843.50
货币资金净增加额	34	96.40	83.80	294.10	515.35	853.85	1 336.67

（资料来源：洪爱华. LOVSPORTS 公司创业计划书 [D]. 厦门大学，2014.）

做财务预算时，要注意遵循以下几点原则：

一是财务预算要立足于真实市场调研。只有市场调研可靠、顾客需求得到验证，其经营活动才有可能创造实际价值，依此进行的财务预算才真实可信。

二是财务预算奉行"长粗短细"原则。即长期财务预算可以简略一些，但短期预算要尽量做到精确、翔实。

三是财务预算是建立在对商业计划书中的营销、生产运营等进行分析的基础之上的。因此，必须明确下列问题：第一，产品在每一个会计期间的产量、销量有多大？第二，企业何时需要扩大生产？第三，单位产品的生产费用是多少？第四，单位产品的定价是多少？第五，使用什么分销渠道？所预期的成本和利润是多少？第六，雇用人员的成本是多少？等等。这些问题的回答离不开生产运营等商业计划书的其他部分。

（3）融资计划

融资方案是根据创业计划、创业项目、产品的特点，结合创业团队的优势，结合财务风险分析和财务风险控制的计划所编写的。一般来说，融资方案包括融资额、融资时间、融资对象、融资方式、融资用途等内容。

8. 风险分析

分析企业可能面临的诸如技术、市场、管理、政策、经济等方面的风险和问题，提出相应的合理有效的规避方案等。

【案例6】

海品乐淘网项目的风险分析

（1）系统技术风险

电子商务对于稳定性、可靠性和安全性都有较高的要求，故而对整体技术系统要求也较高。如果系统设计不优良、硬件与软件不匹配的情况下,将会产生巨大的技术风险。

(2) 运营风险

虽然跨境电商是多模式交易平台,满足各种交易条件下交易业务的需要。项目收入包括保证金、交易手续费、信息服务费、会展费、物流金融等收费服务项目,但各项收入取决于会员的数量和交易量,如果没有足够的会员和交易量,那么,公司将面临一定的运营和财务风险。

(3) 政策风险

本项目涉足跨境电子商务,故而存在一定的通关问题。虽然海品乐淘海外产品主要为品牌辨识度较高、品质(正品)有保障、稀缺、实惠的优质产品。其中,热门品类(如进口奶粉、保健品、化妆品以及其他母婴用品)做自营,其他品类开放。换言之,自营类的产品多为常规性产品。但是仍然存在海关检验检疫问题,以及受到国家进出口政策的影响比较严重。故而可能给海品乐淘带来较大风险。

另外,从海品乐淘自营类产品情况来看,多数产品来源于欧洲、美国、日本、韩国、澳大利亚、新西兰等区域和国家。所以,上述国家和区域的出口政策也对本项目存在一定的影响。从海品乐淘所涉及的商品类型来看,基本以食品、保健品以及其他母婴产品为主,所以,上述产品基本都存在出口国食品检验问题。

(资料来源:郑畅.GQ海品乐淘网商业计划书[D].华南理工大学,2015.)

8.3 创业计划编制实训

8.3.1 实训目标

通过实训,帮助同学们更好地理解和掌握创业计划书的内容和编制要求,提升创业计划书的编制能力,提高创业素质、培养创业能力。

8.3.2 实训内容

各小组根据各自的创业项目,按照创业计划书的格式要求,分工合作、相互讨论,编制一份完整的创业计划书。

8.3.3 实训流程

(1) 各小组对产生的创业项目进行充分的了解和认识。
(2) 各小组制定编制创业计划书的分工安排。
(3) 各小组在规定时间内完成创业计划书的编制。
(4) 各小组分别展示自己项目的创业计划书。
(5) 老师对各小组的创业计划书进行点评。

8.3.4 实训参考案例

大学生创新创业项目计划书

项目名称：__长沙×××科技有限公司_____

项目类型：__互联网+制造业（创意组）_____

团队成员：_____

指导教师：_____

目　录

一、公司简介
  1.1　公司概述
  1.2　公司现状
  1.3　发展规划

二、项目概述

三、产品与研发
  3.1　产品/服务介绍
    3.1.1　产品的用途、功能
    3.1.2　行业领域
    3.1.3　客户价值
  3.2　产品/服务特色优势
    3.2.1　产品优势
    3.2.2　竞争优势
    3.2.3　项目实施的技术方案
    3.2.4　项目的关键技术、创新点

四、市场分析
  4.1　SWOT分析
    4.1.1　优势（Strengths）
    4.1.2　劣势（Weakness）
    4.1.3　机会（Opportunity）
    4.1.4　威胁（Threats）

4.2 市场前景
4.3 市场定位
4.4 风险分析
    4.4.1 资金风险及规避方案
    4.4.2 技术风险及规避方案
    4.4.3 市场风险及规避方案
    4.4.4 环境风险及规避方案
    4.4.5 管理风险及规避方案

五、发展战略
5.1 产品开发、市场开拓
5.2 平台建设
5.3 产业链组建
5.4 跨地域分布
5.5 研发/产业化项目里程碑

六、商业模式
6.1 营销模式
6.2 营销策略
6.3 盈利方式

七、财务分析
7.1 股本结构和规模
7.2 资金来源及运用
7.3 预计销售收入和经济效益
7.4 未来三年营收预测表（单位/万）

八、团队介绍
8.1 团队核心成员介绍
8.2 公司组织结构及人力资源配置
    8.2.1 公司组织结构及职责
    8.2.2 人力资源配置

九、项目其他附件材料

一、公司简介

企业名称：长沙××××科技有限公司
创业团队：智多星创业团队

"长沙××××科技有限公司"是一家研发、销售智能玩具的科技型企业，公司以智能玩具机器人为主，秉承"保证一流质量，保持一级信誉"的经营理念，坚持"客户第一"的原则，为广大客户提供优质的服务。

1.1 公司概述

公司 logo：（略）

公司的经营理念：

（1）客户的满意与成功是度量我们工作成绩最重要的标尺；

（2）员工是公司最重要的财富，员工素质及专业知识水平的提高就是公司的财富增长，员工的福利待遇及生活水平是公司经营业绩的具体体现；

（3）不断创新的产品是公司发展的轨迹；

（4）产品质量及服务质量是公司发展的生命线；

（5）品牌是公司产品及服务的一面明镜；

（6）寻找、开拓最适合我们的市场并力争取得最高占有率；

（7）管理是一切经营活动的基石方针，追求高科技、专业化、集团化、国际化，口号：创新求是。

1.2 公司现状

长沙××××科技有限公司是一家以生产、销售智能玩具机器人为主要业务的企业，企业规模只有十多个人，麻雀虽小，可五脏俱全，拥有总经理、财务总监、技术总监、市场总监、人力资源总监，同时拥有生产部、包装部等部门。

公司以智能玩具机器人为主要研发产品，以其他的智能玩具产品为代销产品。

公司拥有大量的技术型人才，多次在省级、国家级的技能比赛中获得过优秀的成绩，并拥有多项软件专利。

1.3 发展规划

1. 发展方向

随着电子技术和其他高科技以及二胎政策的放开，每年新生婴儿可达到500万～600万，许多父母也越来越愿意为小孩的成长和教育而投资。

2. 项目的重点、核心

重点做好前期宣传和售后服务，赚到良好的口碑，提高产品知名度，儿童是一类高消费的群体，产品质量必须过关，种类必须新颖，迎合广大儿童的喜好及好奇心，要有过硬的质量、优质的服务，才能得到相应的利益。

3. 发展目标

以智能玩具机器人为中心打造国内著名的智能玩具品牌。

4. 市场及前景

随着时代的变化和发展，市场整体都有着很大的变化，社会科技越来越先进，人们的生活水平也越来越高，加上国内的二胎政策，让不少新生儿降临到了人世间，那么智能玩具行业市场目前是怎么样的呢？

（1）智能玩具缺少自有品牌；

（2）智能玩具并非计划消费品；

(3) 销售旺季较小，智能玩具产业严重依赖国际市场；
(4) 智能玩具的售后服务成本很高；
(5) 智能玩具缺少创新；
(6) 国内智能玩具产业链处于被动地位。

随着社会生活水平的提高，家长对孩子的各个方面都给予了极大的关注，他们也逐渐意识到玩具在孩子的一生中起的重要作用。玩具不仅有传递社会文化，娱乐、审美和益智的功能，还可以激发儿童游戏的动机，支撑游戏开展，促进游戏水平的提高。孩子的玩具应该是按儿童成长阶段制作而成的，并且它应是适合儿童各个年龄阶段的东西。但如今，儿童玩具市场的玩具种类五花八门，很多家长对此感到迷茫，不知道应该为自己的孩子选择什么样的玩具。

玩具市场发展迅猛，不仅仅有儿童玩具，还有成年人的玩具及老年人玩具，可见玩具越来越受人们的青睐，这足以证明玩具市场存在很大的发展空间。

实施的具体步骤：

本公司采用最为传统的直营商务模式，我们会跟主题公园和游乐场进行合作，把我们公司的产品摆放在他们那里进行销售；等公司稳定下来，我们的产品将越来越多地与服务绑定在一起，产品将不再能够独立存在于互联网世界之外，互联网服务将成为产品功能不可缺少的一部分。

二、项目概述

本项目是一个主要生产研发智能玩具产品的公司。电子技术和其他高科技的发展对整个社会产生了深远的影响，同时也改变了人们的传统生活，智能玩具的出现和流行恰恰体现了这一趋势，这里的智能玩具不是指一般的益智玩具。传统的玩具性能和娱乐性单一，并且主要建立在传统的制造业基础上，机械和设计是它最主要的技术含量。其次，二胎政策放开后，每年新生婴儿可达到 2 000 万以上，许多父母也越来越愿意为孩子的成长和教育花钱，根据 2010 年中国第 6 次人口普查结果，我国 0 到 14 岁儿童超过 2.2 亿，这批人中绝大部分就是我们常说的"00 后"。虽然儿童本身不具备购买力，但是他们背后的家长是以"70 后"和"80 后"为主的当下社会中坚。

除了具备必要的消费能力以外，相较于他们的父辈而言，这些家长往往受过更好的教育，更加乐于接受新事物也注重对孩子的投资。这一点从这两年规模持续扩大的儿童市场和玩具市场就可以看出。因此，有业内人士对智能玩具做出了数千亿规模的市场估计。

三、产品与研发

3.1 产品/服务介绍

1. 人形舞蹈机器人的介绍

1) 产品各部分组成

人形机器人拥有 19 个关节，上肢动作更加丰富。全部采用高精度数字舵机，动作敏捷；硬铝合金支架坚固轻巧；图形化编程，可以快速入手；带有 MP3 播放器，可以大声唱歌。

2）产品功能介绍

人形舞蹈机器人可以进行前进、后退、下蹲、左右转弯、侧滑、挥手等基本动作，还可以完成更加高难度的动作，如伏地挺身、侧翻、前滚翻、后滚翻、倒立、俯卧撑、大鹏展翅、鲤鱼打挺、单杠体操表演等高难度动作，甚至可以完成各种舞蹈动作或者进行机器人格斗表演。

3）产品创新

人形舞蹈机器人提供了 PC 端图形化编程软件，不需要有 C 语言基础也可以轻松编程，控制机器人运动还可以使用外部手柄遥控，遥控距离可达 10 米；还加载了 MP3 模块和扬声器，附带 TF 卡，可以储存 MP3 文件。机器人可以唱歌、说话、讲故事，还可以讲笑话。人形舞蹈机器人还获得了国家外观专利。

人形舞蹈机器人控制板拥有 6 大优势：

(1) 支持 PC 图形化调试；

(2) 24 路过流保护；

(3) 支持 TTL 串口通信；

(4) 电脑免驱；

(5) 低压报警；

(6) 支持脱机运行/PS2 手柄/蓝牙/MP3 模块。

瓦力机器人的介绍

1）产品各部分组成

机器人机体材料采用铝合金，STC12C5A60S2 作为主控芯片、蓝牙模块、电机驱动模块、履带式机器人底盘、机械手臂、可编程数字舵机、12V 直流电机、双电源稳压模块、眼睛由七彩发光 LED 灯、开关组成。

2）功能介绍

机器人通过蓝牙模块与手机进行通信，接收手机 APP 发送的编好的控制程序指令，蓝牙模块接收到数据，经过 STC12C5A60S2 主控芯片处理数据后就可以实现头部转向、机体移动，并且利用手机自带的重力感应功能，可以随心所欲的控制机器人的移动。

3）产品创新点

(1) 机器人底盘采用履带式设计，可以适应复杂的环境，爬坡带劲，运动更稳定；

(2) 设计了两只机械臂，二次开发后可以实现招手、抓取物体；

(3) 颈部由可编程数字舵机构成，可实现头部转向，让机器人更具生命力；

(4) 设计两只大眼睛，内部装有两只七彩 LED 灯，可使机器人更加可爱迷人，火眼金睛，还可以卖萌；

(5) 一个 APP 替代传统的遥控器，减少了制造遥控器的生产成本，使利润实现最大化；

(6) 瓦力机器人拥有人机交互功能，识别语音指令后能够实现唱歌、跳舞、背诗、人机对话、算数、讲故事等功能，让瓦力机器人成为孩子的贴身伙伴和贴身家教。

3.1.1 产品的用途、功能

玩具机器人为儿童提供陪护：

（1）智能玩具机器人可以通过语音识别，实现人机交互的功能，能够对儿童说的话进行处理；

（2）能够对家人的进出人数进行计数，当家人不在的时候进行自动休眠，减少电量的损耗；

（3）具有学习功能，儿童只要对玩具机器人说出要学习的命令，机器人就会进入学习状态，直到收到结束命令。

3.1.2 行业领域

目前，国内智能玩具市场尚不成熟，处于起步阶段。市场进入和开发初期的目标客户群定位在中高端收入阶层的家庭用户。随着智能玩具理念在孩子们生活中的不断深入，目标客户群将逐渐调整为广大的普通家庭用户。

在未来的至少20年时间里，智能玩具行业将成为中国最具发展潜力的行业之一，其市场发展前景非常广阔。智能玩具机器人巨大的潜在市场在等着我们去开发。

3.1.3 客户价值

（1）企业为客户提供的价值，即从客户的角度来感知企业提供产品和服务的价值；

（2）客户为企业提供的价值，即从企业的角度出发，根据客户的消费行为和消费特征等变量测度出客户能够为企业创造的价值，该客户价值衡量了客户对于企业的相对重要性，是企业进行差异化决策的重要标准；

（3）客户在产品使用过程中遇到的操作问题，企业员工可以在线操作指导；若产品出现故障，企业维修人员必须在2小时以内到达并对产品进行检查维修。

3.2 产品/服务特色优势

3.2.1 产品优势

先进性：本项目的智能玩具机器人，采用多项先进技术，如语音识别、虚拟定位、自动充电、自主导航、阻碍自救、遥控操作、定时启动、超长记忆、图像识别等技术，与市面上普通产品相比，功能更强大，产品更先进。

独特性：本项目中的机器人系统采用模块化设计，各项功能模块可任意组合、增减，来实现不同的功能，智能家居机器人还具有自检和故障报警功能，更具独特性，且经济、实用，性价比高。

家居玩具机器人目前在国内市场上还属于兴起阶段，作为从事智能玩具机器人生产研发和销售的公司，无论是在技术层面上还是在市场层面上，都必须做好对产品的保护措施。

在技术层面的保护措施如下：

（1）对产品进行专利技术的申请，建立好专利保护，使自己的知识产权不受到侵犯；

（2）在公司内部，与公司的技术人员签订保密合同，不让公司的内部技术资料泄露。

3.2.2 竞争优势

现在是信息时代，下一步我们将会进入智能时代，进入智能时代也就意味着人们生活中将会出现越来越多的智能机器人,我们拥有拼搏进取和勇于创新的研发团队,有嵌入式技术、电子信息工程技术(人工智能)、应用电子技术和善于管理、营销的团队,还有从事10年以上智能控制技术和机器人技术应用的指导教师作为顾问和技术支持,还有学校对我们的大力支持,总的来说天时地利人和。

3.2.3 项目实施的技术方案

(1)文献研究法:通过调查目前国内外方法、研究现状、研究进展、研究趋势,设计出有效的适用于对人形机器人语音交互及控制的算法,进一步了解研究项目中将要涉及的影响因素;

(2)理论研究法:通过深入的理论学习与推导,结合实际,建立行之有效的语音采集处理和语音识别模型,找出解决语音交互和控制的关键技术;

(3)仿真法:随着计算机技术的发展,面向硬件的仿真平台功能越来越完善,利用 MATLAB 仿真验证,可有效缩短系统开发周期,提高工作效率;

(4)实验法:将编写好的程序下载到芯片中做进一步的硬件调试验证,并记录测试效果,为实际工程应用提供实验数据。

3.2.4 项目的关键技术、创新点

项目的关键技术点是智能玩具机器人连接到互联网后能够进行语音识别、人机对话功能,并具备指令的学习功能。

系统采用了模块化设计,各项功能可任意组合、增减,以完成不同的功能,同时玩具机器人还具有自检和故障报警功能,经济实用。

四、市场分析

4.1 SWOT 分析

4.1.1 优势(Strengths)

与传统玩具相比,智能化玩具有着得天独厚的优势,这主要体现在:智能玩具不仅可以与孩子进行"情感交流",培养孩子良好的学习习惯,还能帮助孩子在愉悦中学习,更好地体验生活;另一方面,伴随着人机对话技术的成熟,智能玩具所具有的语音识别和语音合成功能也对完善孩子的语言表达能力,提升孩子的交际能力有着极大的帮助。正是得益于智能玩具集聚智能化和交互性于一体的特性,智能玩具开始在中国玩具市场迅速腾飞,并逐步成为市场主流。

4.1.2 劣势(Weakness)

行业竞争激烈,价格偏高,很多消费者对智能玩具认识不足,不能接受其比普通产品高很多的价格。

4.1.3 机会(Opportunity)

随着科技的不断发展,信息化时代正朝智能化时代转型,玩具行业也朝着智能化时代发展,特别是国家二胎政策的放开,每年可达到500万~600万的新增人口出生,许多父母也越来越愿意为小孩的成长和教育而花钱。

4.1.4 威胁（Threats）

我们的产品没有知名度，没有形成品牌，而众多国际品牌已经进入中国市场，国内品牌大打价格战，会逐步压缩利润空间。

4.2 市场前景

随着时代的变化和发展，市场整体都有着很大的变化，智能玩具行业总体而言有以下特点。

1. 智能玩具缺少自有品牌

国内拥有自有品牌且品牌在市场有影响力、知名度的企业还不多，自有品牌的缺失导致了这样的结果——智能玩具厂商生产了一流的产品，但是没有从市场换取合理的利润。并且，即便是自主研发的产品也因为产品形象缺少生命力和感召力，使产品无法具有较长的生命周期和丰富的附加值回报。

2. 智能玩具并非计划消费品

智能玩具适合于冲动消费，而非计划消费。多数"80后"家长给儿童买玩具，不是计划了什么时候买，而是被各种智能玩具吸引而购买。所以智能玩具的购买也有随意性。

3. 销售旺季较短，智能玩具产业严重依赖国际市场

在国内，除了国际六一儿童节之外，很难有智能玩具的销售旺季，不像在美国，万圣节、圣诞节等节日都是玩具购物高峰。另外，大部分智能玩具厂商属于来料加工或来样加工型企业，严重依赖国际市场。对国际市场的严重依赖导致了在国际形势动荡变幻的时期，企业的生存和发展也随之受到影响。如近期各国不断出台的各种指令和规则，也正在对国内的智能玩具产业带来深刻的影响。

4. 智能玩具的售后服务成本很高

智能玩具比一般的玩具结构复杂，所以售后服务成本也高。在电子商务环境下，智能玩具的清洁、维修等售后服务还需物流参与。另外，因为智能玩具并非标准化产品，用户的体验很难一致，所以随之而来的售后问题也较多。

5. 智能玩具缺少创新

玩具厂商生产的智能玩具大部分是同质化非常严重的毛绒类电子宠物和仿真娃娃。智能玩具这个行业，新、奇的包装和样式对儿童有极大的吸引力。但有些智能玩具厂商死守一个或某几个产品，不注重新产品的开发，仍以老产品去应付新的市场竞争，大打价格战。

6. 国内智能玩具产业链处于被动地位

在产业链分工中，我国智能玩具产业主要以加工贸易方式为主，一般贸易为辅，处于智能玩具产业链的低端制造环节，而其他的生产研发、产品设计、订单处理、物流运输、仓储、批发、零售等环节都掌握在外商手中，整条产业链几乎被国外厂商控制。外商凭借其主导产业链，利于其在订单上的优势，不断地压低出厂价格，轻而易举地挑起中国厂商的价格战，导致国内厂商激烈的价格竞争，从而让中国制造走向恶性循环。

4.3 市场定位

随着社会生活水平的提高，家长对孩子的各个方面都给予了极大的关注，他们也

逐渐意识到玩具在孩子的一生中起的重要作用。玩具不仅有传递社会文化、娱乐、审美和益智的功能,还可以激发儿童游戏的动机,支撑游戏开展,促进游戏水平的提高。孩子的玩具应该是按儿童成长阶段制作而成的,并且它应是适合儿童各个年龄阶段的东西。但如今,儿童玩具市场的玩具种类五花八门,很多家长对此感到迷茫,不知道应该为自己的孩子选择什么样的玩具。

玩具市场发展迅猛,不单仅仅有儿童玩具还有成年人的玩具及老年人玩具,可见玩具越来越受人们的青睐。足以证明玩具市场存在很大的发展空间。

4.4 风险分析

4.4.1 资金风险及规避方案

1. 资金风险

财务活动贯穿于公司经营的整个过程,财务风险能够全面综合反映公司的经营状况,作为一个创业公司,如果没有进行经常性的财务分析,树立风险意识,建立有效的风险防范处理机制的话,就会加大公司的风险性。

2. 规避方案

(1) 长沙××××科技有限公司集研发、销售、生产于一体,在财务上存在各种财务风险,主要体现在筹集资金、使用资金、收益分配等方面。为了尽可能地减小创业公司的负债风险,我们采用自筹资金的方式进行公司的启动,创业初期共需要45万元的创业资金;

(2) 在资金的使用上存在一定的风险,这些风险包括:资金的使用是否合理,为了尽量减小资金使用上的风险,首先要做到专款专用,其次要严格控制各个环节的成本,要尽量控制销售、研发和生产上的成本,努力减小管理和财务上的不必要的支出成本。公司起步的两年,主要以教学和代销为主,但是由于公司刚起步,所以在代销产品的品牌和存货数量上必须要做到严格审查,进行充分的市场调研,在存货上尽可能少,初期进行试探性的销售,通过市场的反应来确定下一步的进货和销售计划,在决策上做到有据可依。其次,为了应对不确定的财务风险,公司每年应从净利润中提出一部分盈余公积金,具体数额可根据盈利情况而定;

(3) 在收益分配方面,必须事先明确,为了保证研发资金,在每年的净利润中,提取一定比例的资金来进行收益的分配,而其余部分作为扩大公司规模和研发使用,分配情况根据初期出资的额度和具体的贡献度来确定。要尽可能地减少收益问题上的争议,防止内部矛盾;总之,在公司的经营管理中,要树立风险意识,建立有效的风险防范处理机制,加强公司财务风险控制,防范财务危机,建立财务风险预警指标体系,加强筹资、投资、资金回收及收益分配的风险控制,加强资产管理,实现公司效益最大化。

4.4.2 技术风险及规避方案

1. 技术风险

(1) 长沙××××科技有限公司的产品属自主研发的新型产品,在投入市场初期将会有一个技术完善期和质量考验期,可能会给投资者带来一定的风险。

(2) 过度依赖核心技术人员和技术失密的风险。

2. 规避方案

(1) 首先，对本公司产品技术进行专利层面的保护。同时，对生产的产品在软件上进行技术上的加密保护。再加大产品新功能和新产品的开发，适时推向市场，坚持不断地创新，在创新上坚持走自主创新的道路，适当参考国内外相似和相近产品，取长补短；加强与其他的企业、高校和科研机构的合作，然后加强对教学的管理和课程的建设，体现人无我有，人有我精；

(2) 公司将与员工签署技术保密协议，并将进一步完善公司的保密制度。对有关的技术成果和资料由专人负责保管；建立相应的激励机制，在公司内部形成一个良好的工作氛围，培养员工对公司的忠诚度和满意度，避免技术失密。同时，对公司的关键技术人员采取一定的激励手段，探讨实施期股做法，确保关键性人才的稳定，防止技术及人才外流。

4.4.3 市场风险及规避方案

1. 市场风险

公司运作初期会存在受阻的风险，同时将面临产品的生命周期风险和较大的市场竞争风险。

2. 规避方案

本公司将严把产品质量关，树立优秀的企业形象，同时富而思源，做慈善资助贫困而胸怀大志的学生；再就是加大企业和产品的宣传力度，综合运用各种销售手段，努力扩大公司规模和产品的市场占有率；公司加强培养科技人员，提高现有产品的适应性，共同开发新产品。

4.4.4 环境风险及规避方案

1. 环境风险

(1) 如果公司选址在地处偏僻的地段，交通不便，会影响公司的整体发展，从而导致各类工作无法高效开展；

(2) 公司生产经营能力发生较大的不利变化，如市场占有率、产品质量、品牌影响力下降等，从而影响到公司产品的正常销售和资金周转，影响到公司偿债能力，有可能导致公司面临较大的风险。

2. 规避方案

(1) 公司选址在长沙市望城区，优势大，地租便宜，周边有很多企业，比如望城经济开发区，离学校近，可以实行校企合作，湖南信息职业技术学院拥有智能控制创新创业教育工作室、智能玩具创新创业教育工作室、工业机器人技术实训中心、数控机床加工实验室、3D激光打印技术中心、嵌入式工业实训基地、电子装配实验室等，公司聘请学校资深教授、高级讲师作为公司顾问指导工作，并充分利用学校提供的资源和平台，对成绩优秀的学生提供良好的就业平台；

(2) 我司实行严格的预算管理，严格控制库存周转，采用各种措施降低资金占用。同时，采取成本控制措施。

①加强成本教育，树立成本观念，认真学习借鉴经济发达国家科学有效的管理方法和先进经验，广开思路，博采众长，结合企业情况加以吸收和深化；

②推行成本目标管理和产品质量成本管理。使成本管理覆盖公司每一体系，成本控制渗透到成本管理的各个环节，实行全过程、全部门、全员成本目标管理；

③推选标准成本制度，完善成本分析机制，以充分发挥成本核算的作用，不断推动公司的发展。

4.4.5 管理风险及规避方案

1. 管理风险

公司没有建立完善的法人治理结构和管理制度体系容易导致决策的失误。

2. 规避方案

为适应公司未来的发展，公司将进一步规范股东大会、董事会、监事会的运作，充分发挥独立董事制度的作用；不断引进高素质综合管理人才，并邀请学校指导老师作为公司顾问，加大对现有管理人员的培训力度，强化团队意识，着力打造一个敬业精神和专业水平相结合的、强有力的管理团队；借鉴其他同类公司的先进管理经验，建立规范的决策程序；在组织结构设置上，公司将对人事、财务、采购进行集中管理和控制，提高管理的科学性和有效性。

五、发展战略

5.1 产品开发、市场开拓

以玩具智能机器人为中心进行智能玩具的产品开发和市场开发，形成现代化智能控制产品开发公司的雏形，为公司的进一步发展打下坚实的基础。具体将从以下五方面着手：

(1) 市场推广；

(2) 公司制度完善；

(3) 公司管理运作成熟；

(4) 公司的组织结构定型；

(5) 技术人才引进。

与高校对接吸收优秀人才，同时从同行业大型研发、制造、销售公司中，通过赠送股份、高薪聘请等激励方式挖掘出色的业内的科研人员和高级工程师。

5.2 平台建设

在第三年，公司将利用前两年积累的大量现金流和原始资本重组及整合公司，改进阻碍公司发展的结构和制度，积极筹备上市融资。三年内实现流程的扩张和产业链的完善。从生产线建设、市场扩张、技术创新等方面完成平台建设。

5.3 产业链组建

能够自主设计生产以玩具智能机器人为中心的智能玩具系列产品，完成从产品研发到生产、销售的健全产业链的建设。

5.4 跨地域分布

届时将与我国大型玩具产品研发制造商合作，展开大规模的国内、国际市场开发活动。依托在国内一线城市打下的销售网络和忠实的客户群，放射式地向二、三线城市逐步扩张，最终将影响力扩散到全国。

5.5 研发/产业化项目里程碑

此时公司将拥有分布全国的生产厂家、产品专卖店、成熟的售后服务网点。

六、商业模式

本公司生产项目主要为智能玩具机器人，其生产成本较低，娱乐性较强，为了在市场上获得出售量及获取利润，我们主要采取最为传统的营销方案：传统直营商务模式，等公司稳定下来，我们会发展电子营销模式。

6.1 营销模式

1. 传统直营模式

首先通过个性化、多渠道的体验吸引客户，我们会在公园里摆放产品，在摆放的过程中，我们会演示智能玩具机器人产品来吸引顾客，同时，我们公司还会与一些主题公园和游乐场进行合作，并设计一些与主题公园和游乐场相关的智能玩具，我国0到14岁儿童超过2.2亿，这批人中绝大部分就是我们常说的"00后"。虽然儿童本身不具备购买力，但是他们背后的家长是以"70后"和"80后"为主的当下社会中坚力量。除了具备必要的消费能力以外，相较于他们的父辈而言，这些家长往往受过更好的教育，越来越愿意为孩子的成长和教育花钱，更加乐于接受新事物也注重对孩子的投资。通过促销活动及巧妙的构思和创意，或者通过突出产品卖点的电视广告，能够在短时间内打动目标客户，吸引客户想要对我们产品进行了解，让顾客亲自体验产品的实用性，从而达到营销的目的。

2. 电子营销模式（互联网+）

（1）建立属于自己公司的门户网站，把我公司的产品资料及视频放到网站上进行定价观看，来达到盈利的目的，并在网站上添加一个可以与机器人聊天的功能，从而可以在客户访问我公司的网站时抓取那些意向客户，使用电子商务模式的虚拟销售人员或客户服务团队成员，这种方式可以帮助我们公司保持开销。与实际人类相比，机器人可以每天24小时工作，还能帮助我们公司人员获得潜在客户资源，让我们了解应该关注哪些人，了解他们的喜恶，以及应该怎样做来挖掘客户的意向；

（2）自主开发手机APP，把公司产品及相关课程搬到手机APP上，可以让客户随时随地地进行线上培训，更加方便地让人们了解到我们公司的产品，扩大影响力度，来达到客户量增多的目的。

6.2 营销策略

我们公司的市场营销策略主要分为价格策略、产品策略、渠道策略和促销策略。也就是说，我们会通过考虑产品的成本、市场的竞争情况来定一个合理的价格，并且在产品内在完善的同时，我们也会从产品的包装、设计、颜色这些外在的方面进行完善，我们还会利用情感的促销、口碑，以及让体验者亲自体验的方式来达到营销的目的，在构建网上平台的同时，可以植入我们公司具有代表性的符号，以扩大产品的知名度。除此之外，我们还有会员营销策略，情感、体验、口碑、植入等营销策略。

1. 会员营销策略

会员营销是一种基于会员管理的营销方法，商家通过将普通顾客变为会员，分析会员消费信息，挖掘顾客的后续消费力，汲取终身消费价值，并通过客户转介绍等方式，将一个客户的价值实现最大化。这与传统营销方式在操作思路和理念上有众多不同。在数字营销战略中，我们更愿意使用数字化手段对企业的会员进行分群、清洗、优化，并制定有针对性的营销策略，比如通过梳理一个电商企业的会员，根据地域、年龄、性别、习惯、购买品类、购买次数等多个维度进行分群，在促销时针对不同群体进行不同内容的传播。一个电商品牌通过会员营销，在一次大促的整体销量中，"会员营销"的数据占据了40%。可见会员营销的重要性，在会员营销策略上所做的是大数据的事情。

2. 情感营销策略

情感营销就是把消费者的个人情感差异和需求作为企业品牌营销战略的核心，通过借助情感包装、情感促销、情感广告、情感口碑、情感设计等策略来实现企业的经营目标。在情感消费时代，消费者购买商品所看重的已不是商品数量的多少、质量好坏以及价钱的高低，而是为了一种感情上的满足、一种心理上的认同。情感营销从消费者的情感需要出发，唤起和激起消费者的情感需求，诱导消费者心灵上的共鸣，寓情感于营销之中，让有情的营销赢得无情的竞争。

情感营销策略适合数字营销策略的第三阶段"增强用户黏度"，比如之前在微博上火热的百事可乐"把乐带回家"微电影，用情感抓住用户，一般在节日推广时常使用。

3. 体验营销策略

体验通常是由于对事件的直接观察或参与造成的，不论事件是真实还是虚拟的。体验会涉及顾客的感官、情感、情绪等感性因素，也会涉及知识、智力、思考等理性因素。体验的基本事实会清楚地反射于语言中，例如描述体验的动词：喜欢、赞赏、讨厌、憎恨等，形容词：可爱的、诱人的、刺激的、酷毙的等。企业为何进行体验营销呢？其实体验营销的重要性体现在：消费者的情感需求比重在增加；消费需求的日趋差异性、个性化、多样化；消费者的价值观与信念迅速转变；消费者的关注点向情感性利益转变。对于现代消费的观念转变，企业必须在品牌推广上下足功夫，企业品牌联播可有效地提高企业品牌知名度，通过体验式营销更深层的了解消费者需求。本书前面有专门章节讲述体验营销。

4. 植入营销策略

植入营销通常是指将产品或品牌及其代表性的视觉符号甚至服务内容策略性融入电影、电视剧或电视节目等内容之中，通过场景的再现，让观众在不知不觉中留下对产品及品牌的印象，继而达到营销产品的目的。我们经常在众多电影、电视剧中看到不同品牌的植入，然而数字营销战略中一样可以借用，例如微视频的火爆，植入可以直接照搬到网络平台，同时在各种内容输出的平台上均可以实现。比如网络游戏、微博段子、长微博图文，甚至小说之中。

5. 口碑营销策略

口碑营销是指企业努力使用户通过亲朋好友之间的交流将自己的产品信息、品牌传播开来。这种营销方式成功率高、可信度强，这种以口碑传播为途径的营销方式，称为口碑营销。从企业营销的实践层面分析，口碑营销是企业运用各种有效的手段，引发企业的顾客对其产品、服务以及企业整体形象的谈论和交流，并激励顾客向其周边人群进行介绍和推荐的市场营销方式和过程。在第二、第三阶段，都可以使用此策略，口碑营销策略基于社会化媒体平台，强调关系与兴趣，激发大家分享正向口碑的兴趣，为企业品牌正向引导助力。我们曾在论坛、微博上看到关于海底捞众多口碑的传播，还有快书包1小时到货给用户带来的惊喜分享，这些都是口碑碎片，通过用户自行分享出来，当企业使用此策略时，更多是利用口碑类媒体传播品牌的感受。

6.3 盈利方式

根据公司的实际情况，本公司采用三种盈利模式如下：

1. 自主研发产品销售

本公司自主研发智能玩具机器人出售。

2. 开放市场的代理加盟费+市场开放费

公司向外招加盟伙伴，招产品代理，并提供技术培训，为更多人提供平台，适当的收取一些培训费和加盟费。

3. 合作经销商的利润百分比提成

我们主打智能玩具机器人产品，在这方面，我们与市场上比较成熟的玩具公司合作，代销一些智能玩具产品，从中提取20%的利润。

七、财务分析

7.1 股本结构和规模

在筹备资金、使用资金、收益分配等方面，为了尽可能减少创业公司的负债危险，我们采用团队自筹资金方式进行公司的启动，创业初期根据公司财务预算，拟定公司注册资本60万元。

股本结构和规模一览表

投资人	投资额（单位/万元）	投资比例（%）	出资方式
×××	23	51	货币形式出资
×××	10	22	
×××	5	11	
×××	4	9	
×××	3	7	

7.2 资金来源及运用

资金主要来源于团队自筹 45 万元，银行贷款 15 万元。

资金来源及运用一览表

	具体项目（货币资金来源）	金额（单位/万元）
资金来源	团队自筹	37
	银行贷款	15
资金运用	研发所需器材	0.8
	场地租赁（半年）	2.4
	办公设备	5
	员工工资（3000/人，半年）	7.2
	宣传广告费	0.5
	网站建设	0.5
	其他	0.5
	流动资金	43.1
	合计	60

人形舞蹈机器人成本费用表 （单位/元）

机器人支架	300
17自由度舵机	850
主板	50
电池	20
配置	80
人工	100
合计	1400

瓦力机器人成本费用表 （单位/元）

底盘	100
主板	50
电池	30
配置	20
机器人外观	100
人工	50
合记	350

7.3 预计销售收入和经济效益

瓦力机器人 5 年销售额预测表

	第一年	第二年	第三年	第四年	第五年
预计销售量（件）	1600	2300	4000	6000	11000
单价（元）	600	600	600	600	600
年度销售额（万）	96	138	240	360	660

人形舞蹈机器人 5 年销售额预测表

	第一年	第二年	第三年	第四年	第五年
预计销售量（件）	420	760	1400	2500	3600
单价（元）	2500	2500	2500	2500	2500
年度销售额（万）	105	190	350	625	900

7.4 未来三年营收预测

未来三年营收预测表

项目	2018 年	2019 年	2020 年	2021 年	2022 年
营业收入（单位/万元）	201	328	590	985	1560
营业成本（单位/万元）	122.1	186.9	336	560	889
销售费用（单位/万元）	4	8	13	20	30
管理费用（单位/万元）	14.4	17.6	30.6	45	68
税收费用（单位/万元）	0	0	0	0	0
净利润（单位/万元）	60.5	115.5	210.4	360	573

（备注：税务根据长沙市 2017 年企业税收率计算）

未来三年净利润发展预测（单位/万元）

八、团队介绍

8.1 团队核心成员介绍

1. ×××（拟任总经理）

湖南信息职业技术学院×××专业学生，在班级担任学习委员职位，有较强的管理能力，具有人力资源的管理能力。在学习上本人熟练掌握传感器技术、单片机开发、PCB制图等技术。本人有很强的专业技能和成本计算能力，拥有创新研发能力、财务成本核算能力和发现创新技术人才的能力。本人为人热情开朗、诚实守信、有责任心、创新能力强，喜欢看经济学类的书，对经济学颇有一定的了解，拥有发现商机的慧眼，在本次竞赛前期就在学校对本公司团队的人才进行了选拔，并对公司的战略目标，包括公司的性质、公司市场定位、公司销售额、利润、利润率、利润增长和制度建设等目标进行了制定。拥有很好的运用管理能力，掌控公司的整体运营。

2. ×××（技术总监）

湖南信息职业技术学院×××专业学生，多次获得省市相关项目一等奖；在校参加首届"公益广告大赛"中并荣获创意奖；在校参加首届"校园创新创意设计制作大赛"中并荣获二等奖。

3. ×××（拟任市场总监）

湖南信息职业技术学院＊＊＊专业学生，熟练掌握传感器技术、单片机开发、PCB制图等技术，学习成绩优秀，获取了学校奖学金。为人热情开朗、有责任心、创新能力强，暑假期间做过电脑销售和市场营销类工作，拥有丰富的市场经验，人际交往能力强，积累了一定的人脉资源，在学校的学习和生活中，本人有很强的计划能力、执行能力和控制能力，对公司未来教育案例的制定、新产品研发的市场调研、营销战略的制定、培训生产管理、市场渠道、促销管理、公司形象的制定都有先天的敏锐的洞察能力。在团队创建初期，本人就对本公司的市场需求、市场目标、市场规模、市场竞争力进行了分析和总结。并且根据自己技术优势促进了本公司的课程案例和产品开发与研制。本人可以快速地对市场需求做出反应，实现公司市场营销效率最大化。

4. ×××（拟任人力资源总监）

湖南信息职业技术学院×××专业学生，参加过学校举办的电子产品设计大赛、机器人设计与制作大赛、创新创业大赛，并获得了奖项。获得国家一等助学金与国家二等助学金。熟练五笔打字、办公软件、电脑装机。在学生会组织部担任部长，拥有较强的组织能力和管理才能。本人在智多星团队成立初期受胡峰总经理之托组建×××科技有限公司团队人才的选拔，对公司初期的战略人力资源管理、组织变革管理、管理能力开发等方面进行了研究和分析。公开招聘×××（拟任市场总监）、×××（拟任财务总监）、×××（拟任技术总监）、×××（拟任市场总监）等人才加入智多星团队。本人有很强的激励、沟通、协调、团队领导能力，责任心、事业心强，具备良好的管理能力和决策能力，后期会对公司的人力资源管理体系不断完善，研究、设计适合公司发展的人力资源管理模式（包含招聘、绩效、培训、薪酬及员工发展等体系的全面建设),制定和完善人力资源管理制度,组织制定公司人力资源发展的各种规划,并监督执行计划的实施。

5.×××(拟任财务总监)

湖南信息职业技术学院×××专业学生,在学校举办的"电子知识竞技比赛"和"PLC编程比赛"中荣获校级一、二等奖;暑假曾在公司做过财务助手,参加过财务培训,现在正准备考取会计从业资格证。通过之前的种种经历,本人具备了控制风险,进行风险收益的权衡能力,具备在风险来临时的敏锐嗅觉和分析判断能力,具备经济的发展趋势以及市场环境变化的分析判断能力。在团队创建初期,本人就对本公司的资本化活动、成本控制、现金流管理、财务报表、财务分析计划和预测进行了分析和总结。所以本人毛遂自荐为公司财务总监。

8.2 公司组织结构及人力资源配置

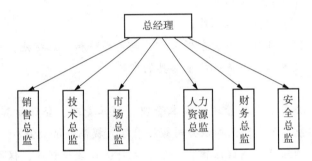

公司组织结构及人力资源配置图

8.2.1 公司组织结构及职责

1. 总经理

(一)全面主持公司工作,负责完成集团公司下达的经营指标

(1)对集团总裁负责,全面掌握、了解市场的发展动向、竞争品牌,及时提供信息,并提出工作方案及实施意见;

(2)全面主持公司工作,保证公司年度经营目标的实现,合理控制费用。

(3)协调加盟公司、政府机关、厂家的关系,保持与政府机关、厂家的良好社会关系。

(二)拟定公司的发展规划和年度经营计划,并负责推进实施

(1)根据公司的发展战略,制订公司的发展规划;

(2)制订公司年度经营计划和具体实施方案;

(3)负责审批公司各部门年度工作及销售运营计划;

(4)对公司年度经营计划的执行给予必要的指导、监督及控制;

(5)领导监督检查公司各部门工作计划的实施,协调解决执行中的实际问题。

(三)领导建立精简、高效的管理体系,加强公司管理工作

(1)组织建立健全公司管理制度和流程体系,并监督检查各项管理制度和流程的执行,监督公司各部门的日常运营,确保流程的顺利执行;

（2）在授权范围内决定公司人员的任免、奖惩、薪酬等；

（3）严格执行财务审批流程，作好节支和开源工作；

（四）负责培养核心管理团队，营造良好的企业文化氛围，加强员工队伍建设

（1）激励和管理团队，负责选拔、培养中层管理人员；

（2）加强企业文化建设，营造良好的企业文化；

（3）对产品研发的立项工作和资金审批进行把控。

2. 技术总监

（1）制订并组织实施技术系统工作目标和工作计划；

（2）组织制订并实施技术系统规章制度和实施细则；

（3）组织不合格产品的审理工作；

（4）组织技术、产品开发与创新；

（5）组织建立并实施质量体系；

（6）公司标准化、计量管理工作；

（7）定期进行技术分析和质量分析工作，制定预防和纠正措施；

（8）负责重要技术工艺设备、计量器具的申购。

3. 财务总监

（1）组织领导公司的财务管理、成本管理、预算管理、会计核算、会计监督、审计监察、存货控制等方面工作，加强公司经济管理，提高经济效益；

（2）组织执行国家有关财经法律、法规、方针、政策和制度，保障公司合法经营，维护股东权益；

（3）参与公司投资行为、重要经营活动等方面的决策和方案制定工作，参与重大经济合同或协议的研究、审查，参与重要经济问题的分析和决策；

（4）参与制订公司年度总预算和季度预算调整，汇总、审核下级部门上报的月度预算，召集并主持公司月度预算分析与平衡会议；

（5）负责审核签署公司预算、财务收支计划、成本费用计划、信贷计划、财务报告、会计决算报表，会签财务收支的重大业务计划、经济合同、经济协议等；

（6）负责重要内审活动的组织与实施；

（7）按规定审批从银行提现金的作业。适时督察前台收银工作的正常有效开展和资金按时缴纳银行入库情况的实施；

（8）负责主管业务的检查改进与研究发展，并及时向总经理报告工作；

（9）掌握公司财务状况、经营成果和资金变动情况，及时向总经理和董事长汇报工作状况；

（10）定期向董事长、总经理述职；

（11）制订财务系统年度、月度工作目标和工作计划，经批准后执行；

（12）主持制订公司的财务管理、会计核算和会计监督、预算管理、审计监察、库管工作的规章制度和工作程序，经批准后组织实施并监督检查落实情况；

（13）领导财务系统的培训和考核工作，提高财务系统人员的政治业务素质；

（14）按程序做好与相关系统的横向联系，接受上级和有关部门的监督检查，及时对系统间争议提出界定要求；

（15）做好财务系统各项行政事务处理工作，提高收银员等各岗位工作效能，增强团队合作精神；

（16）及时、准确传达上级指示并贯彻执行；

（17）定期主持财务系统例会，召集公司财务方面的会议，参加总经理办公例会以及其他重要会议；

（18）审阅、监督和控制财务系统；

4．市场总监

（1）全面负责市场推广、品牌宣传与业务运营；

（2）组织研究、拟定市场营销、市场开发等方面的发展规划；

（3）组织编制年度营销计划及营销费用、内部利润指标等计划；

（4）制订营销实施方案，通过各种市场推广手段完成公司的营销目标；

（5）建立品牌领先优势，选择最优广告推广渠道，并管理广告预算；

（6）负责组织在编制范围内对所属部门的营销业务人员进行聘用、考核、调配、晋升、惩罚和解聘；

（7）负责公司公关及公关危机的处理；

（8）组织编制并按时向总经理汇报营销合同签订、履行情况及指标完成情况；

（9）组织编制并按时向总经理汇报资金回收情况、资金需求预测情况；

（10）负责协调营销部门与财务部门、技术部门及其他部门工作的协作关系；

（11）组织建立营销业务员业绩档案，定期组织对营销人员的业绩考核和专业培训。

8.2.2　人力资源配置

为做到人尽其才、才尽其用、人事相宜，最大限度地发挥人力资源的作用，我们进行了充分的调查了解，根据每个人的特长及性格、经历合理分配其负责方向以保证人才能力互补，公司结构达到最精简状态。

1．团队成员×××

长期从事发明创造事业，创新能力和想象能力强，具有丰富的产品设计制作经验，思维灵活，因此决定由其担任总经理。

2．团队成员×××

嵌入式技术应用与电路板图设计制作方面能力强，对本项目产品所用到的技术有全面的了解，适合进行整体调配。因此决定由其担任项目负责人。

3．团队成员×××

担任过财务助理，思维严谨，做事认真负责，是团队中对财会事物最为熟悉的人，因此决定由他担任财务总监。

4．团队成员×××

有很强的激励、沟通、协调、团队领导能力，责任心、事业心强，具备良好的管理能力和决策能力,因此决定由其担任人力资源总监。

5. 团队成员×××

为人热情开朗,有着较强的人际沟通能力,在学院学生会工作期间表现出色。因此由她担任项目市场总监。

九、附件材料

附件1:专利(略)

附件2:成员荣誉证书(略)

本章要点回顾

本章是对创业计划和商业计划书的讲解,包括创业计划的概念、作用、特点,商业计划书的概念、内容选择原则、主要内容等,并配合经典案例丰富章节内容。

创业计划是创业者计划创立业务的书面摘要,用以描述与拟创办企业相关的内外部环境条件和要素特点,具有时效性、可行性、概括性等特点。

创业计划的作用大致分为3点,分别是指导行动、明确方向,凝聚人心、有效管理,决策参考、投资依据。

创业计划书是创业者为了达到发展经营目标及面向社会筹措资源的目的而撰写的、旨在展现项目和企业现状及发展前景的书面文件。

在选择创业计划书的内容时,可遵循以下几个原则:换位思考,投其所好;重点突出,详略得当;定位精准,独特取胜。

创业计划书有固定的写作模式,主要内容包括:执行概要、企业介绍、市场与竞争分析、产品与服务、营销模式、组织与管理、财务分析、风险分析。

实践任务

1. 寻找一份创业计划书,剖析其选择的写作结构。

2. 查阅"滴滴打车""王老吉"等经典营销案例,尝试自己为一个大学生线上互动学习平台撰写营销计划。

3. 假设你是一个创业者,现在需要你组建一个创业团队,试确定创业项目并列出团队成员所需的与项目相匹配的素质。

4. 对于第3题中所确立的创业项目,试试看你可以从多少渠道获得市场分析所需的数据。

5. 尝试为你的项目编写资产负债表、损益表和现金流量表。

课后拓展

本章介绍了创业计划书的撰写知识。限于篇幅,本章知识简单概括了创业计划书的写作内容。其实,不同的创业者,在不同的创业环境下,面对不同的投资者,所撰写的创业计划书是不尽相同的。根据不同类别的创业项目,创业计划书还应包括哪些结构及内容?请列举一下你的观点。

第9章

创业团队建设

 学习目标

我们生活中不乏个人创业成功的案例，不过一般而言，独立创业者创办的新企业成长较为缓慢，因此风险投资者通常更愿意选择创业团队创办的企业。拥有一个好的创业团队意味着更加完善的创业计划、更加细致的分工合作以及更加深厚的社会资源，这些是独立创业者所不具备的。本章主要介绍创业团队的概念内涵、构成要素、组建创业团队的方法，以及如何对创业团队进行管理。

学习完本章后，希望同学们做到：

①了解创业团队的特征、价值与社会责任。

②掌握构建创业团队的原则、程序和策略；掌握创业团队管理的技巧和问题应对技巧。

③认识到创业团队的独特价值，培养团队意识和责任感。

 导入案例

白手起家，从每一次失败中吸取经验

李强强，1990年出生，温州乐清人，浙江大学城市学院传媒学院会展经济与管理专业大四学生。杭州无懈可击网络科技有限公司创始人兼总经理。

刚走进大学，李强强在社团招募中屡屡被拒，他认识到与人交际的重要性。为了突破这一点，他加入了学生会公关部。

一年的磨炼之后，李强强已经可以独自一人到校外拉赞助，可以与陌生人很好地沟通。大二，李强强创立了公共关系协会，他任会长。那时候，学校重大活动，都有

他们的参与，找一些餐厅、奶茶店、考试机构等合作。后来他还创建过团队，在校外接活，不过，开拓业务不易，很多时候都会以失败告终。

"我还是有收获的，最起码知道创业这条道可行。"李强强说，"任何一次失败，都能从中吸取通往成功的经验。"

机遇往往是给有准备的头脑的。2011年暑假，李强强注意到，传统企业正朝电商化转型。传统企业注重产品质量和物流工作，而通过第三方系统的网上运营，能帮客户把"好产品"变成"热销品"。

李强强找到了该做的事。他找到了合作伙伴肖哲，肖哲之前从事的就是网络分销咨询服务，两人联合创办了杭州无懈可击网络科技有限公司。注册资金3万元，李强强出资1.8万元，是最大股东。

第一个客户，是在四季青服装批发市场中找到的。刚进市场时，李强强总被轰出来，他知道，必须先和商家热络起来。他把自己当作客户，进店先聊款式，问销售情况，再谈电商理念，让对方认为自己是个"行家"，才能接着谈。就这样，在市场里磨了几天，李强强签下了第一单。

这个客户，以前线下年销售额35万元，通过李强强他们的运作，新增线上销售年营业额达到了115万元。他们公司也挣到了第一桶金10万元。

现在，公司股东从原来的2人增加到4人，正式员工已有8人，还有10多名兼职实习生。帮助服饰、箱包、小商品等领域的数十家客户实现了销售额大幅突破。比如，其中一家服装公司，销售额从2011年600万元达到2012年的1 100万元。

李强强还有更多的想法。他希望能像偶像马云一样，不仅能够创造全新的网上商业模式，还能解决更多就业岗位。

创业体会：90后的创业，偏向移动互联网、新媒体、电子商务等新型行业，更新速度快。想要走得远，就要比别人想得多。我现在虽然谈不上有多成功，但取得的这一点点成绩，离不开整个团队。创业团队，贵在精，每个成员都身兼数职，优劣互补，缺一不可。创业，选好伙伴很重要！

（摘自搜狐资讯2013年6月28日）

9.1 创业团队的概念

9.1.1 创业团队的定义

李开复谈大学生创业时曾表示，创业最重要的不是点子，而是对时机的把握和拥有良好的团队。何为团队？不同的学者从不同的角度做出了不同界定。路易士（Lewis，1993）认为团队是由一群认同并致力于达成共同目标的人所组成，这群人相处愉快并乐于一同工作，共同为达成高品质的结果而努力。盖兹贝克和史密斯（Katezenbach、Smith，1993）则认为一个团队是由少数具有"技能互补"的人所组成，他们认同一个共同目标和一个能使他们彼此担责的组织规定。由此可见，创业团队一般指由两个或两个以上具有一定利益关系的，彼此分享认知、承担责任，通过合作为某个企业或某个创业目标而努力的特殊群体。

9.1.2 创业团队的类型

依据创业团队的组成者之间的相互关系可以将创业团队划分为 3 种类型：星状、网状、虚拟星状。

1. 星状创业团队

星状创业团队是目前最为常见的创业团队，也称为核心主导型创业团队，一般是指团队中有一个核心人物作为团队的领导者，该领导者基于自身创业理念和需要组建团队，其他成员在团队中充当支持者的角色。

2. 网状创业团队

网状创业团队也称群体型创业团队，一般来说，网状创业团队的成员是在创业之前就有密切联系，成员在交往过程中，基于共同理念对某想法有共同的认知，并就创业行为达成共识，从而开始进行创业。由于没有明确的核心人物，创业团队每位成员基本上扮演的都是协作者或伙伴的角色，各成员地位相对平等。

3. 虚拟星状创业团队

虚拟星状创业团队是由网状创业团队演化而来，是前两种类型的中间形态。在团队中有一名核心主导成员，但是该核心成员的主导地位是由团队全体成员协商确立的，因此，该核心成员虽然较普通团队成员有更多话语权，但其更接近于整个团队的代言人，而非真正的核心主导成员，且其行为必须充分考虑其他团队成员的意见。

4. 3 种类型创业团队的比较

创业过程是一个充满了不确定性的过程，不同的创业团队各有特点，不存在优劣之分。创业者应该根据创业团队的实际现状，选择适合创业目标需要的创业团队，发挥出其优势，规避劣势，打造优秀创业团队。3 种类型创业团队比较如表 9-1 所示。

表 9-1　3 种类型创业团队比较

类型	优点	缺点
星状	决策程序简单，效率高团队结构紧密	容易造成权力过于集中，决策风险加大；成员与核心主导成人员冲突时，通常选择离开
网状	成员地位平等，有利于沟通交流；面对冲突，容易达成共识，成员不会轻易离开	团队结构较为松散，容易形成多头领导局面；决策效率相对较低；成员一旦离开，容易导致团队涣散
虚拟星状	不过于集权，又不过于分权；核心成员具有一定威信，能够主持局面	核心成员主导力不足，对整个团队的控制力不足；决策效率较低

9.2 创业团队的组建程序

1. 明确创业目标

创业团队将在接下来的长时间内同甘共苦，完成一项极具挑战性的事业，这需要强有力的驱动力，将大家凝聚在一起，并长久地坚持下去。这个驱动力就是创业愿景，真正的团队愿景能够激活每个人的斗志，使全体成员紧紧地连在一起，能淡化人与人之间的利益冲突，形成一股强大的向心力，推动整个团队前行。

确定创业目标需要先明确创业阶段的目标，即创业阶段的技术、市场、组织、管理等各项工作，实现企业从无到有的突破。在总目标确定后，为了更好地推动目标的实现，我们需要对总目标进行细化，设定一系列可行的、阶段性的子目标。

2. 制定创业计划

在确定了一个个阶段性子目标以及总目标后，接下来的工作是实现这些目标，这需要制定周密的创业计划。创业计划是在对创业目标进行具体分解的基础上，以团队为整体来考虑的计划，创业计划确定了在不同的创业阶段所需要完成的阶段性任务，以及达成任务的途径与方法，团队按照创业计划执行约定的步骤来实现最终的创业目标。

3. 招募团队成员

招募团队成员是创业团队组建中关键的一步，关于创业团队成员的招募，主要应考虑两个方面：一是考虑互补性，考虑能否与其他成员在能力或技术上形成互补。这种互补性既有助于强化团队成员间彼此的合作，又能保证整个团队的战斗力，更好地发挥团队的作用。一般而言，创业团队至少需要管理、技术和营销三个方面的人才，缺少任何一个角色，团队将无法高速有效运转。

第二个需要考虑的方面是团队规模。适度的团队规模是保证团队运转流畅的重要条件，团队成员太少则无法实现团队的功能和优势，而成员过多则可能会产生交流的障碍，团队可能会分裂成许多小团队，削弱团队的凝聚力。一般认为团队成员规模需要控制在 2~12 人之间，以 4~5 个人最佳。

4. 明确权责划分

为了保证团队成员坚定执行创业计划、顺利开展各项工作，必须预先在团队内部进行职权划分，具体明确每个成员的职责和相应权限。划分权责时既要保证每个人能力的合理利用，又要避免职权的重叠交叉或无人承担。此外，由于创业过程中面临的环境动态复杂，会不断出现新的问题，团队成员可能会出现更换，因此，团队成员的权责也会根据需要不断进行调整。

5. 构建制度体系

创业团队制度体系体现了创业团队对成员的控制和激励能力，主要包括团队的各种约束制度和激励机制。一方面，创业团队通过各种约束制度（主要包括纪律条例、组织条例、财务条例、保密条例等）指导成员避免做出不利于团队发展的行为，从而实现对团队成员的约束，保证团队秩序的稳定。另一方面，创业团队要实现高效运作需要有效的激励机制（主要包括利益分配方案、奖惩制度、考核标准、激励措施等），使团队成员看到团队成功后自身利益能得到保障，达到调动成员工作积极性的目的。要实现有效激励，首先要把各成员的收益模式讲清楚，尤其是关于股权、奖惩、加入与退出等与团队成员利益密切相关的事宜。必须注意的是，创业团队的制度一旦协商同意，则应该以规范化的书面协议确定下来，以免带来不必要的混乱。

6. 团队的调整融合

运转流畅的创业团队并非创业一开始就能建立，很多时候是随着创业团队的运作，团队组建时在人员匹配、制度设计、权责划分等方面的不合理之处逐渐暴露出来，团队对问题进行修正调整，当问题逐渐被解决后，展现在我们面前的是一个粗具规模的创业团队。团队问题的暴露是一个动态持续的过程，所以团队调整也是分阶段的动态过程。如表9-2所示。

表9-2 创业团队阶段特征与调整重点

阶段	特征与重点
形成期	初步形成创业团队的内部框架、建立创业团队对外工作机制
规范期	通过交流想法设定团队目标、成员职责、流程标准等规范性制度
震荡期	隐藏问题暴露，公开讨论、顺畅沟通、改善关系、解决矛盾
凝聚期	形成有力的团队文化、更广泛的授权与更清晰的权责划分
收获期	遇到挑战，提升团队效率解决问题，取得阶段性成功
调整期	对团队进行整顿，明确新阶段的计划、目标，优化团队规范

9.3 创业团队的管理技巧和策略

创业团队的成功模式没有可以遵循的统一定律，但是通过对优秀创业团队的研究表明，优秀创业团队往往具有一些共同的特质，团队领导者需要的是将这些特质灌输给团队并长久地执行下去。

1. 凝聚人心

创业团队所有成员都认同整个团队是一股密切联系而又缺一不可的力量，大家都能够意识到只有企业获得成功才能保证团队中每一个人的利益，团队中任何人都不会因为自己的个人利益去损坏公司的整体利益。

2. 合作精神

成功的创业公司最显著的特点是拥有一个能整体协同配合的团队，而不仅仅是培养一两个杰出的人物。团队成员注重互相配合，减轻他人的工作负担并提高整体的效率。他们注重在创业者和关键成员中培养核心人物,并通过奖酬制度进行有效的激励。

3. 全局视野

团队中每个人可能只承担了任务的一个部分,但是每个人都要明白整个任务的目标、设计思路以及预期目标,不能仅仅只关心自己所负责的部分,形成狭隘的部门思维。

4. 立足长远

创业是一个艰苦卓绝的过程,团队成员们应该认同企业的长远目标,不能指望一夜暴富,创业是一个持续5年甚至10年的过程,在这个过程中不会是一帆风顺的,会有酸甜苦辣各种经历,团队成员需要的是不断奋斗,坚持到最后的胜利。

5. 收益目标

创业者的目标是企业的成功,而非每月的薪水。团队成员需要意识到,最终的资本收益才是他们获得成功的标准,在这之前任何的薪水或者奖励都是可以取消的。

6. 价值创造

团队成员都致力于价值创造,新时代创业者要明白,因为每个参与分蛋糕的人都会帮助将蛋糕做大,所以不需要担心人多粥少的问题。当企业能够为顾客、供应商、销售商提供更多的价值时,已经赢得了市场的认可。

7. 公平分配

对关键员工的奖励以及团队的股本分配设计应该与一段时期内团队成员的贡献、业绩和成果挂钩,尽量做到公平、公正,以避免意外情况的出现。

9.4 创业团队常见问题与解决方法

不同的创业者在共同的创业愿景鼓舞下,组成了创业团队,为共同目标而努力。但是随着创业进度的开展,团队成员会在资金筹措、利益分配、管理原则、发展方向上出现许多预料不到的问题,这些问题都可能影响到团队的发展。

9.4.1 创业团队常见的问题

创业团队存在的问题主要从创业理念、素质能力和团队合作3个方面体现。具体情况如表9-3所示。

表9-3 创业团队常见问题

问题类型	问题表现
创业理念	团队成员想法不一,各有所图;团队成员心态不够好,准备不足或信心不足
素质能力	核心领导人的德和才不足以领导整个团队;团队成员能力不足,结构不合理
团队合作	团队缺乏有效的沟通机制,缺少合理工作程序

9.4.2　创业团队常见问题的解决方案

1. 创业理念

在创业理念方面,创业团队经常碰到的具体问题就是团队成员想法不同或心态不好,直接表现为团队班子不稳定、意见不一致等问题。在创业初期,团队成员拥有共同的目标愿景非常重要,通过共同的愿景,团队可以建立共同的事业目标,促进团队为目标而努力。但是实际上,创业团队成员往往都有自己的想法和观点,特别是团队中具备领导特质的人有两个或两个以上时,意味着团队存在着不稳定因素。这需要创业团队的所有成员都能非常清醒地认识到自身的优势和劣势,同时,对其他成员的长处和短处也一清二楚,从而对整个团队的现状有清楚的认识。在此基础上,团队可以避免各成员因为互相不熟悉、想法不一致而产生的矛盾、纠纷,保证团队的向心力和凝聚力。很多创业团队的成员互相之间非常熟悉、知根知底,而正是因为这份熟悉和信任,帮助他们避免了很多问题,最终获得了成功。

2. 素质能力

现代大型企业往往实行职业经理人聘用制,但是在企业开创之初,一名具备领袖气质的领导人是不可或缺的支柱,他指引着整个创业团队的方向。这个领导人不单单需要具备团队管理能力和市场运作能力,更重要的是需要在团队成员中有着巨大的、无形的影响力,有着一呼百应的气势和号召力。很多创业团队在短时间内消亡,很重要的原因在于创业团队的带头人不是一名合格的领导者。

美国硅谷流传着这样一条谚语:由两个 MBA 和 MIT 博士组成的创业团队,是创业团队的保证。虽然有些夸大其词,却蕴含着一个道理,一个由研发、技术、市场、融资等各方面人才组成的优势互补团队,是创业成功的一大保障。创业团队建立时,需要考虑的重要问题就是成员之间的知识、资源、能力或者技术的互补,以便充分发挥个人的能力与优势,强化队员间的彼此合作,达到一加一大于二的效果。一般来讲,团队成员的知识、能力结构越全面合理,团队创业成功的可能性越大。

3. 团队合作

创业团队往往是一群关系相熟的人基于共同的创业理念发展而来,但是在实际运作当中,往往也会遇到团队结构不合理、沟通不畅或做事、说法不一等情况。如果没有好的制度保证这些隐藏的问题能够进行反馈并得到解决,那么,这些问题将很有可能经过一段时间的潜伏后爆发,成为团队离心、解散的导火索。另外,团队创业很重要的一个问题就是利益分配,这需要创业开始时,将团队中基本的责、权、利说清楚,尤其是股权、利益分配等原则问题,包括未来可能出现的增资、撤资、扩股、融资、人事安排及解散等事宜。这样企业在经过发展壮大后,才不会出现因为利益纠纷而产生团队矛盾,导致团队的解散。

本章要点回顾

本章主要介绍创业团队的概念内涵、构成要素，组建创业团队的方法，以及如何对创业团队进行管理。本章包含4小节，分别介绍了创业团队的概念、组建程序，管理技巧和策略，以及创业团队常见问题与解决方法。拥有一支好的创业团队意味着更加完善的创业计划，更加细致的分工合作，以及更加深厚的社会资源。这些是独立创业者所不具备的。不同的创业者在共同的创业愿景鼓舞下，组成了创业团队，为共同目标而努力。从创业团队创立开始，随着创业进度的开展，团队成员会在资金筹措、利益分配、管理原则、发展方向上出现许多预料不到的问题。这些问题都可能影响到团队的发展，因此需要采取相应的解决办法。通过本章的学习，相信你已经初步地了解了创业团队。

课堂训练

1. 名词解释

创业团队　星状创业团队　网状创业团队　虚拟星状创业团队

2. 简答题

(1) 简述创业团队组建所需经历的4个阶段。

(2) 简述3种类型创业团队的主要差异。

3. 思考题

通过本章的学习，结合导入案例分析李强强成功的原因。

课后拓展

本章介绍了创业团队的组建。请结合本章内容谈谈你对李开复谈大学生创业时曾表示"创业最重要的不是点子，而是对时机的把握和拥有良好的团队"这一观点的看法。

拓展视频

第10章

商业模式设计

 学习目标

商业模式是创业研究的一个重要领域，新创企业即使具备市场机会、新奇的商业创意、充足的资源和有才能的创业者等条件，仍然有可能遭受失败。其中一种可能是企业商业模式造成了这种结果。因此，我们需要系统了解商业模式的理论及分析设计体系。本章主要介绍了商业模式的概念内涵、构成要素及商业模式分析设计工具——商业模式画布；如何对商业模式进行分析应用和设计。

学习完本章后，希望同学们做到：
①掌握商业模式的定义及内涵。
②分清商业模式与其他战略、管理等模式的区别。
③了解并熟悉商业模式画布工具。
④掌握商业模式的分析应用设计方法。

 导入案例

市场商业模式成熟——打车App转战"约租车"

赚钱无门的打车App眼前终于有了事关生死的"救命稻草"。日前，快的打车拆分出"一号专车"品牌，定位于中高端用户商务租车，在北京、上海、杭州等城市上线，并计划短期内覆盖全国。

滴滴打车官方虽未明确表示进入该市场，业内消息却显示，腾讯拿车动作不断，产品已近成形，"随时可能推出"。对于经历了补贴大战洗礼、烧掉数亿元的两家公司，其战略意义非同小可——"约租车"，已具备成熟的商业模式和巨大的市场，目前看起来，是最有可能的盈利方向。

打车 App 即将很快告别风平浪静，燃起一把新的战火，烧向"约租车"市场。抓住盈利"稻草"，利用"约租车"，打车 App 巨大的流量终于找到了一个变现出口。

最近，在快的打车 App "预约"的按钮下，悄然增加了"一号专车"的选项。乘客可以随意在出租车、商务租车之间切换。这项功能目前仅针对一小部分用户测试，尚未开放给公众。"一号专车"就是快的收购的"大黄蜂"品牌。

2013 年 11 月，快的和做过打车、拼车的大黄蜂宣布合并，之后，大黄蜂推出商务车进入汽车租赁市场。紧接着，快的内部讨论决定，将略显"low"的大黄蜂更名，高端大气，指向性更加清晰。

"约租车"，又叫智能用车，概念是舶来品。简单来讲，"约租车"是将来自中小型租车公司的车辆，以及劳务公司的司机，利用智能用车平台，完成资源整合。平台按一定的比例向每笔交易收取佣金，盈利模式十分清晰。因此，大黄蜂原本就是快的公司实现盈利的业务，却一时难以补足打车 App 疯狂烧钱制造的"大窟窿"。滴滴打车曾宣布 3 个月烧掉 14 亿元，快的消耗的金额也在相同量级。而下一步，"约租车"将被作为双方主要发力点。

在断掉补贴后，打车 App 曾面临订单量大跌，虽在智能硬件、电子商务等领域摸索推陈出新，却一直没有交出令人满意的答卷。一度被质疑黔驴技穷，前景渺茫。利用"约租车"，打车软件巨大的流量终于找到了一个变现出口。

"商务租车是主要盈利方向，打车作为流量入口。"快的打车 COO 赵冬对《新京报》记者表示，快的 App 上的"一号专车"入口还未完全开放，现在还没有大规模推广，"未来更多也是内部转换，因为流量已经非常大了，不会再做外部营销。"由于"约租车"的相关产品尚未正式亮相，滴滴打车表示不方便就此评论。滴滴打车副总裁王欣告诉《新京报》记者，滴滴在未来的新方向一是拼车，二是"约租车"，"关于如何基于出租车解决高峰运力，上海、广州的方案都在谈。"但他没有明确是否有推出商务租车平台的计划。App 火拼"约租车"？赵冬认为，商务租车至少目前没有特别明显的市场管制，相对来说增长性更强。

市场信息显示，滴滴打车宣布进军"约租车"市场只是时间问题。腾讯旗下的商务租车 U 打车已经进入内测阶段，正在招募司机和车辆。"腾讯已经拿了好多辆车，产品也做得差不多了，最快 8 月份上线。"知情人士称。

据媒体报道，U 打车已组织一批私家车主接受培训，该平台是腾讯旗下即将上线的租车业务。待该平台正式上线后，这些通过培训的司机便可以正式接单运营。上述信息与知情人士关于滴滴打车"拿车""培训司机"的消息相互印证。腾讯租车业务上线后或将接入滴滴作为流量入口。

为了维持用户活跃，滴滴、快的两大打车软件的补贴还在通过各种形式时不时进行发放。这让外界对其"烧钱"换用户模式的盈利前景画个问号。

赵冬称，商务租车支撑调度服务费收取的依据是它有足够高的客单量，每趟车的客单价都在比较高的水平，客单价在 100 元左右，可以支撑 15%～20% 的佣金收入。

另外，广告也有收入，但不是将来主流的收益。

"其实我们的投资人不仅有阿里，还有很多都是财务投资人，财务投资人不会因为阿里的战略目标而投资的，是因为能赚钱才投资的。"赵冬表示。

"中国的打车软件肯定比美国的Uber做得更好，Uber市值是180亿元。能提供一个很好的产品，能够满足用户的需求，赚钱比较容易。"王欣笼统地表态称。据悉，Uber是靠收取每单15%~20%的调度服务费盈利的。

偃旗息鼓一阵子后，老对手又要在同一领域展开正面对垒。若不再选择延续砸钱的推广模式，自然转化将代替补贴成为用户获取的主要途径。两大打车App目前虽然不及补贴高峰期接近千万单，但每天仍有几百万订单量。此一役的惨烈度应该不比上一次补贴大战，但对于处在盈利强烈渴望阶段的打车App，意义非同小可。"这就是目前最合理、最正确的盈利方向。因为短期来看，在白热化竞争条件下靠出租车是没有办法盈利的。"赵冬认为，商务租车至少目前没有特别明显的市场管制，是能够生产运能的，而且客单价高，用户更有购买力，相对来说增长性更强。赵冬说，3个月内，战火将蔓延开来。

不过，商务租车市场还会是滴滴、快的两家的吗？先于他们，探路者已经有易到用车、AA租车、Uber等，积累了一定用户。3年前，易到用车最先试水"约租车"市场，全国有200万用户，计划今年开通20个海外城市。AA租车今年势头凶猛，引入特斯拉租车作为噱头，还从易到挖走了不少司机。而且几家切入点迥异，谁更为明智，还尚待检验。例如，定价策略，一号专车平均租用价格是出租车的两倍多，意图避开原有打车市场，创造新的市场机会；易到的价格只在出租车基础上加价20%、30%，与出租车直接竞争，想要分食原有打车市场。

此外，由于是新兴的概念，"约租车"市场没有法律规范，也没有明文说它是合法的。"不要说互联技术进入城市交通，现在就连城市交通自身的法律都没有。"交通部管理干部学院教授张柱庭表示，现在全国人大关于城市交通公交、出租、轨道一类的问题，立法是空白的。在国务院层面上也是空白的。像当年开拓打车App市场一样，"约租车"App又要开始新一轮颠覆。

神州租车曾凭"两证一卡"颠覆了传统汽车租赁行业，现在新人们拿出了更新的模式。在财新传媒上周末举行的"城市交通行业发展论坛"上，快的、滴滴、易到用车、AA租车等约用车市场的主要竞争对手一齐亮相。这些同业者的发言并没有太多"火药味"，大家讨论的重点还是如何把盘子做大。按照快的打车估算的模型，"约租车"市场规模有望达到每年4 000亿元。

易到用车早早进入该领域深耕，但有碍于智能手机普及率及使用频率，迟迟没有建立起口碑，易到用户的用车体验在朋友圈、微博里面传播也是今年以来的现象。

从易到用车的角度，或许在暗暗期待曾经创造了"奇迹"的快的、滴滴介入后，能彻底引爆"约租车"市场。他们可以共同提供标准化的价格、服务，击败中小租赁公司。另一方面，打车软件的加入一定也令易到们颇感紧张。身经百战的快的、滴滴已经掌握着流量入口，对于普通用户来说，如果单一App就能解决出行问题，既能叫出租车也能叫商务车，为什么还要再装一个呢？

"打车之战"似乎成为移动互联网影响城市交通的分水岭。除了打车、商务租车，还涌现了爱拼车、PP租车、e代价等，用车App如雨后春笋，茁壮生长。

神州租车曾凭借"两证一卡"颠覆过低效的传统汽车租赁行业，现在新人们拿出了更新的模式。值得注意的是，这些目光远大的App产品本身还有一些不可忽视的问题。比如，一号用车刚起步，城市拓展仍在进行当中，响应速度并不尽如人意。易到签约的汽车租赁公司有的"征用"了私家车，乘客体验不一致。而AA租车的定位不准确则让司机师傅大吐苦水。由于定位关系到里程数确定并直接影响司机收入，跑了14公里最终只能拿到8公里的钱，导致司机的积极性极大受挫。

（资料来源：根据2014-07-31新京报/记者刘夏）

10.1 商业模式的概念

10.1.1 商业模式的定义

商业模式是创业者创意开发的最终成果，体现出创业的战略价值和意义。从创业研究的视角来看，有关初始商业模式的看法基于一系列假设，与其说它是企业的商业模式，还不如说是创业者的一种创意，是一些没有实现的商业模式构想。商业创意来自机会的丰富和逻辑化，并最终演变为商业模式。随着市场需求日益清晰以及资源日益得到准确界定，机会将超脱其基本形式，逐渐演变成商业概念（business concept），包括如何满足市场需求或如何配置资源等核心计划。随着商业概念自身的提升，它变得更加复杂，包括产品/服务概念（即提供什么），市场概念（即向谁提供），供应链/营销/运作概念（如何将产品/服务推向市场）（Cardozo，1986）。这个准确并差异化的商业概念逐渐成熟，最终演变为完善的商业模式（business model），将市场需求与资源结合起来。

界定商业模式是一件很难的事，关键在于人们对其本质认识的分歧。一种好的商业模式可以回答创业者的疑问：谁是顾客？顾客珍视什么？它也能回答每个管理者必定要回答的基本问题，即我们如何通过商业活动来赚钱，还能够解释我们如何以合适的成本向顾客提供价值的潜在经济逻辑。

Michael Morris等（2003）通过对30多个商业模式定义的关键词进行内容分析，指出商业模式定义可分为3类，即经济类、运营类、战略类。

国内外的学者对于商业模式的定义可以归纳为经济类、运营类、战略类以及整合类（原磊，2007）4种类型，并认为这4类定义是从经济类定义向整合类定义逐渐演化的过程。经济类的定义将商业模式界定为企业获得经济利益的内在逻辑——是企业能够获得并且保持其收益流的逻辑陈述（Stewart，2000），或是企业赚取利润的经营方法（Rappa，2000），或是关于成本/收入的方式（Hawkins，2001）。在经济类的定义中，也有学者将商业模式定义为通过竞争来获取利润的方法（Afoah，2001）。运营类的定义把商业模式定义为企业的"资金流""价值流""物流"的某种组合（Mahadevan，2000），并可简化复杂的商业现实。运营类的定义本质是说明企业如何通过对"内部流程"和"基本结构"的设计来实现价值创造的过程，这一过程也包含对交易的内容、结构和治理框架，描述公司、供应商、互补者、客户及四者构建的网络（Amit，2001；Applegate，2001；原磊，2007）。战略类的定义集中在企业在市场中如何通过企业资源组合实现价值创造的逻辑（Under 2001；原磊，2007），也有学者对商业模式和战略做了区分，商业模式说明的是企业业务的各个部分怎样组合在一起构成一个系统，战略说明的是如何比竞争对手做得更好（Magerrta，2002）。整合类的定义主要讲经济获取、企业运营、战略选择三者通过协同关系进行整合提升，是"建立在许多构成要素及其关系之上、用来说明特定企业商业逻辑的概念性工具"（Osterwalder 等，2005）。

经济类定义将商业模式看作企业的经济模式，是指如何赚钱的利润产生逻辑，相关变量包括收益来源、定价方法、成本结构和利润等；运营类定义关注企业内部流程及构造问题，相关变量包括产品或服务交付方式、管理流程、资源流、知识管理等；战略类定义涉及企业的市场定位、组织边界、竞争优势及其可持续性，相关变量包括价值创造、差异化、愿景和网络等。商业模式内涵正由经济、运营层次向战略层次延伸。商业模式起初强调收益模式，对收益来源的追溯使商业模式指向了创业者创业的实质，即抓住市场机会为顾客创造更多的价值，只有满足消费者尚未得到满足的需求或解决了市场上有待解决的问题以后，才能创造真正的价值。

商业模式包含价值创造与价值获取两种机制，价值创造与价值获取在企业中同时发生和并存。商业模式是一个综合性概念，它并非指单纯的赢利模式，但也没有抛弃价值获取的内容，而是将价值创造与价值获取有机地结合起来，形成价值发生和获取两种机制在企业内部的平衡。因此，商业模式描述了企业如何创造价值、传递价值和获取价值的基本原理。

10.1.2 商业模式与企业战略、管理模式的关系

新创企业即使具备市场机会、新奇的商业创意、充足的资源和有才能的创业者等条件，仍然有可能遭受失败，一种可能是驱动企业运作的潜在模式造成了这种结果。目前的情况是，实业界频繁而混乱地使用着商业模式这个概念，甚至将商业模式与其他相关概念混为一谈。

1. 商业模式与企业战略

企业战略是企业如何运营的指导思想，它决定了企业长期基本目标，以及为贯彻这些目标所必须采纳的行动方针和资源分配。战略是指导企业和环境进行反复博弈并意在管理环境不确定性的基本方针，它确定了企业在相应时期一定范围内的目标和用来实现该目标的基本政策与程序。

按照 Hill（2007）等人的观点，企业战略是管理者所采取的旨在达成一项或多项组织目标的行动，其目标就是实现优于竞争对手的绩效和竞争优势，包括战略制定和战略实施两大阶段。可见，企业战略的本质特性是时序化纵向的行动和过程；而商业

模式作为企业价值的创造方式,具有一定的结构,其组成要素有机地联系在一起,共同作用,形成一个良性循环,其本质特性是空间化、横向的方式和状态。企业战略是面向未来的,动态、连续地完成从决策到实现的过程,商业模式是面向现实的相对静态的和离散的价值创造方式;企业战略关注外部环境和竞争优势,商业模式关注内部结构和价值实现。但同时二者都具有全局性,都面向整个企业,都具有系统性,前者包含目标体系和行动体系,后者包括结构体系和价值体系。

企业战略是企业应对环境、发展自己的策略。它处理的是企业行动方向和行动策略的问题,其目的是实现外部环境、内部情况、财务目标三者间良好的匹配。战略是企业商业模式和管理活动间的桥梁。企业战略的主要目的是发掘和培育竞争优势来源,因此,对企业战略的整合,实际主要是对竞争优势来源的整合。

熊彼特早在1934年就提出了产品技术市场供应源和组织模式等5种形式创新。由此可知,商业模式主要理论基础就是价值链、资源战略、合作战略、交易成本等企业战略以及创新理论。所以,它们的共同点是通过提高客户感知价值,或提高产品市场价格,或降低产品成本等途径帮助企业创造价值,进而形成竞争优势。

企业战略与商业模式之间应该是相互配合的。一般来说,在某个时段,企业只有一个商业模式,但可能同时存在多个战略。在现代商业竞争中,初创企业未必有战略,却一定要有商业模式;而企业遇到重大情况需要采取行动时,则必定需要战略。当商业模式趋同时,企业战略将决定企业成败;在环境相同、资源相近时,竞争胜负取决于商业模式。实际上,商业模式一直蕴涵于企业战略之中。从战略制定到战略实施必然要经历商业模式这个环节,商业模式既是战略制定的结果,又是战略实施的依据。企业在制定战略的时候必须要考虑商业模式的配套,在战略实施的时候需要依据商业模式作为蓝图,在设计商业模式时候必须考虑企业战略的目标和意图。

2. 商业模式与管理模式

管理模式是在管理人性假设的基础上设计出的一整套具体的管理理念、管理内容、管理工具、管理程序、管理制度和管理方法论体系并将其反复运用于企业,使企业在运行过程中自觉加以遵守的管理规则。管理模式的形成过程,是以一定的管理理论或者管理思想为指导思想,结合管理环境的具体情况,采用一定的基本思想和方式,形成一套成形的、能供人们直接参考运用的完整的管理体系,通过这套体系来发现和解决管理过程中的问题,规范管理手段,完善管理机制,实现既定目标。因此,可以将管理模式理解为在管理过程中固化下来的一套制度系统。

现代管理思想和模式得到了迅速发展,到20世纪70年代现代管理思想体系已基本形成,表现出的思想特征可归为以下5个方面:一是人本观念突出,注重对人的积极性、创造性激励的管理思想。二是系统观念突出,即注意组织内管理层次、环节、部门、人员之间的相互联系和制约,旨在优化整体功能的管理思想。三是择优决策观念突出,即决策必须是多角度、多因素分析之后的多方案比较。四是战略观念突出,它强调管理行为要高瞻远瞩,管理者要具有超前思维。五是权变观念突出,即管理行为没有放之四海皆准的模式,必须随机应变,灵活调整。

20世纪90年代以来，企业管理模式的变迁突出表现为3种具体理念的兴起：

第一，企业再造。一是从传统的从上至下的管理模式变成信息过程的增值管理模式。二是企业再造不是在传统的管理模式基础上的渐进式改造，而强调从根本上着手。

第二，建立学习型组织。学习型组织是未来企业的模式。

第三，组织结构的倒置，即未来企业组织中将产生权力的大规模转移。传统的组织结构是金字塔式的，最上面的是企业的总裁——中间层——基层。随着经济的快速发展，顾客的个性化日益突出，就要求将上述金字塔结构倒置，应为：顾客——一线工作人员——管理人员。现场决策由一线工作人员决定，而上层领导变为支持服务。以上3个方面都充分体现了企业"人本思想"导向的管理模式的特征。

一定的商业模式决定了相应的战略取向与实施路径。如果企业的管理模式与该战略不相匹配，那么，经过一个长的时期以后，客观形势必将逼迫企业管理模式做出相应的调整与改进。企业的商业模式与管理模式之间是辩证统一的关系，二者相互影响，互为支持。其中，商业模式决定了企业的发展方向，是企业发展的灵魂；而管理模式则构成企业运营的基础框架，是企业的"骨骼"，对商业模式的贯彻实施起着基础性的支撑作用。也就是说，如果没有商业模式的创新及有效发展，管理模式不可能长期持久成功；反之，如果缺乏管理模式的支持，商业模式的实施效率将会大打折扣，以至于失败。

10.2 企业常见的商业模式

商业模式涉及众多不同类型、不同行业的企业，因此，商业模式很难进行一种统一的分类。目前，大多数文献主要是对电子商务的商业模式进行了分类，或者对某个具体行业进行分类。如Rappa将基于Web的商业模式分成经纪人（Brokerage Model）、广告商（Advertising）、信息中介（Infomediary）、销售商（Merchant）、制造商（Manufacturer）、附属模型（Affiliate）、社区（Community）、订阅（Subscription）、效用服务（Utility）9种；Weill和Vitale将电子商务的商业模式分成8类，即内容提供商、直销、全面服务提供商、中介网站、共享基础设施、增值网络集成商、虚拟社区、企业/政府整体。对于把所有类型、所有行业的商业模式进行分类，比较全面的是Weill等提出的"麻省理工学院（MIT）商业模式原型"，它将所有企业按照其从事的活动性质分成制造者（制造并提供产品所有权）、销售者（提供产品所有权，但是不改变产品的形态）、出租者（提供产品使用权）和经纪人（提供供求双方之间的媒介）4类，并把提供的产品或服务分为财务产品（货币、资本等）、实物产品、无形产品（知识产权、品牌等）、人力资源产品4类，每类活动和每类产品进行结合就是一种商业模式，从而把市场上所有的商业活动从理论上分成16种类型。因此，本节没有对商业模式进行分类介绍，而是选择了几种比较热点的企业商业模式予以介绍和简单分析，旨在扩宽读者思路，把握市场变化趋势。

1. 互联网商业模式

随着电子商务的快速发展，互联网创新商业模式，如 B2B 模式、B2C 模式、C2C 模式、O2O 模式、社区模式、广告收益模式、电子市场模式等被陆续提出并付诸实践。互联网改变了传统经济的许多天然壁垒和约束，消除了时间和空间的限制，打破了原有的价值链、价值网络，构建出新的价值网络体系，对传统企业和产业产生了巨大冲击，并产生了一批像腾讯、阿里巴巴、亚马逊这样的新兴互联网企业，这是商业模式创新的重要结果。互联网商业模式意味着企业需要不断发现市场新需求，应用创新互联网技术，整合内外部资源，满足利益相关主体价值，为客户提供更多更丰富价值，吸引更多客户参与。

互联网商业模式具有以下特征：

(1) 客观性和主观性

互联网商业模式是基于互联网的商业活动及其运行规律的主要特征、属性、结构、规则等方面的凸现，具有客观性；同时，它又是一种理论解释或诠释结构，是人们的一种主观构建，并不反映互联网的商业活动或特定问题的全部，因而具有主观性。

(2) 能动性和被动性

能动性是指商业模式的提出、发展和运用必须依赖人的能动性的发挥，而被动性则是指任何商业模式都必须受到一定客观条件的约束。

(3) 多样性和系统性

互联网技术发展应用的普及深入导致许多基于互联网的商业模式出现，从早期的 B2B、B2C、C2C 到网络门户、垂直网站等，模式样式非常丰富且变化迅速，具有多样性；然而每种商业模式内部要素之间、商业模式之间、商业模式与环境之间又存在内在的联系，形成有机的相互关联的系统。

互联网商业模式价值分析：

(1) 经济价值

20 世纪后半期，信息技术的飞速发展使得互联网为商业活动提供了新的空间，也改变了固有的劳动形式，管理和知识成为新的劳动形式，并提供了新的价值创造机会，生产力要素内涵得到扩展。在互联网商业环境下，生产力的构成要素表现为知识工作者、资本、知识、信息等，互联网商业模式通过一定的规则将这些要素联结在一起。知识工作者的劳动成果，包括专利权、著作权、数据库等则可以通过风险投资及融资活动以契约形式转换为资本形式，如此资本市场便可以评价互联网商业模式的经济价值。

(2) 组织价值

互联网和电子商务改变了企业组织的内外部环境，降低了企业内部的管理成本、企业组织间的交易成本，并改变了企业与消费者之间的联系模式。在互联网商务环境下，多个独立的个人、部门和企业为了共同的任务组成联合体。它的运行不靠传统的层级控制，而是在定义成员角色和各自任务的基础上，通过密集的多边联系、互利和交互式的合作来完成共同追求的目标。在这个网络中，基本构成要素是众多由个人、企业内的部门、企业或是它们的混合组成的节点和节点之间的相互关系，每个节点之间都以平等身份保持着互动式联系，因而企业也就转化成为高效的扁平化和网络化组织。互联网商业模式为提高组织在网络环境下的适应性提供了多种可行的途径。

(3) 客户渗透价值

互联网商业模式的客户渗透价值体现在对企业的创新激励和由互联网对用户所创造的心理/路径依赖两个方面。在市场竞争的过程中，有许多互联网商业模式被提出，一些不被市场接受的商业模式很快就被否定，而成功的商业模式则得到了丰厚的回报。这样就形成了一种对创新进行奖励的市场机制，建立了良好的预期效果，也进一步强化了激励模式。而用户在长期使用的过程中会固化浏览行为，形成对特定网站的偏好，这些都会对人的行为和价值判断产生或多或少的影响。

成功的企业必须时刻关注市场的变化，根据市场环境不断创新商务模式。互联网消除了时间限制和空间距离，为商业模式创新开辟了广阔空间和自由度，促进了商业交易的新方式，为商业模式提供了更多的表现形态。此外，企业所处的商业生态网络越来越复杂，利益相关者和价值网络形态逐渐多样化，互联网商业模式需要不断创新。

【案例1】

阿里巴巴——网上交易，网下配送

阿里集团由5个核心业务子公司组成，分别是：阿里巴巴B2B公司、淘宝网（淘宝网+阿里妈妈）、支付宝、阿里云（原先的阿里软件+阿里巴巴集团研发院+B2B与淘宝的底层技术团队）、中国雅虎（中国雅虎+口碑网）。阿里巴巴B2B、淘宝网分别占据了B2B、C2C国内的龙头，解决了信息流的问题。支付宝是目前国内第一的第三方支付，解决了资金流的问题。阿里云（阿里软件）在阿里巴巴庞大的用户群的基础上，做增值服务，开拓新的业务，同时从技术上保障了信用评价机制。中国雅虎凭借其搜索技术，为淘宝的垂直搜索、商业搜索奠定了良好的基础。2011年年初，阿里巴巴高调宣布进军物流行业，首期联合金融合作伙伴投入200亿～300亿元人民币在物流的重要环节仓储上。

阿里巴巴是国内也是全球最大的B2B电子商务网站，同时也是中小企业首选的B2B平台，主要提供"诚信通"服务。但由于所有用户基本上都是"诚信通"客户，所以，没有专业的电子商务运营能力和做阿里巴巴的其他推广业务，很难取得显著效果。

阿里巴巴并没有盲目地把利润来源定位于广大的网络受众，而是着眼于国内数量众多的中小企业。阿里巴巴将盈利的对象定位于国内众多的中小企业和欲打入中国市场的跨国公司。将自己的道路规划为从信息流入手积累客户资源，绕开物流，前瞻性地观望资金流，在适当时机介入支付环节。在实施过程中敏锐捕捉新的收入机会，不断扩展业务范围。正是基于这样准确的市场定位、务实的运作，阿里巴巴迅速扩展了自己的客户群，为日后的盈利业务奠定了良好的基础。

阿里巴巴被誉为全球最大的网上贸易市场，因此，可以把阿里巴巴作为电子商务的代表。商务活动包括"四流"，即信息流、商流、资金流、物流。通过互联网进行的信息传递，不受时间和空间的限制，可以在瞬间将某种商品的图案、动画、规格、价格、交易方式等信息传到万里之外的世界各地。产品优劣，价格贵贱，瞬息之间地球人都知道，商家可以与世界各地的用户达成交易。正因为如此，阿里巴巴在短短几年内就拥有全球的210万商户。

(1) 专做信息流，汇聚大量的市场供求信息。

(2) 阿里巴巴采用本土化的网站建设方式，针对不同国家采用当地的语言，简易可读，这种便利性和亲和力将各国市场有机地融为一体。

(3) 在起步阶段，网站放低会员准入门槛，以免费会员制吸引企业登录平台注册用户，从而汇聚商流，活跃市场，会员在浏览信息的同时也带来了源源不断的信息流，创造了无限商机。

(4) 阿里巴巴通过增值服务为会员提供了优越的市场服务，增值服务一方面加强了这个网上交易市场的服务项目功能，另一方面又使网站能有多种方式实现直接赢利。

(5) 适度但比较成功的市场运作提升了阿里巴巴的品牌价值和融资能力。

阿里巴巴的盈利：

(1) 阿里巴巴企业会员700万家，海外会员200多万家。

(2) 阿里巴巴掌握5 000家的外商采购企业的名单，可以帮助中国企业出口。

(3) 阿里巴巴的在线支付方面领先同类业务。

综观阿里巴巴的发展历程，在"跳跃式"的发展过程中进行了商业模式的创新。科学定位是商业模式创新的基石，是创造顾客需求的源头。阿里巴巴主打中小企业这张牌，以满足中小企业需求为出发点，帮助中国企业实现全球采购，为全世界中小企业搭建全球贸易的网商平台。这个科学而准确的定位是阿里巴巴商业模式创新的基石，进而推进创造顾客的需求。阿里巴巴正是在不断创造顾客的过程中使企业获得了规模的扩大、效率的改善、资源整合能力的提升，以及对社会越来越大的影响力。阿里巴巴的商业模式具有核心竞争力，它通过科学定位，扩大业务系统的规模，掌控各种关键资源和能力，驱动企业发现衍生和延伸的各种增值服务，由该增值服务形成可持续发展的现金流，创造企业价值。同时，这个商业模式难以被竞争对手模仿和复制。

2. 云计算商业模式

云计算商业模式能相对集中和统一地存储及管理用户的数据，并且为之提供相当统一的服务，这十分类似于水电的集中生产。由电厂发电、水厂送水，按需消费。云计算商业模式是一种对于信息资源的集中式管理，并且提供给大家一种统一的使用方法（云计算服务）。这些服务，用户可以按需使用，使用多少，付多少钱，不使用不付钱。

集中的数据存储和统一的云计算服务部署及运营使得用户能接触到的云服务具有更新快、种类多、使用方便、便宜便捷等特点。

除此之外,云计算商业模式中心主管着用户的基础数据以及所能使用的服务,因而,对用户数据的安全性的保护以及服务提供的质量起到了决定性的作用。这种网络服务方式将提供给大家开拓更大市场的机会。

从商业模式的角度来看,云计算商业模式可具体分为以下类别(如图10-1所示):

(1) 以社区为特点的云

以社区为特点的云主要提供社区云服务,如博客群等。未来的云计算,将提供给用户更多更广泛的社区类云服务。

(2) 以业务为区分的云

不同的应用领域,将诞生不同类型的云,如在线 ERP 服务等,未来将有更多的类于 SAAS 的行业软件服务出现。

(3) 基础性网络服务

基础性网络服务,如文档的存储管理等,还有搜索引擎提供的服务。这些服务加入了云计算的特点之后,将充分挖掘用户的信息,并据此提供更加优质的云计算商业模式。

(4) 电子交易市场

这类平台,如苹果的软件商店提供了基础的交易模式,并为用户的资金、商品提供一定的管理手段、营销手段,为未来最重要的云计算商业模式之一。

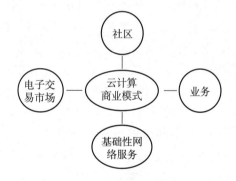

图 10-1 云计算商业模式分类

3. 物联网商业模式

物联网指的是将各种信息传感设备与互联网结合起来而形成的一个巨大网络,达到物品自动识别和信息的互联、共享、处理、聚合的目的。物联网是战略性新兴技术,是引导经济社会发展的重要力量。物联网作为新一代信息技术,其技术特征、用户行为和产业结构等方面大大不同于以往的信息技术,必将要求构建新的商业模式与之适应。物联网包括感知层、网络层、应用层三部分。

物联网召唤着新的商业模式,电信运营商或将在其中扮演起推动龙头的作用。纵观国外电信运营商与中国三大电信运营商在物联网领域的商业模式发现,由中国电信运营商主导的物联网产业可能存在4种商业模式:

(1) 间接提供网络连接

由系统集成商租用电信运营商网络,通过整体方案连带通道一起向用户提供业务。

这是目前使用较多的商业模式。这种情况是基于物联网应用都是个体内部实现的，且实现物联网应用的企业相对比较专业，需要由行业内专业的系统集成商提供服务，特别是行业壁垒高，对应用要求复杂的行业更需要系统集成商的存在。

（2）直接提供网络连接

由电信运营商向使用业务的企业客户直接提供通道服务。目前，中国移动、中国电信在电力、金融等行业的业务开展基本以提供数据通道，包月或按流量计费方式进行。

（3）合作开发，独立推广

运营商与系统集成商合作。系统集成商开发业务，电信运营商负责业务平台建设、网络运行、业务推广及收费。

（4）独立开发，独立推广

电信运营商自行搭建平台开发业务，直接提供给客户。这种模式对运营企业初期投入要求较高，所以采用这种方式的企业还较少。

4. 制造商商业模式

制造商、品牌商、经销商、终端商都有自己比较独特的商业模式。目前，制造商商业模式主要有如下 6 种形式：

（1）直供商业模式

这种模式主要应用在一些市场半径比较小、产品价格比较低或者是流程比较清晰、资本实力雄厚的国际性大公司。直供商业模式需要制造商具有强大的执行力，现金流状况良好，市场基础平台稳固，具备市场产品流动速度快的特点。但是随着市场竞争的加剧以及新技术、新理念的迭代，即使强大如可口可乐的跨国企业也开始放弃直供这样的商业模式。只有利润比较丰厚一些的行业，如白酒行业还是会选择直供方式的商业模式，因为很多酒业公司在当地市场上均具备一定的实力与良好的基础。

（2）总代理制商业模式

这种商业模式为中国广大的中小企业所广泛使用。由于中国广大的中小企业在发展过程中面临着两个最核心的问题，其一是团队执行力比较差，二是资金实力不强，所以，它们可以通过这种方式完成最初的原始资金积累，实现企业快速发展。

（3）联销体商业模式

很多比较有实力的经销商为了降低商业风险选择了与企业进行捆绑式合作，即制造商与经销商分别出资，成立联销体机构，这种联销体既可以控制经销商市场风险，也可以保证制造商始终有一个很好的销售平台。食品行业的龙头企业娃哈哈就采取了这种联销体的商业模式；空调行业巨头格力空调也选择了与区域性代理商合资成立公司共同运营市场，取得了不错的市场业绩。

（4）仓储式商业模式

很多强势品牌基于渠道分级成本低，制造商竞争能力大幅度下降的现实，选择了仓储式商业模式，通过价格策略打造企业核心竞争力。仓储式商业模式使企业拥有自己的销售平台，通过自己的销售平台完成市场配货功能。

(5) 专卖店商业模式

随着中国市场渠道终端资源越来越稀缺，越来越多的中国消费品企业选择专卖形式的商业模式。如五粮液提出的全国两千家专卖店计划，蒙牛乳业提出的蒙牛专卖店加盟计划等。专卖店商业模式受到一些现实条件的制约。其一是品牌，选择专卖店商业模式的企业基本上具备很好的品牌基础，市场认知比较成熟；其二是产品线比较全，专卖店产品结构需合理，企业必须具备比较丰富的产品线；其三是消费者行为习惯，专卖商业模式需要成熟的市场环境。

(6) 复合式商业模式

复合式商业模式一直是基于企业发展阶段而做出的策略性选择。但是一般情况下，无论多么复杂的企业或市场，都应该有主流的商业模式，而且企业的组织建构、人力资源配备、物流系统、营销策略等都应与之相匹配，这样才能建立成熟的商业模式。

10.3　商业模式的构成

商业模式像一个战略蓝图，可以通过企业组织结构、流程和系统来实现它。通过9个基本构造块就可以很好地描述并定义商业模式，它们可以展示出企业创造收入的逻辑。这9个构造块覆盖了商业的4个主要方面：客户、提供物（产品/服务）、基础设施和财务生存能力。因此，这9个要素构成了一个商业模式的框架，它使得你能够描述和思考你所在的组织、你的竞争对手和任何其他企业的商业模式。这些要素所构建的框架可以作为一种共同语言，让你方便地描述和使用商业模式来构建新的战略性替代方案。如果没有这样一种共同语言，很难系统性地挑战某个组织商业模式的设想并创新成功。

10.3.1　客户细分

客户是所有商业模式的核心，没有客户企业也就无法存活。为了更好地满足客户，企业可能把客户分成不同的细分区隔，每个细分区隔中的客户具有共同的需求、共同的行为和其他共同的属性。在对客户群体做出细分后，企业要决定自己应该服务于哪些客户细分群体，然后根据目标客户细分群体的特定需求设计相应的商业模式。

当客户群呈现以下区别的时候，则可以体现为独立的客户细分群体：

1) 需要和提供明显不同的提供物（产品/服务）来满足客户群体的需求。
2) 客户群体需要通过不同的分销渠道来接触。
3) 客户群体需要不同类型的关系。
4) 客户群体的盈利能力（收益性）有本质区别。
5) 客户群体愿意为提供物（产品/服务）的不同方面付费。

10.3.2　价值主张

价值主张构造块用来描绘为特定客户细分群体创造价值的系列产品和服务。

价值主张是客户转向一个公司而非另一个公司的原因，它解决了客户困扰（customer problem）或者满足了客户需求。每个价值主张都包含可选系列产品或服务，以迎合特定客户细分群体的需求。在这个意义上，价值主张是公司提供给客户的受益集合或受益系列。有些价值主张可能是创新的，并表现为一个全新的或破坏性的提供物（产品/服务），而另一些可能与现存市场提供物（产品/服务）类似，只是增加了功能和特性。

价值主张通过迎合细分群体需求的独特组合来创造价值。价值可以是定量的（如价格、服务速度）或定性的（如设计、客户体验），具体包含了许多要素（见表10-1）。它主要应该聚焦于解决以下问题：

1）我们该向客户传递什么样的价值？
2）我们正在帮助我们的客户解决哪一类难题？
3）我们正在满足哪些客户需求？
4）我们正在提供给客户细分群体哪些系列的产品和服务？

表10-1 价值主张简要要素列表

编号	要素	描述
1	新颖	满足客户从未感受和体验过的全新需求
2	性能	改善产品和服务的性能
3	定制化	定制产品和服务以满足个别客户或群体的特定需求
4	完善	帮客户做好事情，简单创造价值
5	设计	设计优秀的产品，脱颖而出
6	品牌	客户通过使用和显示某一特定品牌而发现价值
7	价格	更低的价格提供同质化价值
8	成本	帮助客户削减成本

10.3.3 渠道通路

渠道通路构造块用来描绘公司是如何沟通、接触其客户细分群体而传递其价值主张。沟通、分销和销售这些渠道构成了公司相对客户的接口界面。渠道通路是客户接触点，它在客户体验中扮演着重要角色。渠道通路包含以下功能：

1）提升公司产品和服务在客户中的认知。
2）帮助客户评估公司的价值主张。
3）协助客户购买特定产品和服务。
4）向客户传递价值主张。
5）提供售后客户支持。

渠道具有认知、评估、购买、传递和售后5个不同的阶段，每个渠道都能经历部分或全部阶段。我们可以区分直销渠道与非直销渠道，也可以区分自有渠道和合作伙伴渠道。在把价值主张推向市场期间，发现如何接触客户的正确渠道组合至关重要。这一要素要求我们关注：

1）通过哪些渠道可以接触我们的客户细分群体？
2）我们现在如何接触他们？我们的渠道如何整合？
3）哪些渠道最有效？哪些渠道成本效益最好？
4）如何把我们的渠道与客户的例行程序进行整合？

渠道管理的诀窍是在不同类型渠道之间找到适当的平衡，并整合它们来创造令人满意的客户体验，同时使收入最大化。

10.3.4 客户关系

客户关系构造块用来描绘公司与特定客户细分群体建立的关系类型。企业应该弄清楚希望和每个客户细分群体建立的关系类型。客户关系类型可以从个人助理到自动化服务。客户关系可以被客户获取、客户维系、提升销售额（追加销售）等几个动机所驱动。商业模式所要求的客户关系深刻地影响着全面的客户体验。客户关系可以被分成几种类型，它们可能共存于企业与特定客户细分群体之间，见表10-2。

客户关系要素要求我们关注如下问题：我们每个客户细分群体希望我们与之建立和保持何种关系？哪些关系我们已经建立了？这些关系成本如何？如何把它们与商业模式的其余部分进行整合？等等。

表10-2 客户关系类型分类表

编号	客户关系	描述
1	个人助理	人与人之间的互动
2	专用个人助理	为单一客户安排专门的客户代表
3	自助服务	为客户提供自助服务所需条件
4	自动化服务	客户自助处理
5	社区	通过在线社区建立关系
6	共同创作	企业和客户共同创造价值

10.3.5 收入来源

收入来源构造块用来描绘公司从每个客户细分群体中获取的现金收入（需要从创收中扣除成本）。如果客户是商业模式的心脏，那么收入来源就是动脉。企业必须问自己，什么样的价值能够让各客户细分群体真正愿意付款？只有回答了这个问题，企业才能在各客户细分群体上发掘一个或多个收入来源。每个收入来源的定价机制可能不同，例如，固定标价、谈判议价、拍卖定价、市场定价、数量定价或收益管理定价等。

一个商业模式可以包含两种不同类型的收入来源：

1）通过客户一次性支付获得的交易收入。
2）经常性收入来自客户为获得价值主张与售后服务而持续支付的费用。

在不同的商业模式中，可以获取收入的方式有很多：

（1）资产销售

最为人熟知的收入来源方式是销售实体产品的所有权。如家具、食品以及汽车的销售等，客户购买之后可以任意使用、转售甚至破坏。

（2）使用收费

这种收入来源于通过特定的服务收费。客户使用的服务越多，付费越多。如旅馆按照客户入住天数来计费，快递公司按照运送地点的距离来计费。

（3）订阅收费

这种收入来自销售重复使用的服务。如网络游戏、收费新闻和视频网站注册用户等。

（4）租赁收费

这种收入来源于针对某个特定资产在固定时间内的暂时性排他使用权的授权。一方面，对于出借方而言，租赁收费可以带来经常性收入的优势。另一方面，租用方或承租方可以仅支付限时租期内的费用，而无须承担购买所有权的全部费用。

（5）授权收费

这种收入来自将受保护的知识产权授权给客户使用，并换取授权费用。授权方式可以让版权持有者不必将产品制造出来或者将服务商业化，仅靠知识产权本身即可产生收入。授权方式在媒体行业和技术行业非常普遍。

（6）经纪收费

这种收入来自为了双方或多方之间的利益所提供的中介服务而收取的佣金。例如，信用卡提供商作为信用卡商户和顾客的中间人，从每笔销售交易中抽取一定比例的金额作为佣金，还有股票经纪人和房地产经纪人等。

（7）广告收费

这种收入来源于为特定的产品、服务或品牌提供广告宣传服务。

10.3.6 核心资源

核心资源构造块用来描绘让商业模式有效运转所必需的最重要因素。每个商业模式都需要核心资源，这些资源使得企业组织能够创造和提供价值主张、接触市场、与客户细分群体建立关系并赚取收入。不同的商业模式所需要的核心资源也有所不同。核心资源可以是实体资产、金融资产、知识资产或人力资源。核心资源既可以是自有的，也可以是公司租借的或从重要伙伴那里获得的。具体说来，核心资源可分为实体资产，如生产设施、不动产等；知识资产，如品牌、专利和版权等；人力资源以及金融资产等。

10.3.7 关键业务

关键业务构造块用来描绘为了确保其商业模式可行，企业必须做的最重要的事情。

任何商业模式都需要多种关键业务活动。这些业务是企业得以成功运营所必须实施的最重要的动作。正如核心资源一样，关键业务也是创造和提供价值主张、接触市场、维系客户关系并获取收入的基础。而关键业务也会因商业模式的不同而有所区别。例如，对于微软等软件制造商而言，其关键业务包括软件开发；而对于麦肯锡等咨询企业而言，其关键业务包含问题解决。

企业的关键业务可以分为制造产品、解决问题和平台/网络等类别。事实上，前面所叙述过的构造块诸如价值主张、渠道通路、客户关系以及收入来源等都应思考其需要哪些关键业务。

10.3.8 重要合作

重要合作构造块用来描述让商业模式有效运作所需的供应商与合作伙伴的网络。企业会基于多种原因打造合作关系，合作关系正日益成为许多商业模式的基石。很多公司创建联盟来优化其商业模式、降低风险或获取资源。合作关系可以分为以下4种类型：

1）在非竞争者之间的战略联盟关系。
2）竞合：在竞争者之间的战略合作关系。
3）为开发新业务而构建的合资关系。
4）为确保可靠供应的购买方——供应商关系。

以下3种动机有助于创建合作关系：

1）商业模式的优化和规模经济的运用。
2）风险和不确定性的降低。
3）特定资源和业务的获取。

10.3.9 成本结构

成本结构构造块用来描述运营一个商业模式所引发的所有成本。这个构造块用来描述在特定的商业模式运作下所引发的最重要的成本。创建价值和提供价值、维系客户关系以及产生收入都会引发成本。这些成本在确定核心资源、关键业务与重要合作后可以相对容易地计算出来。然而，有些商业模式，相比其他商业模式更多的是由成本驱动的。

成本结构包括固定成本、可变成本、规模经济以及范围经济。在每个商业模式中成本都应该被最小化，但是，低成本结构对于某些商业模式来说比另外一些更重要。

10.4 商业模式分析工具——画布

10.4.1 什么是商业模式画布

商业模式的9个要素构造块组成了构建商业模式便捷工具的基础，即商业模式画布。这9个构造块具体包括：客户细分、价值主张、渠道通路、客户关系、收入来源、核心资源、关键业务、重要合作和成本结构，如图10-2所示。

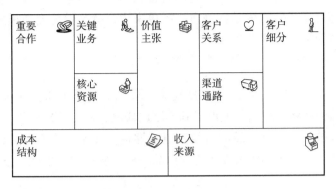

图10-2 商业模式画布

商业模式画布是一种用来描述商业模式、可视化商业模式、评估商业模式以及改变商业模式的通用语言。商业模式画布所提供的框架可以作为一种共同语言，让使用者更方便地描述和使用商业模式，也可以用来构建新的战略性替代方案。如今，商业模式创新不断涌现，新的商业模式正在成为传统商业模式的挑战者。同时，传统商业模式也在挣扎着重塑自己。商业模式画布就是通过设计一种简洁易懂的可视化版式，展示商业模式创新的核心内容。

10.4.2 商业模式画布的4个视角

商业模式画布，主要覆盖了4个方面的内容，即产品服务、客户、基础设施基本设备以及财务生存能力。这些都对于整个商业模式的设计有着关键性的价值和意义。

1）提供什么产品/服务？
2）为谁提供？
3）如何提供？
4）成本/收益是多少？

另外，在设计的过程当中可以将其分为9个具体的模块来进行构造，加强和客户之间的联系，保证设计的基本原则。商业模式画布将商业模式分割成9个相互独立而又互相影响的模块，创业者可以根据实际需要按照风险从高到低依次对它们进行系统测试。

10.4.3 商业模式画布的实际应用价值

1. 制作迅速

与写商业计划书需要几周甚至几个月的时间相比，只需要一个下午就能利用商业模式画布工具大致描述出多种不同的商业模式。而且制作这些单页商业模式图表只需要很少的时间，这使得新的商业模式创意的形成更为迅速。

2. 内容紧凑

商业模式画布工具的使用将提醒使用者谨慎措辞，尽量做到简明扼要。借此还可以练习如何提炼自家产品的核心竞争力。简单来说，就是促使商业模式设计者在最短的时间内抓住商业模式的核心和重点。

3. 方便携带

商业模式画布使得商业模式只需要放在一页纸上，便于和他人进行分享和讨论，这意味着它的曝光率将会更高，能够得到不断的修改，从而日趋完善。

当商业模式被视为一个产品的时候，更能够提高效率。这不但可以让商业模式变得完整，而且还可以使用那些久经考验的产品开发方法来进一步打造公司。

10.5 商业模式分析应用设计

10.5.1 创意想法的描述

1. 创意的内涵

商业创意，是商业活动中关于投入产出方式的新颖意图，产生于不确定问题的直观判断，由创业者的愿景和意志所推动，围绕企业的建立和运作而展开。

创意的本质是捕捉满意和快乐。星巴克创始人舒尔茨曾说："我们所创造的公司是一家既具有和谐环境，又能够让我的顾客享受咖啡和体验，同时又能够为家人、朋友提供交流的平台。我们将其称为在家和公司之外的第三空间。由于这个是全世界所有顾客都需要的，因此，我们所开的店将是不断地重复这一价值理念。"所以星巴克不仅售卖产品和服务，它同时也在售卖思想和文化，这正是星巴克的独特之处。

创意是对商业活动中不确定性问题的一种独特处理方式，它引导着商业模式的变化和商业利润的产生。同时，创意对于一整套的商业行为来说只能算是一个开始，创业者通过把握市场机会、开发资源价值、构建产权契约等环节将创意一步步落实体现出来，这样创意才能利用市场机会使企业创造价值，实现经营利润。

2. 创意描述对创业的重要性

创业意味着创新和变革，创新性的创意商业实践可以在转变经济增长方式的同时增强竞争力。当一种创意性的想法被发现后，它可以被转换开发成为创新产品。以拖把这种日常清洁用品为例：过去人们习惯于用拖把和清水拖地，但宝洁公司设计家居清洁产品的公司研究发现，拖把上的水实际更容易使脏污四处散落，而干抹布却能把尘土都吸附起来，这是静电吸引的原理。这一发现帮助宝洁开发了拳头产品——速易洁静电除尘拖把。从创新经济的设计角度来说，这就是一个典范转换。现在这种拖把已成为宝洁价值超过10亿美元的品牌。如今，创意越来越被作为创新的主流含义。从创新的内容来看，创意更强调创新的人文内涵，创新不光是针对中间生产手段和工具的技术创意,而且是对人的意义和价值的创造性响应;从创新的方式来看,一方面,更加强调创意是原生态的创新,另一方面,则更加强调创意是"活"的创新。

3. 商业创意的分类

具体来说,商业创意可以分为以下几类:

(1) 创意与市场机会相关

市场机会是指具有购买力而又未被满足的需求。创业中的机会问题包括3重含义:机会的产生、发现和利用。机会的产生,来自市场参与者之间的知识分散性;机会的识别,与人们的经验能力和社会角色相关;机会的利用,需要处理一系列生产经营活动问题。创业者的作用在于,以其特殊的知识结构、机会认知、行为风格,推动资源整合和产权重组,从而实现商业效益。由于面对消费需求提出某种满足方式并加以实施时,必须处理一系列不确定性问题,因此要求创业者进行商业创意。

(2) 创意与资源开发相关

所谓资源,指有价值的存在物。资源价值来自其属性,具有很大的主观性。创业中的资源问题,主要是资源属性的效用开发和利用方式问题。如果能够发现资源的新属性,或者发现资源属性的新组合方式,从而带来经济效益,就有可能吸引他人投资。在此过程中,资源使用方式的创意、资源使用权的获取、资源配置方式的实现等,存在着大量的不确定性问题,这需要创业者进行商业创意。

(3) 创意与产权契约相关

产权是指对财产关系的界定。创业者进行机会利用和资源开发都涉及人们之间的产权关系调整,包括吸引投资、进行分工、协调分配等。由于机会利用和资源开发的创意前景往往模糊和难以预期,既不能通过市场转让,也不能加以理性测量,只能以创立生产经营组织的方式加以实现,因此,构建企业契约是创业活动的一项基本任务。如何在投入产出不确定的情况下,合理地调整产权关系、防范机会主义、构建企业契约,需要创业者进行商业创意。

所以,商业活动存在大量的不确定性问题,这些都需要创业者发挥主观能动性来解决,因而存在着商业创意的现实要求和广阔空间。

4. 商业创意的描述

好的商业创意只不过是创业者手中的一个工具,将商业创意转变为创业企业的历程往往充满着风险和不确定性,从社会经济、政策、技术等变化的环境趋势的角度来看,发现需要解决的问题以及在市场缝隙中发掘创意并不难,难的是如何筛选出最具商业价值的创意。创业者将商业创意转变为创业企业之前必须对商业创意进行可行性分析,其目的是评估商业创意的优缺点以帮助创业者判断某一创意是否切实可行。商业创意可以从产品、产业与市场、创业团队以及财务4个方面予以考量,以确定商业创意是否真的值得被发展成为一个企业。

商业创意的描述可以从以下5个方面加以展开:

1) 以投入产出意图为基础。这是商业活动的特点,能够把商业创意与其他领域的创新区别开来。

2）以不确定性问题处理为内容。这是商业创意活动的特殊情景，能够把它与一般商业决策区别开来。

3）以直观经验判断为形式。这是商业创意的主观行为特征，能够把它和商业活动中的理性分析和选择区分开来。

4）以愿景和意志为动因。界定商业创意行为的动力，把它与仅以认识为依据的行动区分开来。

5）以企业的建立和运行为目标。界定商业创意的效果，把成功与不成功的商业创意区分开来。

10.5.2　商业模式要素的描述

商业模式也并不是一成不变的，应随着市场需要、产业环境、竞争形势的变化而不断调整。因此，建立成功的商业模式是创业过程中最具价值潜力的环节。创业者在设计商业模式时，需要对自己所设计的商业模式各项要素进行描述，这样既方便自己分析，也便于其他人对该商业模式的理解，更有助于设计者把控整个商业模式的走向。好的商业模式的构成应该满足以下两方面的要求：一是简洁、高效，力争把构成要素减少到最低限度，避免重复。二是全面，避免以偏概全。描述商业模式的要素时要注意既突出重点，又关注商业模式各个部分的配套与完善。商业模式画布主要覆盖了4个方面的内容，即产品服务、客户、基础设施基本设备以及财务生存能力。这些都对于整个商业模式的设计有着关键性的价值和意义。基于商业模式画布的9大要素，在商业模式设计的过程中，可以从画布工具所提供的要素将其分为9个具体的模块来进行构造并描述。

首先，需进行客户的洞察。在市场研究上下足功夫，加大投入的力度，重点改进服务和设计产品的质量，保证商业模式可以符合客户的要求和设计的观点。从客户的角度出发来对待商业模式，寻找到全新的设计机会，但是，这并不意味着要按照客户的思维来进行商业模式的设计，而是在评估阶段中，将客户的思维融入进来，进行必要的改进和调整，运用一种创新性的思维，深入理解客户的意图。

其次，是创意的构思。一种全新的商业模式，需要进行大量的创新和构思，并且从众多的商业模式设计理论当中，精心挑选出最为恰当和最为适宜的设计方案，这个过程可以说是一个极富有创造性的过程，可以不断地收集新奇的意图和设计的理念，可以在创意构思的过程中采取多种多样的形式，扩展搜索的关键词，筛选关键性的问题，运用团队来对创意进行挑选，并且最终完成原型的制作。

再次，是可视性思考。这一点对于商业模式设计而言不可或缺，在相关工作当中，运用草图、图片、幻灯片或者便利帖和图表等的形式，将创意思维表现出来，并且将各种复杂的概念重新组合在一起，创造出一个更加具有创造性的商业模式。在设计的过程之中，可以运用便利帖和商业模式画布相互结合，进行描绘，便利帖可以增加创意的内容，并且可以在不同的创意模块之间进行自由移动，而绘图往往比便利帖来得更加有效，图画以及草图在多个方面都可以发挥出巨大的作用和效应。而最简单的方式，则是商业模式的设计以及简单图画的描绘。

最后，是制作商业模式原型。原型制作主要是来源于工业设计领域，在设计之中，并不是将商业模式的原型当成一种商业模式设计的草图来进行描绘，而应该将其作为一种思维的基本模式，帮助人们更加深入地展开探索，摸索出商业模式设计的最佳方向，保证方案设计的合理性与科学性。原型的制作，应该是一种可以进行辅助式思考的工具，可以帮助人们对商业制作的本质有更加深刻的了解，并且通过商业模式的原型制作，可以保证创意更加具有灵活性的特征。此外，还要根据客户的需求进行情景的推测，在原有的设计基础之上，可以将一种抽象性的概念变得更加细化，对设计的情景和设计的流程进行重现，进而在商业模式设计当中做出最恰当的抉择。

10.5.3 商业模式的描述

商业模式如果运用得当，它会迫使管理者缜密思考自己的各项业务。商业模式作为规划工具的最大优点是：它将注意力集中于把系统内所有元素都协调成为一个契合、有效的整体。因此，创业者在完成一个商业模式的设计后，应当能准确、精练地描述模式，传递它所蕴涵的商业价值。企业的商业模式全貌如图10-3所示。

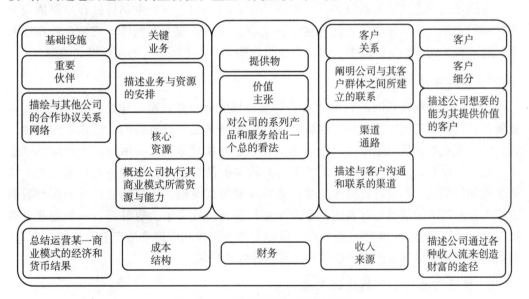

图10-3 描述企业的商业模式全貌

1. 描述企业的提供物（产品/服务）

描述企业的提供物其实就是描述企业的价值主张，在商业模式的定义中我们已经表明商业模式的本质是描述了企业如何创造价值、传递价值和获取价值的基本原理。所以，企业的价值主张无疑位于一个商业模式最核心的地位。商业模式的价值主张是指企业要解决什么问题（即客户需求），以及需求的强烈程度。即便目标客户有需求，还需要凸显企业的独特价值。模式需要考量企业能否提供被客户所接受的独特、清晰、简明的价值主张,以及这样的客户价值又是否能够超越客户期望的性价比。如果模式所主张的价值主张不符合市场需求,那么,再好的资源及渠道也不可能为企业带来持续的盈利,这样的商业模式也只能是无源之水,不能持久。而价值主张直接体现在企业所提供的产品和服务上,描述企业的价值主张即是对公司的系列产品和服务给出总的看法。

2. 描述企业为谁提供价值

企业的价值主张是为目标客户所提供的,即企业需要在商业模式中明确细分出自己的目标客户:目标客户是谁?客户群体有多大?客户群体的增长空间有多大?客户对企业所提供的价值主张有多大的需求,依赖性又有多大?

3. 描述企业如何接触其客户

描述企业如何接触客户即描述与客户沟通和联系的渠道。渠道通路是企业的价值主张和目标客户之间的桥梁,它说明了企业如何将自己的商品或服务传递给目标客户,并且如何促使客户去接受企业的价值主张。

4. 描述企业建立的各种关系

在描述企业建立的关系时,有一些需要注意的事项:一是企业目标客户群体与企业之间的关系。二是厘清企业已经建立并运行良好的商业关系网络。三是企业在运营维护这些关系时所花费的成本。四是企业将这些关系与之所涉及的商业模式的融合。

5. 描述企业如何赚钱

一个好的商业模式的盈利设计需要切合市场实际,并且富有弹性。这样的话,企业就存在可预期的实际盈利,这也就意味着企业将来是可以赚钱的。模式中的盈利设计包括价值获取、战略定位和目标成本规划。企业要想赢利,在用户需求既定的状态下,用户不仅是企业的目标用户,还应具有较强的消费能力,能为企业带来盈利。描述企业如何赚钱,不仅需要描述清楚企业靠哪种方式赚钱,还需要描述清楚哪种盈利方式对企业当下的情况是有利的,企业又如何做才能让未来会更好等。一个创业者需要思考该种商业模式,能够获得的商业价值是多大。盈利应该来源于客户价值的创造,通过商业模式可以有效改善企业的显性及隐性资产的状况。

6. 描述需要什么样的资源与能力

企业的资源可以来自企业内部,也可以来自企业外部。不同的商业模式意味着需要不同的资源和能力。企业需要什么样的资源以及如何获取这些资源关系着企业组织能否实现自己所提出的价值主张并盈利。描述资源与能力时,包括资源的类别、来源、获取方式及成本等方面都应予以关注。

7. 描述需要什么样的业务

描述企业商业模式所涉及的关键业务时可以分为以下几类:制造产品、问题解决和平台/网络。制造产品涉及生产一定数量或满足一定质量的产品,与设计、制造及发送产品有关。问题解决业务指的是为个别客户的问题提供新的解决方案,如咨询公司。而平台/网络则是以平台为核心资源的商业模式,其关键业务都是与平台或网络相关的,此类商业模式的关键业务与平台管理、服务提供和平台推广相关。

8. 描述商业模式所涉及的合作伙伴

好的商业模式需要关注其利益相关者之间的关系,如果让利益各方都能获得利益,而且分配合理,那么,这个商业模式在较长一段时间内是可持续的。不过商业模式不可能总是固化的,随着发展的深入,用户的很多需求会逐渐衍生出来,这时企业需要考虑商业模式的创新。没有一个商业模式是完美的,因为消费者的需求、渠道(代理或经销)的需求、供应商的需求等都是在不断变化的,很难保证一个商业模式能一直让利益各方都满意。

9. 描述商业模式的成本

成本结构事关企业能否存活,无疑是一个重点。无论什么商业模式都渴望能将自己的成本最小化,利益最大化。但是,不同成本结构对不同的商业模式有着不同的意义。比如,廉价航空的代表西南航空公司,其商业模式就致力于在每个地方尽可能低地降低成本。因此,在描述商业模式的成本时,也应该注意到这一点。

10.5.4 商业模式的检验

商业模式的检验是商业模式设计的重要环节,具体来说,一个商业模式是否可行可以通过两种方式予以检验:一是实验室检验,二是实践检验。前者始于描述,后者终于数据。一个商业模式不能通过检验,要么是因为没有通过描述检验,如价值主张没有意义,模式不符合经济逻辑,或者业务本身不能为客户创造价值等;或者是因为没有通过数据检验,如损益与预期不符、持续亏损等。

1. 实验室检验

实验室检验商业模式的方法主要是通过团队描述,相关人员予以分析和评价来实施。团队在描述模式时可以从中所提到的几个方面展开,但应注意有所侧重。在表述清楚模式之后,相关人员在予以评价的时候可以从以下几个部分进行衡量,见表10-3。通过这种团队描述、专家(相关人员)评分的方式,可以达到"旁观者清"的效果,不仅对商业模式起到了检验的效果,也有利于商业模式的修正和完善。

表10-3 商业模式的评价——对其组成部分的衡量

组成部分	问题内容	评价得分(或以高/低判断)
定位	公司的竞争力:竞争、顾客、原料补给、供应商、潜在进入者、替代产品等	
客户价值	公司提供的客户价值:与竞争者相比	
客户范围	市场的成长速度:市场份额、产品替代威胁等	

续表

组成部分	问题内容	评价得分（或以高/低判断）
定价	产品或服务的定价是否合适	
收入来源	利润率和市场份额所占比例及增幅	
关联活动	活动是否相互支持和适应企业发展	
实现	公司团队水平高低	
能力	公司的能力是否独特？是否难以模仿 是否向其他产品市场扩展	
持久性	公司能否保持并扩大它在行业中的领先优势	
成本结构	公司的成本结构	

2. 实践检验

利润的重要性不仅在于其本身，还在于能证明商业模式是否行得通。实践是检验真理的唯一标准，那么，商业模式也不会例外。对于一个企业来说，如果没能达到预期的目标，那么，商业模式的设计者就应该重新检查商业模式。因此，商业模式的设计过程即是科学方法在管理上的应用，从一个假设开始，在实施过程中检验，并在必要时加以修订。商业模式的实践检验包括市场占有率、市场增长率、企业盈利、品牌影响力以及客户口碑等方面。实践检验意味着商业模式必须能承受住激烈的市场竞争的试炼。如果企业最终在市场竞争中失败，那么，即使是理论上再完美的商业模式也是不能通过检验的。

本章要点回顾

本章所涉及的主要内容是商业模式设计，包括商业模式的概念、构成要素以及分析设计等内容，并且介绍了商业模式画布这一商业模式设计分析的工具。

1. 商业模式的概念

1）商业模式定义：商业模式描述了企业如何创造价值、传递价值和获取价值的基本原理。

2）商业模式与其他模式的区别：商业模式与商业战略的区别；商业模式与管理模式的区别。

2. 商业模式画布

商业模式画布的9大要素如下。

1）客户细分：企业或机构所服务的一个或多个客户分类群体。

2）价值主张：通过价值主张来解决客户难题和满足客户需求。

3）渠道通路：通过沟通、分销和销售渠道向客户传递价值主张。

4）客户关系：在每一个客户细分市场建立和维系客户关系。

5）收入来源：收入来源产生于成功提供给客户的价值主张。

6）核心资源：核心资源是提供和交付先前描述要素所必备的重要资产。

7）关键业务：通过执行一些关键业务活动，运转商业模式。

8）重要合作：让商业模式有效运作所需的供应商与合作伙伴的网络。

9）成本结构：商业模式上述要素所引发的成本构成。

3. 商业模式分析与设计

1）描述创意想法。

2）描述商业模式要素。

3）描述商业模式。

4）检验商业模式。

实践任务

请结合章前导入案例，分析打车App的商业模式。

（1）如何运用商业模式画布工具分析打车App的商业模式？

（2）结合本章内容，除了打车App对商业模式的积极创新，试举例其他在商业模式创新比较突出的企业或行业，并尝试采用画布工具分析它们的商业模式。

课后拓展

［瑞士］亚历山大奥·斯特瓦德，［比利时］伊夫·皮尼厄. 商业模式新生代[M]. 王帅，毛心宇，严威，译. 北京：机械工业出版社，2014.

　　拓展视频1　　拓展视频2

第11章

创业风险管理

 学习目标

机遇与风险总是并存的。在创业过程中,无论在创业项目、新创企业还是融资过程中,都不可避免地会存在多种风险因素。如果不能及时规避风险或把风险降到最低,很有可能造成创业活动很难进行下去,甚至导致创业活动的失败。在激烈的市场竞争面前,学会识别风险并化解风险是十分重要的。

学习本章后,希望同学们能做到:
①了解创业的风险及特点、分类等。
②掌握创业风险规避的途径、策略等。
③掌握创业融资的风险及管理。

 导入案例

大家投网站的创始人李群林起初并不是受互联网投资人喜欢的明星创业者。曾经有很多知名的天使投资人都拒绝了他的请求,但李群林并没有轻易放弃。他不断在微博上发表并宣传资金的理念,结识真正对他认可的粉丝和朋友。经过两个月的努力,他引起了深圳创新谷孵化器的注意,并愿意做他项目的领投人。不久他又吸引了11个人的投资,总共12个投资人,每人出资最高15万元,最低3万元。除创新谷孵化器是机构外,更多的投资人是没有专业投资经验的个人。大家投网站最后出让20%的股份。

大家投网站模式是当创业项目在平台上发布后,吸引到足够数量的小额投资人(天使投资人),在凑满融资额度后,投资人就按照各自出资比例成立有限合伙企业(领投人任普通合伙人,跟投人任有限合伙人),再以该有限合伙企业法人身份入股被投项目公司,持有项目公司出让的股份。融资成功后,作为中间平台的大家投从中抽取 2%的融资顾问费。

如同支付宝解决电子商务消费者和商家之间的信任问题一样，大家投将推出一个中间产品，叫"投付宝"。简单而言，它就是投资款托管。对项目感兴趣的投资人把投资款先打到由兴业银行托管的第三方账户，在公司正式注册验资的时候再拨款进公司。投付宝的好处是可以分批拨款，比如，投资 100 万元，先拨付 25 万元，然后再根据企业的产品或运营进度决定是否持续拨款。

对于创业者来讲，有了投资款托管后，投资人在认投项目时就需要将投资款转入托管账户，认投方可有效。这样就有效避免了以前投资人轻易反悔的情况，会大大提升创业者的融资效率。由于投资人存放在托管账户中的资金是分批次转入被投企业的，所以大大降低了投资人的投资风险，投资人参与投资的积极性会大幅度提高，这样也会大幅度提高创业者的融资效率。

（资料来源：丁辰灵授权虎嗅网发表）

11.1 创业风险分析

11.1.1 创业风险及其特点

创业风险是指在企业创业过程中存在的风险，是指由于创业环境的不确定性、创业机会与创业企业的复杂性，创业者、创业团队与创业投资者的能力与实力的有限性而导致创业活动偏离预期目标的可能性。创业风险主要指在创业过程中所面临的 3 个问题：①可能造成的损失；②损失造成的影响；③这些损失的不确定性。

创业风险主要有以下几个特点：

（1）客观存在性

在创业过程中，由于内外部环境的不确定性，变化的环境因素会对创业活动产生正面或负面的影响，导致创业活动可能偏离预期的目标，所以说创业风险的存在是客观的。它要求创业者认识企业成长发展规律及其风险，并以科学的方法应对创业过程中的各种风险。

（2）不确定性

创业的过程往往是指创业者的"创意"或是创新技术市场化的过程。在这一过程中，创业者面临来自外部和内部的各种难以预知的变化，如政策和法规的变化、遭遇市场竞争对手的排斥、供应商或消费者的变化、投资方资金不及时到账、创业团队成员目标不同而散伙等，导致创业的失败。

（3）相对性

创业风险总是相对于项目活动主体而言的，同样的风险对于不同的主体有不同的影响。创业者的风险承受能力主要受到收益的大小和投入的大小影响。

（4）可变性

当创业的内部与外部环境发生变化时，必将引起创业风险的变化。主要包括创业过程中风险性质的变化、风险影响发生的变化以及出现新的风险3个方面。

（5）可识别性和可控性

风险是可识别的，因而也是可以控制的。首先可根据过去的相关资料来判断某种风险发生的可能性与造成的不利影响的程度，之后通过适当的对策来回避风险，或降低风险发生的损失程度。

11.1.2 创业风险分类

机遇与风险总是并存的。在创业过程中，不可避免地会有风险因素的干扰，如果不能及时规避风险或把风险降到最低，很有可能造成创业活动很难进行下去，甚至导致创业活动的识别。在激烈的市场竞争面前，学会识别风险并化解风险是十分重要的。

创业风险就是指在创业过程中存在的风险，主要是由不断变化的、不确定的因素构成的，主要分为系统风险与非系统风险两类。

1. 系统风险

系统风险是由于环境因素的不确定性导致的风险，是创业者自身难以掌控的。创业者只能加强监测和预警，提前做好准备，尽力去规避它们。产生系统风险的原因主要有以下几点：

（1）国家法律及政策变化的不确定性

商业领域出现的新事物，经常是超前于立法机构和政府制定的法律政策，往往缺少国家标准。因此，当新的事物或者新的商业模式出现之后，如果存在法律空白等其他原因，政府或立法机构可能会及时做出相应的政策调整。这些政策调整可能会改变之前的商业环境，对创业者的创业项目产生有利或者不利的变化。

创业者的新产品，在正式销售之前，需要获得政府职能部门的许可。但某些时候，新创企业的产品并非一定都获得所需的政府许可，而当产品扩大影响范围并引起社会讨论时，面对政策空白，政府或立法机构会及时进行调整。

（2）商品市场需求的不确定性

创业的商品市场带来的风险，是指在创业的市场实现环节，创业者会遇到由于市场需求的不确定性或竞争的不确定性所导致的创业失败的风险。由于新产品在开发市场的过程中，它的市场需求是潜在的、待成长的，市场接受新产品的具体时间具有不确定性，因此，创业者很难在产品投入市场之前就预判出市场接受自己新产品的具体时间，因此也很难确定新产品上市的最合适时间点。

同时，由于新产品的市场需求是潜在的、待成长的，因此，创业者很难预测出自己新产品的市场需求的成长速度，同时也难以预测新产品的扩散速度。这些不确定性也为创业者的下一步计划带来了困扰，创业者只能通过时刻关注市场，结合新产品市场需求的具体情况来进行下一步计划。

（3）市场同行竞争的不确定性

市场是随时间千变万化的，市场竞争也是瞬息万变的。根据一些创投公司的调查，多数创业者的创业计划中忽视了对同行的竞争者分析。而在真正的市场中，拥有相似产品的创业团队是非常多的,在团队整体的知识、技术相差不多的情况下,如何战胜竞争者就是创业者要考虑的一个问题了。

但由于创业者过度关注自己的产品,满足于自己的"具有新意的"点子,多数创业者会忽视同行市场竞争的实际态势,因此在不知不觉中被超越甚至导致创业失败。

(4)生产要素市场供给的不确定性

新产品的生产是离不开上游原料供应的。创业者在选定创业项目并决定投入生产后,能不能及时从上游市场获得价格合适且足量的原材料供给,具有不确定性。如上游供应商的原料是否充足,或是上游原料供应商更愿意将原料销售给出价高的下游企业,供应商是否遵守契约按时足量供应原料,这些行为具有不确定性,而这些是创业者很难控制的。

【扩展阅读】

随着互联网的发展,许多打车软件也相继问世。比如,滴滴专车、快的打车等,但是由于各地政府对这些专车的态度不同,使这个软件频频遭受困境。北京市交通委等8个部门约谈滴滴、优步等平台负责人,明确指出以上平台涉嫌违法组织客运经营、逃漏税、违规发送商业性短信等。此前,上海已加大对专车的查处力度,而北京此番将矛头指向专车,京沪双城收紧专车的态度愈发明显。

此前,北京市交通委等部门已多次约谈过专车平台负责人,但截至目前,各大平台的专车服务依旧没有受到影响。相关负责人表示,虽然专车满足了部分市民的个性化出行需求,但也给城市交通带来了冲击,道路交通拥堵的情况有所加剧。"而且在北京从事专车、快车运营的平台、车辆、驾驶员均不具备相应的经营资质,缺乏有效的服务监管,存在较大的安全隐患。"该负责人说道。

其实,从去年起,辽宁、浙江、江苏、上海等省市就相继认定专车运营不合法,其中,上海对于专车的处罚尤为严厉。根据《上海市查处车辆非法客运办法》和《上海市查处车辆非法客运若干规定》相关条款,执法部门对专车非法客运实施"1+3+10"的处罚,即每查处一辆专车非法客运,除对当事人进行1万元行政罚款和暂扣驾驶证3~6个月的处罚外,同时将对网络平台进行10万元行政罚款的处罚。

艾媒咨询董事长张毅认为:"专车提供的服务实际上是符合社会发展和市民需求的,只不过目前还存在着太多的漏洞和不足。不能说当前的法律法规不支持专车,专车这个行业就没有未来。"他表示:"现行的法律应给专车一定的调整空间,专车也要尽快找准自身定位,逐渐向合法化靠拢。"

(摘自《中国报告大厅》http://www.chinbgao.com/info/83050.html)

2. 非系统风险

非系统风险是指非外部因素导致的风险,是与创业者自身、创业者团队和创业投资者等有关的不确定因素导致的风险。例如,创业项目实施的不确定性、创业团队能力的不确定性带来的风险。非系统风险主要由以下几点组成:

（1）技术风险

技术风险是指由技术方面因素的不确定性导致创业失败的风险。随着科学的发展和社会的进步，技术市场也在不断地发生着变化。一个新技术导向的新产品，在技术实现方面具有不确定性，这影响到新产品是不是能够及时问世；同时，技术手段存在着风险，新技术是否易于实现，是否适合大规模生产，也关系到新产品能不能在市场中占有一席之地；技术寿命长短的不确定性也属于技术风险的一种，在日新月异的技术及产品更迭中，新产品的核心技术是否很快被新的技术创意给更新掉，是创业者要面临的风险。

（2）生产风险

企业在生产过程中，由于生产技术或生产工艺落后导致的生产周期过长或生产成本过高导致的难以大批量生产，或是在利润方面没有竞争优势，是创业者需要警惕的生产风险之一。同时，由于生产外包或其他原因导致的产品质量难以保证，是创业者更要慎之又慎去规避的创业风险。

（3）财务风险

创业者在启动创业项目之前，最重要的就是得到资金，但在资金的获取过程中往往存在着最大的不确定性。现阶段创业者主要通过自筹、银行贷款、风险投资等方式来获取资金。但在真正实施阶段，自筹资金多来源于薪酬结余积累或是家庭积蓄，商业银行小额贷款的资金额度往往不足以支撑市场容量较大的创业活动，争取风投公司的投资又并不十分容易。因此，创业者如何抓住自有产品的优势，多途径吸引资金，就成了一件充满不确定性却又十分重要的事情。

（4）团队管理风险

创业者在进行创业活动时，可能遇到由于管理不善导致的团队分裂造成的创业失败，这种风险属于管理风险。创业团队内部需要形成团队凝聚力，否则团队可能会在后来的磨合中失去最初共同的目标而各奔东西。

11.2 创业风险规避

11.2.1 创业项目的风险规避

创业者可能遇到国家法律以及政府政策改变的风险，这主要是因为我国处在社会主义初级阶段，市场经济体制还没有建立完全。因此，具体法律或政策的制定可能超出创业者的预期，带来创业风险。

创业者如果在创业前不认真了解与创业有关的法律法规，不认真了解所在行业的基本政策，就有可能在实践的过程中忽视法律，踩到雷区。更有甚者，在风险和利益同时存在的情况下，存在投机心理而钻法律的空子，造成创业失败甚至更加严重的后果。

因此，创业者在创业之前就应该把法律法规作为创业必备知识，懂法守法，并根据法律保护自己的合法权益；同时，时刻关注相关政策的调整，并随政策的变化对自己的创业计划有所调整，才能在创业过程中获得先机。

1. 提前进行市场调研，选择创业的正确方向

当创业者确定了创业项目之后，要进行的一个重要环节就是市场调研。通过详尽的市场调研之后，可以对创业项目的市场潜力以及成长性有一个大概的了解，进而结合其他因素，对创业项目有一个客观的评估。

创业者在做好市场调研的前提下，了解了市场需求后，可以对市场未来发展方向有一个预估，进而选择正确的创业方向。这还需要创业者对相关行业的发展现状、未来前景、经济变化形势、行业发展趋势以及市场竞争情况有一个相对详细的了解。

2. 做竞争对手分析

市场上同类竞争者的存在，为创业团队带来了创业失败的风险。由此，创业团队可通过竞争对手分析，了解竞争对手的信息，获知竞争对手的发展策略，先行一步，做出最适当的应对。

一旦确定了竞争对手，那么从战略制定讲，需要对竞争对手做以下4个方面的分析：第一，竞争对手的各期目标和战略。第二，竞争对手的经营状况和财务状况分析。第三，竞争对手的技术经济实力分析。第四，竞争对手的领导者和管理者背景分析。

3. 非系统风险的规避

创业者对技术风险的防范，主要是指对技术风险进行识别、预测，并采取行之有效的措施进行规避、降低风险的行为。对技术研发过程中风险的防范，是减少风险损失，获得创业成功的重要途径。

创业者可对技术风险从以下几点途径进行规避：一是避开高风险的开发项目或是技术开发中的高风险因素；二是创业者尽可能利用自有技术或过期的专利技术，并对所用技术进行科学的评估；三是创业者在技术开发过程中，对于无法避免的风险性因素，要尽可能减少风险带来的损失。

4. 财务风险规避

创业者可采取"多渠道融资"来规避由于创业资金不足导致的创业风险。若采用单一的融资渠道，可能更易于面临资金链断裂的风险，因此，创业者应采取"自筹、债券融资、股权融资、争取政府机构支持"等多种手段来获取资金。

创业者应在创业的过程中及时收回初始资金并获取利润，以避免企业出现支付危机。创业者在创业经营环节中应时刻保证流动资金多于到期应付的贷款，维持企业的良好信誉。

在出现资金周转困难时应果断采取应对措施，例如，通过增加自筹资金、转化短期贷款为长期贷款、督促客户进行支付或对产品进行促销的方法来解决困境。

同时，创业者应在企业内部建立一套行之有效的财务预警机制。运用财务安全指标来预测企业财务危机，借以分析导致企业失败的管理失误，有效解决资金的可获得

性，通过预警后不断调整自身来摆脱财务困境。

5. 管理风险规避

创业者应在团队形成之初就确立一个团队的"领导"人物，并努力形成团队凝聚力，鼓励团队成员拥有一致的目标、愿景、利益、思路等。在团队遇到困难时，团队的核心人物应及时鼓励团队成员，防止团队成员因畏难而出走或去寻找其他更具有诱惑力的商机。

在团队确立之初就确定好科学、健全的内部管理制度，这降低了创业风险，提高了创业成功率。具体而言，就是建立创新激励机制、建立人才储备机制、构建法人治理结构。

11.2.2 风险规避的可能途径

1. 系统性风险防范

（1）创业前

第一，要了解各地各级政府的相关创业优惠政策。为支持不同的创业人群，国家和地方各级政府出台了多项优惠政策，涉及融资、开业、税收、创业培训、创业指导等诸多方面。

第二，要了解国家相关法律法规。避免以投机心理和冒险行为替代理性的法律思维。只有懂法、守法，并依法保护自己的合法权益，才能确保创业者的创业行动稳健与长久。

第三，要正确选择创业方向。创业者在创业前要做好市场调研，在了解市场需求和预测市场未来发展方向的基础上选择正确的创业方向，充分了解相关行业的发展规律和未来前景、经济变化趋势、行业发展趋势、市场竞争状况。

（2）创业过程中

防范非系统性风险主要需要创业者保持与外界的信息获取和沟通。首先，创业者需要实时了解国家政策、经济发展状况以及法律法规的最新变动情况；同时，要掌握所在行业最近的技术革新信息。

由于企业外部环境风险的客观性，创业者必须在企业内部建立一套应对环境风险的预警管理系统，以监测与评估外部环境对企业的影响以及明确企业正在面临或可能面临的不利环境因素。这样就可以建成防范企业外部环境风险的有效机制，确保企业处于一个相对安全的环境之中。

2. 非系统性风险防范

（1）创业前

第一，调整心态。创业者要做好面对创业困难坚持不懈努力的心理准备，学会以良好的心态去面对失败，及时总结错误，吸取教训，绝不气馁，就能够找到成就事业的新起点。

第二，积累创业经验。对于初次创业的创业者而言，一方面在明确创业目标之后，要去与新创企业相关的行业的企业学习或实习，积累经营管理经验；另一方面，应积极参加创业培训，了解市场变化和行业信息，接受专业指导，积累创业知识，提高创业成功率。

第三，准备资金，多渠道融资。除银行贷款、自筹资金、民间借贷等传统途径外，也要充分利用风险投资、天使投资、创业基金等融资渠道。

第四，锻炼能力。很多初次创业者在技术上出类拔萃，而理财、营销、沟通、管理方面的能力明显不足。要想创业获得成功，创业者必须技术和管理两手抓。

（2）创业过程中

第一，提高管理能力。管理是否合理和科学直接关系到企业的生存和发展。管理风险的防范可以归结为：①建立创新激励机制。②建立人才储备机制。③构建法人治理结构。

第二，防范市场风险。市场风险是导致创业企业失败的最主要因素之一。对于新创企业来说，由于市场本身所具有的不确定性，所以开拓市场是一项挑战性的事业。具体的防范可从以下3方面入手：①加强营销队伍建设，缩短市场接受时间。②强化市场战略，增强企业竞争力。③市场导向，完成"产""销"预算。

第三，建立有效的财务预警机制。分析导致企业失败的管理失误和波动，运用财务安全指标来预测企业财务危机，有效解决资金的可获得性和持续支持，提高资金使用效率，并不断调整自身，从而达到摆脱财务困境的目的。

第四，强化技术风险的防范意识。技术风险防范就是指决策者对技术风险进行识别、预测，并采取有效措施进行回避、转移、削减的行为。应该借鉴"木桶原理"保证整个技术系统的均衡性，主要从风险回避、风险转移和风险削减3个方面来进行。

11.2.3 创业风险规避策略

风险管理和控制主要是在风险分析的结果上采取必要的应对手段，最大限度地减小损失的频率和幅度，或使这些损失更具有可预报性。为降低高技术企业创业的风险，常用的风险应对策略有风险规避、缓解、转移、自留以及这些策略的组合。

（1）风险规避

风险规避是指通过有计划的变更来消除风险或风险发生的条件，保护目标免受风险的影响。风险规避比较适用于以下两种情况：一是某种特定风险发生的可能性和造成的损失程度相当高。二是其他风险防范措施所需要的成本高于该项活动所产生的经济收益。为尽量避免经济损失，创业者应当在创业活动开展之前就采取相应的措施，以达到风险规避的目的。

（2）风险缓解

风险缓解是指通过风险控制措施来降低风险的损失频率或影响程度，在于消除风险因素和减少风险损失。主要措施包括降低风险发生的可能性、控制风险损失、分散风险以及采取一定的后备措施等。

(3) 风险转移

风险转移是指企业为避免承担风险损失而有意将损失或与损失相关的收益转移给其他企业的方式。

(4) 风险自留

风险自留又称为承担风险,是指由创业者自身承担风险损失。风险自留是以一定的财力为前提条件而使得风险的发生损失得到补偿的方式。但是风险自留可能使创业者面临更大的风险,因而该策略更适合应对风险损失后果不严重的风险。

(5) 风险应对组合策略

风险应对组合策略是指根据实际情况将风险规避、风险缓解、风险转移、风险自留等策略进行综合运用,以降低风险发生的概率或者减少风险事件发生后所造成的损失。高技术企业创业环境是复杂的,因而更多的时候是同时面对多种风险的,其对风险应对组合策略的要求也相对较高。

11.2.4 创业风险承担能力评估

创业是具有风险的,创业过程中最主要的因素就是风险评估与风险承担。因此,理性的创业者需要对创业机会进行风险预估,并在预测自己的风险承担能力的同时,尽力找出规避或降低风险的关键点。

创业者风险承担能力是指创业者愿意承担创业风险的程度和容忍创业过程中不确定性的程度。在创业过程中,创业者需要在前期准备阶段针对特定的创业机会,分析并判断创业风险的具体来源以及发生概率,对宏观环境、市场、消费者等具有不确定性的因素进行评估,并预估自己的承受能力,进而进行风险决策。

创业者风险承担能力 = 企业的财务能力/可承受最大的风险损失

这一比值越大,表明创业者对创业风险的承担能力更强。创业者应在创业准备阶段多提高自己团队的财务能力,尽量规避创业风险,提高自己的风险承担能力。

11.3 融资风险及管理

11.3.1 大学生创业融资的现状

据调查显示,"资金不足、没有好的融资方案"是大学生创业者面对的最大困难。再小的公司也需要有人员开支、办公物品开支等日常运营经费。大学生刚毕业缺乏社会经验和社会人脉,再加上自身积蓄有限,往往会因为无法获得创业资金而在创业之路上裹足不前,对于创业的热情也因此冷却。为此,国家和地方有关部门出台了很多政策,为大学生创业者解决融资难的问题,为大学生搭建更好的创业平台,帮助大学生实现创业梦想。

党的十八大报告指出:"实施扩大就业的发展战略,促进以创业带动就业。"我国大学生创业比例持续增长,《中国大学生就业创业发展报告》显示,应届全国高校毕业生创业率从2007年的1.2%爬升到2015年2.86%。大学生创业者对当前的创业政策和环境做出较高评价。

大学生进行融资的渠道更加多样，除自筹资金外，小额担保贷款和创业基金的利用也逐步引入正轨，加之民间资本、天使投资、风险投资的大量涌入，创业融资这一创业瓶颈被不断突破。但大学生在自主创业的同时，面临着更加复杂的社会环境，对于融资问题难以从根本上把握，同时，大学生易将融资渠道局限在亲友借款等微薄融资，融资渠道的选择上存在盲目性，很少关注融资企业、银行或者担保公司等社会机构，缺少对于创业思路的全方位思考；还有可能出现对融资所获资产责任心不足、准备不足、缺乏财务管理的状况，等等。

11.3.2 创业融资机理及模式

11.3.2.1 创业融资机理

创业金融体系涵盖创业主体、创业融资出资方、政府及创业中介组织3方，是一个相互影响、相互配合的综合性金融体系。创业主体是创业企业和创业者，其往往需要一笔足够维持企业初期发展的资金。

1. 创业融资出资方

创业融资出资方包括银行、天使投资人、风险投资人、融资租赁企业等。由于创业企业的成长和发展伴随着很大的风险和不确定性，大部分银行为规避风险，一般不会向刚刚起步的创业企业提供经营性贷款，部分银行会为创业者提供政策性创业型贷款服务。风险投资人提供的创业管理附加服务可以促使创业企业有效成长，但风险投资初期创业企业的比例很低。与风险投资人不同，天使投资人是创业者的"天使"，天使投资常常是创业的启动资金。

2. 政府及创业中介组织

政府是促进创业融资政策的制定者。政府的政策既是风向标又是润滑剂，维系着整个创业金融体系常规运转的同时推动其不断发展。

除此之外，政府也建立了完善创业信用保障机制。由于创业企业在运营初期还没有树立起良好的企业形象，没有品牌知名度，使得其与创业融资出资人之间存在严重的信息的不对称。这种信息的不对称使得在创业初期的企业不易获得风险投资和天使投资的支持。政府对创业企业进行信用的调查存档，对创业项目进行客观准确的评估，让投资方短时间了解创业企业的详细状况和信用水平，一种信用体系也因此建成。

政府的责任还有设立金融市场。设立金融市场包括股市中设立创业板，政府出资为创业者提供贷款担保，等等。一个有效的创业金融市场框架的设立是创业金融体系有效运营的必要条件。

中介组织除了是促进创业融资政策的实施者还可以对创业者进行评估、为创业者联系到合适的投资者，从而促成融资。还可以为企业的创业融资提供法律咨询，为创业融资企业进行会计核算，保证企业资金链的稳定发展。中介组织亦可以是媒体，例如，CCTV-2《创业英雄汇》为创业者提供了寻找创业融资的平台，且媒体具有较大影响力，是可靠的创业融资中介组织。

创业金融体系包含对创业者和投资者负责、解决信息不对称瓶颈的信用体系，促进民间资本流入的动力机制，推动创业金融产品创新、创业行为创新的创新体制。只有这3个体制良好运转并协同配合，创业金融体系才能充分地服务创业者，推动创业产业的发展。

11.3.2.2 创业融资模式

大学生创业融资模式是大学生在特定区域、特定环境中形成的，在创业动机、创业方式、产业进入、资金筹集、组织形式、创新力度和政府支持等方面具有相似性、典型性的创业行为，是对各种创业因素的配置方式。创业融资模式可以按照创业时机选择、创业发展方式、创业核心元素、创业目的进行分类。

1. 按照创业时机选择划分创业融资模式

（1）休学创业

尚未毕业的大学生发现了极具发展前景的创业商机，且掌握了足够的创业资本，选择终止学业从事创业。

（2）在校兼职创业

在校大学生利用大学课余时间从事兼职职业积累资本。此后的创业方向往往和兼职相关，合作对象也往往是业内有经验的人士，以小商贸培训和信息技术交易为主。

（3）毕业专职创业

大学生毕业后直接从事创业。毕业后职业自由，创业时间充足，有充分的时间进行创业融资。创业者往往会选择与自己专业相关的创业方向，且在校期间就已经开始对创业项目进行调研、前期分析甚至是开始运作。

（4）工作兼职创业

在职人员在工作期间利用空余时间进行创业。此类创业往往利用到工作职位所提供的行业内前沿信息、先进技术、业内人脉资源等便利条件，借助此类条件在本行业或者相关行业进行创业融资后创业，即先就业再创业。

（5）海归创业

国外留学人员归国，借鉴国外先进的创业融资理念、管理理念进行创业。

【案例1】

休学创业模式

戴文博是研二休学学生，是校园O2O宅米的联合创始人，2015年9月宅米刚刚完成了来自美团的3 500万美金B轮融资，企业的未来一片光明。在这之前，国家推出了驾照自学直考政策，他敏锐地看到了这次机会，希望帮助在校大学生顺利学习驾驶技能。经过深思熟虑，他联系了自己在阿里、腾讯、万得资讯的朋友组起团队，9月份选择离开宅米重新创业，经过2个月的筹备，新项目"快来学车"上线。这是一款对接学员和教练的学车平台，学员通过App查看附近教练的资费、资历和历史评价等信息，选取合适的教练，然后支付到平台。短短几个月，快来学车已经收获了种子轮融资，目前团队有8人，项目刚刚开始上线。他们打算一个月内拿下上海市场，然后在全国范围内复制。

2. 按照创业发展方式划分创业融资模式

（1）积累演进模式

这种创业模式初始资金需求小，创业风险低，管理方式灵活，主要集中于商品零售业、餐饮业、化妆品和服装销售、教育培训等行业。在经营取得成功时，再将所得资本投入发展潜力更高、利润风险更高的行业，或是成立小型公司。

（2）连锁复制模式

大学生以加盟直营、区域代理或购买特许经营权的方式来销售某种商品或服务的创业活动，这种创业模式主要出现在有商业零售、饮食、服务的行业。前期自筹一定资金以获取连锁加盟资格，融资资金量小。组织管理按总店或中心统一培训管理与创业者自我雇佣、自我管理相结合的方式。总店和中心负责技术培训、经验分享和资源支持。这种创业模式充分利用特许企业的品牌效应以及配套服务和跟踪指导，减少经营风险。风险低利益也低，创业者无法获得全部销售利润。

（3）分化拓展模式

大学生先就业再创业。在企业中不断熟悉行业的业务情况，在积累了一定的资金、经验、技术和人脉资源后，利用企业或者行业内部出现的机会和资金进行创业。此时的创业融资，还可以借鉴原公司的经验，吸取教训，创业公司发展往往速度较快。

（4）技术风险模式

大学生可以利用自己专业的优势，将先进的技术或产品通过"资本雇佣资本"的方式发展成企业。将技术转化成产品需要资金大量投入，这时的创业融资往往是通过主动吸引天使投资人或是通过中介机构对技术、专利、智力成果进行资产评估，联系融资出资方促成融资。这种创业模式主要集中于技术含量高、知识密集型行业。

（5）模拟孵化模式

模拟孵化模式即大学生参加各大高校举行的创业比赛或者受到高校创业园区的熏陶、资助、催化而进行的创业活动。在模拟创业的环境下，大学生可以了解创业程序，学习创业基本知识，积累创业融资经验。在创业园区中，创业者可以得到创业融资的培训指导、项目评估等帮助。该模式多见于高科技行业和科研中。

（6）概念创新模式

这种模式指大学生根据自己的新颖构思，新奇创意进行的创业活动。概念创新模式主要集中于新兴行业。创业者的优秀创意和构想可以通过创业实践转化为实际利润，同时，创意和构想能够为企业迅速抢占商机，占领市场。该种创业模式所需融资资金不大，创新性是企业赖以生存的核心内容。

【案例2】

连锁复制创业的成功

杨先生是职场新人，他想创业，可是自己没有任何经验，也不知道自己该做什么；偶然一天，杨先生看到路边新开的一家现磨豆浆店生意很好，忍不住上去了解情况，经过深思熟虑决定加盟万卓现磨豆浆店。成为加盟客户后，万卓免费为杨先生提供现磨豆浆核心技术、全套开店加盟指导等服务。到现在，杨先生原本的豆浆早餐车已经发展成了一个小吃店，生意越做越大。随着万卓总部的不断壮大，杨先生也不断地收到总部新技术的升级服务。从刚开始只做豆浆加盟到现在有了奶茶甜品、红豆饼、手打豆花、章鱼小丸子、酱香饼等全面早餐及小吃技术服务。

3. 按照创业核心元素划分创业融资模式

（1）技术型创业

大学生创业核心要素是自己拥有的技术，这包括先进的技术、具有发展潜力的创业项目和新颖创意。具体的创业方式有多种选择，不仅可以独立创业，也可以将自身掌握的技术进行技术入股，或是利用技术吸引资金进行合作创业。

（2）管理型创业

这种模式指利用管理模式和管理技巧进行创业，包括承包经营、连锁加盟、租赁服务、项目管理和咨询服务等多种行业。管理型创业依靠自己的管理机制、出色的管理能力和管理智慧来吸引创业融资出资方。

（3）服务型创业

服务业作为第三产业具有广阔的发展空间。在服务型创业中，独特的创意是十分重要的。及时发现客户的需求、发现市场空白和提升服务质量是服务型创业者努力的方向。服务型创业融资所需资金较少，且风险较小。

（4）资金型创业

资金型创业是指创业者利用自己雄厚的资金基础谋求利益，以资金为创业支撑点开展创业活动，资金是核心要素。此时，如果可以获取创业融资可谓锦上添花。资金型创业所选择的行业以投资和金融业为主。

【案例3】

技术型创业

随着中国经济发展方式的转变和创业环境的不断优化，一批怀揣创业梦的教授更加注重产学研相结合的实践。有着"四川最年轻教授"之称的周涛就是创业教授中的一位。周涛27岁时被电子科技大学聘任，成为当时中国最年轻的教授。他拥有学生般的外貌，却走在"复杂网络"与大数据的前沿，他是中国国内知名大数据专家。BBD（数联铭品）是中国国内商业大数据行业标准COSR的发布者，致力于通过规范数据服务、提升服务能力，来优化决策的效力和效率。除了拥有周涛教授领衔的大数据科学家团队外，公司还拥有全球顶级金融工程专家袁先智博士领军的金融专家团队。

2015年初，BBD获得了A轮融资。在短短半年时间内，因为其良好的成长性，再次赢得了投资机构的青睐。此次B轮融资市场估值10亿元人民币，获得融资金额为1亿元人民币，此轮资金将用于产品研发更新和团队建设。

4. 按照创业目的划分创业融资模式

（1）生存型创业

生存型创业以解决资金和就业问题为目的，启动金小，规模小，但运营灵活。没有创新性使得企业发展后期潜力不足。

（2）科技型创业

依赖创新性技术和创意的支撑，以技术和创意转化为生产力为目的的创业称为科技型创业。科技型创业前期资金投入要求高，风险大，但发展后期前景更好，收益也会丰富。

11.3.3 创业融资渠道及探索

创业融资方式有两类：债务性融资和权益性融资。债务性融资是指企业通过向个人或机构投资者出售债券、票据筹集营运资金或资本开支。个人或机构投资者借出资金，成为公司的债权人。债务融资具有利率高、额度小、时间短的特点，具体包括银行贷款、民间贷款、租赁融资、企业债券等。而权益性融资则不同，权益性融资是指企业为获取其他企业的权益或净资产所进行的投资，即创业企业获利时，其融资企业会从创业企业中获益。权益性融资具有风险高、利润大、还款期限不固定的特点，具体包括风险投资、天使投资等。

11.3.3.1 政府基金

近年来，政府充分意识到创业对促进经济增长、扩大就业容量和推动技术创新有着非常重要的作用。基于我国人口众多、就业形势严峻的国情，不断采取多种方式鼓励大学生创业。为此，各级政府设立了一些政府基金给予支持。一般创业基金分为创业贷款、财政贴息和财政低息。创业基金是吸收政府投资的最理想方式，也是大学生创业最值得采取的融资方式。大学生毕业以后可以持完善的创业计划书到大学生就业指导委员会办公室申请创业扶持，在他们的帮助下申请大学生自主创业基金，也可以通过当地团委青年自主创业基金会的支持，获得创业基金。

政府基金的优势是投资方的信用可靠、利息低、融资成本低，缺陷是年资助项目有限、竞争激烈。具体类型参见9.6大学生创业融资的政策。

11.3.3.2 自筹资金

自筹资金包括两种，自身存款和亲情融资。自身存款无债务负担，但资金有限。亲情融资即通过亲友筹集创业资金，是个人创业启动资金最常见的渠道，属于负债融资的一种，一般不需要承担利息。亲情融资的优势包括融资速度快、成本低，缺陷是若创业失败会存在资金损失的风险。此时，就需要亲友在投资前知晓创业项目的风险和可行性，创业者需主动写下书面借据或书面借款协议，及时沟通。一般来说，亲友不能作为长期融资方式，应另选择其他渠道。

【案例4】

自筹资金——创业的起点

张建功是个苦孩子，他出生在山西大同的一个矿区。他一边读书，一边利用课余时间做小生意。他卖过服装，做过冷饮，批发零售过水果，给工地上过小工……20岁的张建功走出了大学校门。他没有选择留在城市，而是回到老家山西繁峙县的一个乡镇当了团委书记。他说："当时选择基层只是为了锻炼自己，为了有一天能干一番大事。"

有经商经历的张建功对基层团的工作有自己的理解：农村青年看重的是共青团组织能否带领他们脱贫致富。所以，他组织当地青年及下岗青工创立了繁峙县的第一个团办实体——珍珠领带厂。因为张建功丰富的营销经验，该厂很快取得了好的效益。升任共青团繁峙县委副书记后，张建功又自筹资金创办了五台山青年旅行社等团办实体。张建功在基层团的工作上开辟了一个成功的模式，因此被选为共青团十四届中央委员。但在即将被提拔为处级干部时，张建功却做出了一个让人意外的决定，放弃仕途，进京创业。后担任凡元科技集团总经理。

11.3.3.3 天使投资

随着我国政府对民间投资的鼓励与引导，以及国民经济市场化程度的提高，民间资本获得了更大的发展空间。天使投资是自由投资者或者非正式风险投资机构，对处于构思状态的原创项目或小型初创企业进行的一次性的前期投资。天使投资出现在各个行业中，是一种非组织化的创业投资形式，其资金来源大多是民间资本。投资者一方面看重创业企业和创业项目的发展潜力，另一方面看重企业对社会的贡献。天使资金通常是创业者的亲友的商业伙伴，他们对创业者的能力和创意深信不疑，所以天使投资门槛往往较低，有时一个创业构思，只要有发展潜力，就能获得资金。

天使资金的优势是民间资本的投资程序简单，缺点是民间投资者与创业者的关系具有不确定性。创业者应提前对民间资本进行调研，把以后合作可能遇到的问题与民间资本家开诚布公地谈一谈，必要的时候通过书面形式表述出来。

退出是天使投资资金流通的关键所在，只有完成了有效的退出才能将初创企业成长所带来的账面增值转换为天使投资人的实际收益。天使投资主要的退出方式包括：向后轮投资方进行股权转让、并购退出、管理层回购、IPO、破产清算等。

【案例 5】

天使投资助力蒙牛起步

牛根生在伊利公司期间，因为订制包装制品时与谢秋旭成为好友。牛根生退出伊利自立门户时，谢秋旭作为一名印刷商人，慷慨地掏出现金注入初创期的蒙牛，并将其中的大部分股权以"谢氏信托"的方式"无偿"赠与蒙牛的管理层、雇员及其他受益人，而不参与蒙牛的任何管理和发展安排。最终谢秋旭收获不菲，380万元的投入如今已变成10亿元。

【案例 6】

天使投资成就企业辉煌

2014年，徐小平投资的国内首家B2C化妆品垂直电商平台聚美优品（JMEI. NYSE）、戈壁创投蒋涛投资的在线旅游企业途牛（TOUR. NASDAQ）、联想之星王明耀投资的乐逗游戏（DSKY. NASDAQ）纷纷登陆美国资本市场，为其天使投资人带来超高回报的背后，也为天使投资行业带来了极大的正能量。（来自《2014中国天使投资年度报告》）

11.3.3.4 合作融资

合伙人按照"共同投资、共同经营、共担风险、共享利润"的原则，直接吸收单位或者个人投资合作创业的一种融资途径和方法。合伙融资的优势包括充分发挥人才作用，对各种资源进行整合和利用，尽快形成生产能力，降低创业风险。不足之处是可能因为权利与义务的不对等合伙人之间产生矛盾。应首先明确投资份额，确立章程，加强信息沟通，减少误解和分歧。

11.3.3.5 银行贷款

由于银行财力雄厚，银行贷款往往是创业者想到的第一种融资方式。银行贷款的好处在于对方的信用可靠，但坏处在于手续复杂，往往需要经过工商管理部门、税务部门、中介机构等道道门槛。银行贷款一般分为4种：一是抵押贷款，指借款人向银行提供一定的财产作为信贷抵押的贷款方式。二是信用贷款，指银行仅凭对借款人资信的信任而发放的贷款，借款人无须向银行提供抵押物。三是担保贷款，指以担保人的信用为担保而发放的贷款。四是贴现贷款，指借款人在急需资金时，以未到期的票据向银行申请贴现而融通资金的贷款方式。在这4种贷款方式中，担保贷款是一匹"黑马"，随着国家政策的大力扶持及担保贷款数量的增加，面向中小企业的担保贷款必将成为创业者另一条有效的融资之路。

【案例7】

担保贷款助力超市开张

周光超大学毕业回到老家上海后，一直没找到称心的工作，看到自己居住的小区内有一家小型超市生意非常红火，他想：不如开个超市自己给自己干，但是一打听，办个小超市投资起码得六七万元，只好作罢。后来，上海浦东发展银行与联华便利签约，推出了面向创业者的"投资七万元，做个小老板"的特许免担保贷款业务，由于联华便利为合作方为创业者提供了集体担保，创业者自己不必再提供担保，浦发银行可向每位通过资格审查的申请者提供7万元的创业贷款。周光超获悉后立即递交了申请，两个月后，他顺利地从浦发银行领到了贷款，在控江路上如愿开起了自己的小超市。

11.3.3.6 风险融资

通过获取风险投资进行融资叫作风险融资。风险投资家会仔细挑选具有巨大潜力的中小企业，并随着企业的成长分批分期地将资金注入企业，增加创业企业价值，并从中盈利。风险投资是一种持续、流动性差的权益资本而非借贷资本，风险投资家投入权益资本并非想控制企业，而是想盈利。风险资本偏集于创新创业活动最活跃的地区；偏向于高增长性、高附加值和高回报预期的新兴领域和行业的中小企业的创业活动；偏爱综合素质好，有企业家潜质的创新者和团队。

风险资本投资规模大，一次风险投资的金额少则50万到150万美金，最高投资金额甚至达到1亿美元。因为风险投资规模大，所以其筛选审查过程也极其严格。在所有申请项目中，有90%因不符合风险投资公司的标准、喜好而不被考虑，符合标准的10%中又只有0.5%的项目可以通过审查和全面复审，获得风险投资。

为获得风险融资，创业者必须放弃一部分企业的所有权，这是因为大多数风险资本家通过购买小企业的普通股或可转换优先股获得所有权。购买份额可大可小，创业者会在获取资金的优点与丧失企业控制权的缺点间做出平衡。除此之外，风险投资家会加入投资企业董事会，甚至任命新的经理或团队来保护自己的投资。所以，在达成融资协定前，创业者应与投资者在控制权多少和承担日常管理经营多少上达成协定。

风险投资者的兴趣多在一些处于上升期的，发展稳定的大企业，能够吸引到风险投资的初期企业只占9%，多是高科技公司，但也会考虑其他领域。大多数风险投资公司并非一次性融资，而是选择风险相对小的多次持续融资。

风险投资可以增加创业企业价值。其方式主要包括：提供相互接触、获得信息、接近机构和人员的机会、吸引专业人士和管理者、吸引其他融资出资者战略开发、激活董事会成员。获得丰厚利润后风险投资将会从风险企业中退出，退出机制一般有销售、IPO、联盟、兼并、清算。风险投资撤出后企业就不再是风险企业了。比起前面所提及的种种投资渠道，选择风险融资的创业者更需要看到风险投资中的高回报、高风险，要努力管理风险、驾驭风险、规避风险，不断提高团队的管理水平。

我国风险投资机构有 4 种类型：政府建立的风险投资公司、有限责任公司，中外合资的风险投资公司，政府设立的科技创新基金。我国风险投资处在初级阶段，大部分风险投资由政府组建或政府控股，投资十分谨慎。风险投资投入的领域较窄，服务对象也是已经具有一定规模、产生一定效益的企业。

【案例 8】

从政府创业基金到风险投资

2006 年 1 月，位于上海大学国家大学科技园内的上海申传电器有限公司在上海市大学生科技创业基金支持下成立，并在 2006 年 6 月获得上海亿创投资有限公司 300 万元风险投资，打破了国内大学生创业难获风险投资的尴尬局面，开创了上海大学生创业的崭新局面。

据上海申传电器有限公司创始人郑昌陆回忆，获得政府创业基金的喜悦和新鲜感并没有维持多久。不足一月后，他就发现原来申报的项目虽然应用前景很好但研发周期很长，同时需要大笔资金投入，政府创业基金不足以满足公司发展的需求。

于是，创业团队做出了一个果断的决策：除了原先申报项目外，同时专攻既有一定技术基础又有市场前景的电子电力产品。经过几番公关，创业团队陆续开发出高性能逆变电源、智能化蓄电池充电装置、工业变频器等产品。渐渐地，公司开始获得订单，并与国内几家大型企业达成了长期合作协议。

转机终于来了，通过上大科技园的牵线搭桥，上海亿创投资有限公司对申传的项目表示很有兴趣。2006 年 6 月 2 日，这家风险投资商决定到郑昌陆所在的公司进行实地考察。双方又经过交流，最终达成了协议：上海亿创投资有限公司将分段注资 300 万元。郑昌陆所带领的团队，成为上海市大学生创业风险基金的第一例。

【案例 9】

连环创业者轻松收获风险投资

天才少年王兴，头顶名校光环学成回国创业，在前一两次不算成功的创业尝试后，王兴创立校内网，并很快风靡于大学校园圈之中。校内网于 2006 年 10 月被千橡以 200 万美元收购。2007 年 5 月 12 日，王兴创办饭否。这也是中国第一个类 twitter 项目饭否网，但就在饭否发展势头一片良好之际被关闭，让王兴事业受到挫折。之后，连环创业客王兴于 2010 年 3 月上线新项目美团网，并在千团大战之中脱颖而出，稳居行业前三，并先后获得红杉和阿里的两轮数千万美金的风险融资，这个连环创业客的事业正逐渐走上正轨。

11.3.3.7 网络借贷平台

网络借贷指的是借贷过程中，资料与资金、合同、手续等全部通过网络实现，它是随着互联网的发展和民间借贷的兴起而发展起来的一种新的金融模式。

11.3.3.8 典当融资

典当是以实物为抵押,以实物所有权转移的形式取得临时性贷款的一种融资方式。只要顾客在约定时间内还本并支付一定的综合服务费用,就可赎回典当物。创业者无须提供财务报表和贷款用途等说明,不审核借款人的信用度,不问借款用途。典当行或银行评估抵押物现值,乘以折当率为典当金额。与作为主流融资渠道的银行贷款相比,典当融资起着拾遗补缺、调余济需的作用,在短时间内为融资者争取到更多资金。

11.3.3.9 融资租赁

租赁融资是一种以融资为直接目的的信用方式,先借物,再以租金的方式分期偿还。该融资方式具有以下优势:不占创业企业的银行信用额度,不需用大量资金购买设备。但租赁融资的出资方一定要选择实力强、资信度高的专业公司。

11.3.3.10 众筹融资

由创业者或者创意人把自己的产品原型或创意提交到平台,发起募集资金的活动,感兴趣的人可以捐献指定数目的资金,然后在项目完成后,得到一定的回馈,如这个项目制造出来的产品。有了这种平台的帮助,任何有想法的人都可以启动一个新产品的设计生产。

【案例10】

会籍式众筹——3W 咖啡

互联网分析师许单单从分析师转型成为知名创投平台3W 咖啡的创始人。3W 咖啡采用的就是众筹模式,向社会公众进行资金募集,每个人10股,每股6 000元,相当于一个人6万元。3W 的众筹在微博上引起广泛关注,很快3W 咖啡汇集了一大帮知名投资人、创业者、企业高级管理人员,包括沈南鹏、徐小平、曾李青等数百位知名人士,股东阵容堪称华丽,3W 咖啡使得中国众筹式创业咖啡在2012年颇为流行。几乎每个城市都出现了众筹式的3W 咖啡。3W 很快以创业咖啡为契机,将品牌衍生到了创业孵化器等领域。其实,没有人是为了6万元可以带来的分红来投资的,更多的是3W 给股东带来的人脉价值。

11.3.4 创业融资风险及管理

11.3.4.1 创业融资风险

创业融资风险指企业因创业融资而带来的种种不可预测性。大学生在创业初期一腔热血,热情满满,但是他们往往对融资风险的认识和评估不够。创业融资风险主要类型,见表11-1。

表11-1 创业融资风险类型

创业融资风险	含义
创业项目信用风险	参与融资的融资方未能履行相关的责任和协定而产生的风险
创业完工风险	创业项目未能及时完工、完工时间延期、完工之后未达到预期的标准等风险
创业市场风险	市场价格波动,在一定的成本水平上能否维持原计划中产品的产量、质量、产品的市场需求量所带来的风险,主要是价格风险、竞争风险、需求风险
创业生产风险	创业项目在试生产阶段、生产经营阶段,由于资源的储量、原材料供应、生产经营状况、劳动力状况、技术等因素所引起的一系列风险
创业环境保护风险	为了满足环保相关法律法规的要求,而增加新资产的投入,甚至是迫使项目停产等风险
创业金融风险	项目融资中的汇率风险和利率风险等

下面让我们具体来看看以下几类创业融资风险:

1. 负债融资和股权融资可能引起的创业融资风险

这种风险主要包括两个层次的内容:一是负债融资引起的风险。创业企业可能丧失偿债付息能力的财务风险。二是股权融资导致的风险。创业企业由于融入权益资本造成股东失去控制权,利益受到损失的风险。一般债权性融资的风险比股权性融资的风险大。

在融资过程中的企业,会受到融资结构、利率等方面政策变动的影响。一般来说,企业的负债规模越大,利息支出越多,收益从而降低,最终导致企业失去偿付能力,甚至出现破产的可能。我们可以发现,企业的财务风险与负债的规模成正相关;在相同的负债规模下,如果负债率越高,创始企业的利息费用支出也就越多,企业面临破产危机;负债的期限结构,即创业企业长短期借款的相对比例,也会对创业融资的风险性产生影响。如果需要进行长期的资金筹集却采用短期的借款,这就会增加筹资风险。

经营策略或融资环境的变化,使股东的收益发生变化,从而对股权融资产生风险。经营风险主要是企业税前利润的不确定性,它存在于企业生产经营的过程中。虽然经营风险与筹资风险不同,但是却影响筹资风险。企业预期的现金流入量和资金的流动性,决定了企业是否能够按期偿还本息。如果做出投资决策而未及时实现预期的现金流入量,那么企业就会出现财务危机。企业负债经营会受到金融市场的影响,而金融市场的波动会直接导致筹资的风险。

【案例11】

艾克特-莫奇公司的融资风险

1946年，宾夕法尼亚大学的普雷斯波·艾克特和约翰·莫奇带领一个小组开发出了第一台具有工作用途的计算机。他们欲把计算机商业化，推向市场。这比IBM的第一台商用计算机整整早了6年。但由于艾克特-莫奇公司融资链断裂，缺乏财务支持，几年后，再也无法承担庞大的研究开发费用，最终被其他公司兼并。

2. 创业团队人员自身可能引起的创业融资风险

大学生自身缺乏创业融资技能。大学生自身创业能力的匮乏是限制大学生创业融资的主要原因。创业者急于得到资金用于企业启动运转，往往通过低价进行股权售卖和技术创意的兜售，导致毁约，对企业信誉产生负面影响，难以树立品牌，创业融资风险加大。大学生在选择融资对象上缺乏风险意识和理智判断。

同时，种子期的创业企业团队里全部是技术人员，缺乏专业的财务管理人员。企业的财务工作集中在日常的记账、算账等，而没有人手来研究资源配置、缓解债务负担、加速资金周转、优化资本结构、提高资金使用效益等问题，财务工作形同虚设，可能会导致企业的资金分配不合理，资本结构混乱，资金周转停滞。

3. 创业企业内部治理不当所引起的创业融资风险

创业企业内部治理不当所引起的融资风险在企业创始期十分突显。企业创业之初，往往会忽视财务内控制度的建设。比如，创业企业缺少资金流动手续的章程使得企业中资金进出业务无章可循，办事效率低下，分工不明确；预计资金的收支程序不能按照一定的章法找寻，预计资金回收情况与业务的进展情况无法同步；资金不依照项目进程拨付，造成资金超支、损失浪费；资金回收意识淡薄，账目上存在多笔滞账，不良资产成为公司发展的后患。

4. 创业企业信用建设缺失所引起的创业融资风险

企业创始初期的融资风险大的另一个原因就是企业不注重信用建设，对企业的信誉产生负面影响，如会计信息不透明，做假账、空账，偷税漏税，甚至逃避债权人债务，侵害投资者权益。企业在政府所构建的创业信用保障机制中评级评分低，导致银行等金融机构一般会提高对创业企业贷款的条件，使得融资难度变大，导致种子期、创立期的企业获得权益性投资的难度增大，发生权益融资风险；在成长期会失信债权人，难于融入债务性资金，使得企业从一开始就不易平稳运行。

5. 创业环境引起的创业融资风险

创业企业环境的改变也会影响创业融资，成为企业创业融资的潜在风险。当政府运用宏观手段，如财政政策、货币政策、产业政策等来进行宏观调控时，一些政策会对部分企业经营活动形成限制，对自身实力薄弱、销售产品单一的种子期企业影响巨大，甚至是毁灭性的，可能会导致融资链条中断。不稳定的宏观政策无疑会加大创业企业融资的系统风险。

11.3.4.2 创业融资风险管理与规避

比起外因，内因是事物发展的决定性因素。大学生在创业时应提前根据资金的需求进行合理的测算，规划和把握融资的节奏，节约使用资金，在提高企业市场竞争力的同时，提高融资能力，降低融资成本和风险。

创业者团队的素质和领导力是创业企业融资成功的关键。创业初期，管理人员相对少，创业者需要有较全面的经营管理知识，担当多面。创业者自身能力十分重要，但创业更需要的是整个团队的努力。种子期企业的创业者要用人格魅力来凝聚团队的力量，齐力同心，抵御创业融资风险。从另一方面来说，中小股东、债权人等融资资金提供者十分看重创业者的道德心和责任心，负责任、守信用的创业者会吸引更多的创业融资。

我们可以看到很多创业企业内部的风险都来自其财务管理制度的不足或缺失。创业者因此应积极完善企业内部治理结构，健全企业管理制度。这包括，完善股权治理结构，保证企业第一与第二大股东的绝对控股地位和较小控股比例，通过长期投资形成大量的专用资产维护企业信用；健全企业资金流动管理办法，确保资金流动透明、手续简便、分工明确；健全企业管理制度，保证内控机制的科学性和有效性，确保融资策略的合理和高效。

在企业不同成长阶段，依照实际情况选择适合自身的融资方法也可有效规避融资风险。初期的企业，资金来源有限、风险承担能力很弱，应考虑采用亲情融资或合伙融资或创业政策融资的方法降低风险；成长阶段的企业，需要扩大生产规模不断增收，需要大量的外部资金注入，不妨选择银行贷款或天使基金；企业壮大后，收益渐入稳步发展的阶段，企业有一定的能力来承担风险，可以选择风险融资等来进一步扩大企业的市场。

创业企业应该把创业融资风险防范意识牢记于心。创业团队应提前招聘有经验的财务人员，以强化融资决策的科学性。创业团队也应该主动接受相应服务机构的财务培训，提高创业融资风险防范、规避、处理能力。

创始企业也应充分认识和利用地区政策的融资支持降低风险。熟悉创业地区的融资政策及相应的法律法规，充分利用政策支持，扩大融资渠道，关注新出台的相关政策。遇到相关新政策出台，创业团队应对创业融资进行全面分析，及时果断地调整融资策略保证企业稳健成长。

拥有好的创业团队、完善的内部结构和健全的规章管理制度，一部分是为了可以创造良好的信用记录。良好的信用记录可以使得金融机构对创业企业未来的成长有更大的信心，二次融资难度下降。创业企业应强化信用意识，不恶意拖欠债务，积极履行各项合同协议，树立企业良好的形象。

本章要点回顾

资金作为企业正常生产经营运转所必需的"血液"或"润滑剂",能否获得稳定的资金来源,及时足额筹集到生产要素组合所需要的资金,对经营和发展都起着至关重要的作用。在金融市场日益发达的今日,融资已经成为每个企业发展必须经历的过程。

本章的主要内容是风险管理,包括创业项目的风险、企业管理的风险和创业融资的风险。创业项目的风险分析很重要,我们学会对风险进行创业收益预测并对创业者的风险承担能力进行评估是十分重要的。随着业务和规模的不断扩大,企业在市场中面临的风险不断增多,这就要求企业能够正确识别风险,并通过管理活动将风险可能带来的不良影响降到最低。

即使在金融市场发达的今日,大学生创业仍然会面临资金不足、没有好的融资方案等问题。因此,处理好创业主体、创业融资出资方、政府及创业中介组织三方的关系,是融资者要考虑的问题;同时,大学生也应考虑好自身的条件及创新创业方式,多方面开拓融资渠道,提高融资量,并且可以有效地规避风险。

 课堂训练

分组讨论:
1. 什么是创业风险?
2. 大学生创业风险的类型有哪些?
3. 大学生创业中的管理风险指的是什么?
4. 大学生创业存在风险的原因有哪些?

 实践任务

小徐是"倒霉"的青年创业者之一。她去年毕业于湖南某大学,因为没有找到适合自己的工作,所以小徐决定创业——在长沙某商业街开了一家米粉店。"因为缺乏资金,我和合伙人各从家里借了1万元钱。这1万元对于别人不算什么,可是我是东拼西凑才弄到的。"小徐说。

因为租金较高,小徐为降低运营成本,只请了一名厨师,自己和合伙人又当老板、又当伙计。一个月经营下来,生意很一般,收支才刚好平衡。但是小徐完全没有想到的是,由于物价上涨,粉店运营成本加大。为了维持生计,她决定涨价,可涨价后,客人减少了很多,不到半年的时间,米粉店就经营不下去了,小徐一算账,发现还亏了5000元钱。

就这样,小徐结束了她短暂的如同"噩梦"般的创业生活,"父母辛苦供我念完大学,不能再让他们操心了。所以我决定找份工作,打工赚钱把欠家里的钱还上。"小徐说。

请分析小徐创业失败的原因，这给我们什么启示？

 课后拓展

如家已经完成总额 1.17 亿美元的融资。2015 年 9 月到期的美元定期贷款的再融资，借贷方为工商银行，贷款年利率为 3 个月 LIBOR+295 基点。如家方面表示，该笔融资主要被用于公司体系建设和扩张门店等发展用途。目前，如家麾下有定位标准经济型的"如家"、个性化的"莫泰"和中高端的"和颐"三大品牌，今后将在全国以此三大品牌实施多品牌扩张战略。如家财报显示，公司在 2013 年第一季度新开设了 91 家酒店，其中包括 16 家直营酒店，以及 75 家特许经营酒店。试分析如家在融资方面的策略及其合理性。

第12章

新创企业管理

 学习目标

新创企业的管理是几乎每个创业者所必须要面临的问题,为此,我们要系统掌握新创企业管理的理论体系及现实操作。本章详细描述了新创企业的法律形式的选择及工商税务登记的流程步骤,介绍了企业内部管理的策略,最后提出了创新性的管理方式。

学习完本章后,希望同学们做到:

①掌握新成立企业的法律形式的选择。
②明确新成立企业注册的程序、步骤。
③了解企业在组织结构、薪酬体系、文化构建等方面的管理方式。
④了解企业管理的创新点。

 导入案例

2017年,我校有两个学生创业团队经创新创业大赛脱颖而出,获得了我校孵化基地资金场地支持、望城区政府奖励资金支持和大汉金桥国际办公场地支持,实现了创业项目的落地。在学校和相关部门的支持下,两个项目最终于2017年下半年分别以"长沙星宏电子科技有限公司"和"长沙长科电子科技有限公司"正式注册运营。

星宏电子科技有限公司是一家以开展科技教育培训为主,兼科技产品的研发与销售为一体的教育机器人机构。目前公司自主研发的产品有"英雄梦"原创智能电子产品、人形舞蹈机器人系列产品、多旋翼飞行器系列产品、智能家居系列产品、青少年儿童电子科技小制作系列产品等,可满足不同年龄阶段的教学需求。公司经营以"来自教育,服务教育;来自生活,创造生活"为理念,以"让大众都能享受教育机器人"

为宗旨，充分发挥其优质教育资源和专业技术资源，通过"走出去、引进来"的推广模式，主动对接学校、企业，建立实验室、研发室，对学员进行教育、培训和职业鉴定。

长沙长科电子科技有限公司是一家以消费级无人机售后维修为主、影视航拍为辅，同时兼具无人机研发于一体的创新型微小企业。在消费级无人机售后维修方面，该公司针对当前无人机"返厂维修"的售后服务模式效率低下这一特点，通过上门服务、快修服务和质保服务等多种模式为客户解决实际问题。影片拍摄作为公司辅助业务，已与湖南同禾传媒有限公司签订了合作订单，每年能提供给公司的项目单数约40单，充分保证了公司影片拍摄的业务量，并为本公司补充业务收入。此外，公司还坚持创新、研发自主品牌产品。

上述两家公司从注册到正式运营已有一段时间。在这个过程中，两个创业团队也都曾遇到过一些困扰。学校的创新创业导师团队和公司注册所在的大汉金桥国际集团的创业辅导团队都给予了两个创业团队以各种形式的指导和支持，不断帮助他们克服困难，指导两家新创企业的发展方向。

现在，请思考以下三个问题：
1. 你认为新创企业的发展会遇到哪些问题与困扰？
2. 关于新创企业，你都了解哪些知识？
3. 结合以上两个创业团队的介绍，你还产生了哪些想法？

12.1 新成立企业

12.1.1 企业法律形式的选择

新企业创立之前，创业者应该首先确定拟创办企业的法律组织形式。新创企业可采用不同的组织形式，例如，创业者个人独立创办的个人独资企业，或者由创业者团队创办的合伙制企业，或者成立有限责任公司和股份有限公司。对创业者而言，各种法律组织形式没有绝对的好坏之分，各有利弊。但无论选择怎样的形式，都必须根据国家的法律法规要求和新创企业的实际情况，科学衡量各种组织形式的利弊，决定合适的组织形式。

在1999年8月30日中华人民共和国第九届全国人民代表大会常务委员会第十一次会议通过《中华人民共和国个人独资企业法》之后，2005年10月第十届全国人民代表大会第十八次会议和2006年8月27日第十届全国人民代表大会第二十三次会议分别通过了新《中华人民共和国公司法》和《中华人民共和国合伙企业法》，2013年12月28日第十二届全国人民代表大会常务委员会第六次会议通过《中华人民共和国公司法》的第三次修订。至此，我国企业法律形式基本上与国际接轨。

1. 个人独资企业

个人独资企业是最古老也是最常见的企业法律组织形式。个人独资企业又称个人业主制企业,是指依法设立,由一个自然人投资、全部资产为投资人所有的营利性经济组织。当个人独资企业财产不足以清偿债务时,选择这种企业形式的创业者须以其个人其他财产予以清偿。在各类企业当中,该类企业的创设条件最简单。根据《中华人民共和国个人独资企业法》,申请设立个人独资企业应满足的条件,如图12-1所示。

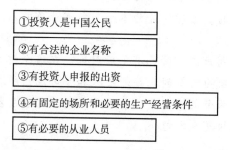

图12-1 申请设立个人独资企业应满足的条件

个人独资企业的成功与否依赖于所有者个人的技能和能力。当然,所有者也可以雇用那些有其他技能和能力的员工。

2. 合伙企业

根据《中华人民共和国合伙企业法》,"合伙企业"是指依法在中国境内设立的、由各合伙人订立合伙协议,共同出资、合伙经营、共享收益、共担风险,并对合伙企业的债务承担无限连带责任的营利性组织。合伙企业一般无法人资格,不缴纳所得税,缴纳个人所得税。其类型有普通合伙企业和有限合伙企业,两者最大的区别在于有限合伙企业有普通合伙人和有限合伙人两种不同的所有者。其中,普通合伙人对合伙企业的债务和义务负责,而有限合伙人仅以投资额为限承担有限责任,但后者一般不享有对组织的控制权。另外,普通合伙企业合伙人可以用货币、实物、知识产权、土地使用权或者其他财产权利出资,也可以用劳务出资,而有限合伙企业有限合伙人不得以劳务出资。以下主要介绍普通合伙企业。

除了要有合伙企业的名称、经营场所以及从事合伙经营的必要条件,设立合伙企业还应当具备以下几个条件:

1) 有两个以上合伙人,合伙人应当具备完全民事行为能力,且都是依法承担无限责任者。

2) 合伙人应订立书面合伙协议,协议载明企业的名称、地点、经营范围、合伙人出资额和权责情况等基本事项。

3) 合伙人应当按照合伙协议约定的出资方式、数额和缴付出资的期限,履行出资义务。出资应当是合伙人的合法财产及财产权利。合伙人以劳务出资的,其评估办法由全体合伙人协商确定。

3. 有限责任公司和股份有限公司

公司是现代企业中最主要的企业形式。它是指依法设立的，有独立的法人财产，以营利为目的的企业法人。所有权与经营权分离，是公司制的重要产权基础。与传统"两权合一"的业主制、合伙制相比，创业者选择公司制作为企业组织形式的一个最大特点就是仅以其所持股份或出资额为限对公司承担有限责任；另一个特点是存在双重纳税问题，即公司盈利要上缴公司所得税，创业者作为股东还要上缴企业投资所得税或者个人所得税。根据《中华人民共和国公司法》（以下简称《公司法》），我国的公司分股份有限公司和有限责任公司（包括一人有限责任公司）两种类型。

有限责任公司，简称有限公司，是指根据《中华人民共和国公司登记管理条例》规定登记注册，由五十个以下的股东出资设立，每个股东以其所认缴的出资额对公司承担有限责任，公司以其全部资产对其债务承担责任的经济组织。除了要有固定的生产经营场所和必要的生产经营条件之外，创业者设立有限责任公司还应具备下列条件：

1）股东符合法定人数。我国《公司法》第二十四条规定：有限责任公司由五十个以下股东出资设立。

2）股东出资达到法定资本最低限额。一般有限责任公司注册资本的最低限额为人民币三万元，而一人有限责任公司的注册资本最低限额为人民币十万元，且全体股东的货币出资金额不得低于有限责任公司注册资本的百分之二十。

3）股东共同制定公司章程。法律规定有限责任公司的章程应当载明的事项包括：公司名称和住所；公司经营范围；公司注册资本；股东的姓名或名称；股东的权利和义务；股东的出资方式和出资额；股东转让出资的条件；公司的机构及其产生的办法、职权、议事规则；公司的法定代表人；公司的解散事由和清算办法；股东认为需要规定的其他事项。

4）有公司名称，建立符合有限责任公司要求的组织机构。要有固定的生产经营场所及必要的生产经营条件，股份发行、筹办事项要符合法律规定。

12.1.2 企业的工商、税务登记

2014年7月国务院发布《关于促进市场公平竞争维护市场正常秩序的若干意见》倡导"三证合一"，改革市场准入制度。2015年10月1日起，实行营业执照、组织机构代码证和税务登记证三证合一制度。所谓"三证合一"，就是将企业依次申请的工商营业执照、组织机构代码证和税务登记证三证合为一证，提高市场准入效率；"一照一码"则是在此基础上更进一步，通过"一口受理、并联审批、信息共享、结果互认"，实现由一个部门核发加载统一社会信用代码的营业执照。

按照现行法律法规，创业者注册新公司需要遵循一定的流程，并需要到相应的政府部门登记审批。

1. 公司核名

注册公司第一步就是公司名称审核。创业者需要通过市工商行政管理局进行公司

名称注册申请，由工商行政管理局 3 名工商查名科注册官进行综合审定，给予注册标准，并发放盖有市工商行政管理局名称登记专用章的"企业名称预先核准通知书"。

此过程中申办人需提供法人和股东的身份证复印件，并提供 2~10 个公司名称，写明经营范围、出资比例。公司名称要符合规范，例如，北京（地区名）+某某（企业名）+贸易（行业名）+有限公司（类型）。

2. 经营项目审批

如新创企业的经营范围中涉及特种行业许可经营项目，则需报送相关部门报审盖章。特种许可项目涉及旅馆、印铸刻字、旧货、典当、拍卖、信托寄卖等行业，需要消防、治安、环保、科委等行政部门审批。特种行业许可证办理，根据行业情况及相应部门规定不同，分为前置审批和后置审批。

3. 公司公章备案

企业办理工商注册登记过程中，需要使用图章，由公安部门刻出。公司用章包括：公章、财务章、法人章、全体股东章、公司名称章等。

4. 验资

按照《公司法》规定，投资者需按照各自的出资比例，提供相关注册资金的证明，通过审计部门进行审计并出具"验资报告"。

5. 申请三证联办

三证联办包括工商营业执照、税务登记证、组织机构代码证，需到工商局相关部门办理。应提供的材料包括：名称（变更）预先核准申请书原件；法人代表身份证原件及复印件；公司或企业章程原件及复印件；房产证明复印件，并加盖产权单位公章或产权人签字；内资申请书产权人签字或盖章；申请多证联办（三证合一）指定（委托）书；指定委托书等。

6. 办理税务登记证

税务登记证应到当地国税局办理。办理税务登记证应提供的材料包括：企业营业执照副本、组织机构代码证副本、经营场所产权证及租赁合同复印件、法人身份证、公司章程、验资报告及公章。

7. 银行开户

新创办企业需设立基本账户，企业可根据自己的具体情况选择开户银行。银行开户应提供的材料包括营业执照正本、组织机构代码证正本、法人身份证、公司公章/法人章/财务专用章、国地税务登记证正本等。

12.1.3 创办企业应注意的伦理问题

创业伦理是创业者在开拓市场、资本积累、互惠互利、协同合作、个人品德、后天修养等方面的一些行为准则。创业者组建一个新企业后，势必要进入市场竞争的圈子，相应地，也要遵守这一圈子所共同维护的行为规范。当一个创业者成长为一个企业家时，他会越来越重视自己在社会中的形象，并开始注重自身的伦理和自己企业的伦理建设。毕竟，没有哪个企业愿意和一个臭名在外、不讲诚信的公司进行合作。

1. 创业者与原雇主之间的伦理问题

不少新企业是人们辞职创建的。在辞职进行创业后，一些创业者出乎意料地发现，自己已置身于受前雇主公司敌对的境地。以下是辞职时必须遵循的两个重要原则：

（1）职业化行事

首先，雇员恰当地表露离职意图十分重要，同时，在离职当天，雇员应处理完先前分配的所有工作。急不可耐地离职会让雇主十分恼火，而且雇员不应该在最后几天的工作中忙于安排创办企业事宜，这些并非职业化的行事风格，也是对当前雇主的时间与资源的不恰当使用。如果雇员打算离职后在同一产业内创业，至关重要的是，不能带走属于当前雇主的资料信息。雇主有权利防止商业机密失窃（如客户清单、营销计划、产品原型和并购战略等），或阻止商业机密从办公室向雇员家里的非正当转移。根据所谓公司机会原则，关键雇员（如高级职员、董事和经理）和技术型雇员（如软件工程师、会计和营销专家）负有对雇主忠诚的特殊责任。当雇员把属于雇主的机会转为己有时，公司机会原则经常会直接出面干预。在职期间，雇员可以利用下班时间策划如何与雇主竞争，但决不允许窃取雇主机会；只有当雇佣关系终止后，雇员才能说服其他同事到新企业工作，或真正开创一家与雇主竞争的企业。

（2）尊重所有雇佣协议

对准备创业的雇员来说，充分知晓并尊重自己曾签署的雇佣协议至关重要。在一般情况下，关键雇员都签署了保密协议和非竞争协议。保密协议是雇员或其他当事人（如供应商）所做的不泄露企业商业秘密的承诺，这要求雇员在职期间甚至离开公司之后，都必须严格遵守该协议。非竞争协议则规定了在特定时间段内，个人禁止与前雇主相竞争。如果签署了非竞争协议，要合理地离开公司，雇员就必须遵守相关协议。

2. 创业团队成员之间的伦理问题

创建者之间就新企业的利益分配以及对新企业未来的信心达成一致非常重要。对创业者团队来说，易犯的错误就是因沉迷于开办企业的兴奋之中而忘记订立有关企业所有权分配的最初协议。创建者协议（或称股东协议）是处理企业创建者间相对的权益分割、创建者个人如何因投入企业"血汗股权"或现金而获得补偿、创建者必须持有企业股份多长时间才能被完全授予等事务的书面文件。以下列出了创建者协议所包含的主要内容：

1）未来业务的实质。
2）简要的商业计划。
3）创建者的身份和职位头衔。
4）企业所有权的法律形式。
5）股份分配（或所有权分割）方案。

6）各创建者持有股份或所有权的支付方式（现金或血汗股权）。
7）明确创建者签署确认归企业所有的任何知识产权。
8）初始运营资本描述。
9）回购条款，明确当某位创建者因病逝世、退出出售股份时的处理方案。

通常，创建者协议的重要议题涉及某位创建者逝世或决定退出带来的权益处理问题。大多数创建者协议都包含一个回购条款，该条款规定，在其余创建人对企业感兴趣的前提下，法律规定打算退出的创建人有责任将自己的股份出售给那些感兴趣的创建人。在大多数情况下，协议还明确规定了股份转让价值的计算方法。回购条款的存在至关重要，这是因为：第一，如果某位创建者离开，其余创建者需要用其股份来寻求接替者；第二，如果某位创建者因为不满而退出，回购条款就给其余创建者提供了一种机制，它能保证新企业股份掌握在那些对新企业前途充分执着的人手中。

3. 创业者和其他利益相关者之间的伦理问题

创业者和其他利益相关者之间的伦理问题涉及：

（1）人事伦理问题

这些问题与公正公平对待现有员工和未来员工有关。不符合伦理的行为范围非常广泛，从招聘面试中询问不恰当问题到不公平对待员工的方方面面，其根源可能是因为他们在性别、道德背景、宗教等方面有所不同。

（2）利益冲突

这些问题与那些挑战雇员忠诚的情景有关。例如，如果公司员工出于私人关系以非正常商业理由将合同交给其朋友或家庭成员，这就是不恰当的行动。

（3）顾客欺诈

这个领域的问题通常出现在公司忽视尊重顾客或公众安全的时候。例如，做误导性广告、销售明知不安全的产品等。

12.2 企业的内部管理

管理是伴随着企业整个生命周期的企业活动，在企业发展中发挥着至关重要的作用。其目的是协调好人力、物力和财力资源以使得整个组织活动更加富有成效。其中，企业进行内部管理的途径主要是组织构建、薪酬体系以及企业文化建设，目的在于强化组织凝聚力、加强部门间合作、提高组织的执行力，有利于企业的长远发展。

12.2.1 组织结构的选择

组织结构，是指在组织理论指导下，为了实现组织目标，经过组织设计形成的组织内部各部门、各层次之间固定的排列形式，即组织内部的构建方式。

企业组织结构的类型是多种多样的，没有任何一种组织机构模式对所有企业都适用。企业设置组织结构必须结合自己企业的文化背景、发展战略、经营策略等多方面的实际，选择最适合本企业的组织结构模式。企业组织结构一般有以下几种形式：

1. 直线型

直线型组织结构,是指上下级职权关系贯穿于组织的最高层到最低层,从而形成一种指挥链的组织结构形式。直线型组织结构是最简单、最古老的一种组织结构形式。在这类组织中,各种职务按垂直体系直线排列,各级主管拥有对下属的直接领导权,每一员工只能向一个直线上级汇报,组织中不设置专门的职能部门。在直线型组织结构中,管理者的职责与职权直接对应组织目标。

适用范围:没有实行专业化管理的劳动密集、机械化程度较高、规模较小的企业。

2. 职能型

职能型组织结构,是指各级行政单位除设置主管负责人之外,还相应地设立部分职能机构。在组织中按照专业以及分工设置职能部门,各部门在自身业务范围内有向下级发布命令的权力,每一级组织不仅要服从上级的指挥,还要听从各职能部门的指挥。企业采用这类结构目标在于提高企业内部效率以及技术专业化程度,适合外部环境相对稳定、技术相对成熟、跨职能部门间依存程度不高的小型或中型企业。但这种结构也存在明显的缺点:它妨碍了统一领导和集中指挥,容易导致多头领导;在中级管理层容易出现"有功大家抢,有过大家推"这类现象;当上级行政领导和职能机构的命令和指导发生冲突时,下级无法得到明确的命令,容易造成纪律松弛,生产管理秩序混乱。由于这种组织结构拥有突出的缺陷,现代企业一般都不采用职能型组织结构。

适用范围:中、小型企业。

3. 直线-职能型

直线-职能型,也被称作生产区域制,或直线参谋制度。它是在吸取了直线型和职能型这两者优点的基础上建立起来的。目前,绝大多数企业都采用这种组织结构形式。在这种组织结构形式中,企业管理机构和人员分为两类:一类是直线领导机构及人员,按照命令统一原则对各级组织行使指挥权;另一类是职能机构及人员,其按照专业化原则,从事组织的各项职能管理工作。其中,直线领导机构及人员在自身责权范围内有一定的决定权以及对所属下级的指挥权,此外,他们需要对自己部门的工作承担全部责任。而职能机构及人员,则只能作为直线指挥者的参谋者,不能对直接部门发号施令,只能对其进行业务上的指导。

适用范围:劳动密集、规模较大、重复劳动的中、大型企业。

4. 矩阵型

矩阵型组织结构,是指把按照职能划分的部门和按照产品划分的部门综合起来构成一个矩阵的组织结构形式。在这类组织中,产品经理和职能经理拥有同样的职权,同一名员工在与原职能部门保持组织上与业务上联系的同时,又要参与到产品或项目小组的工作中。矩阵型通常适用于从事项目管理的企业,为完成某一项目,从各职能部门抽调人员组成项目小组,当项目完成后,项目小组内各人员重新分配工作,项目经理不复存在。在这种结构中，一个员工对应一个上级的传统原则被打破，一个员工可以属于两个甚至两个以上的部门，多数员工要同时向两个经理负责，一方面要服从项目的管理，另一方面要服从公司各个职能部门的管理，从而形成一种矩阵形式。

适用范围：适用于一些员工素质较高、技术复杂、需要集中各方面专业人员集体攻关某一项目的企业，如研发型企业、软件公司、工程企业、航天航空企业等。

5. 事业部型

事业部型结构也称产品部式结构和 M 型组织结构。在 20 世纪 20 年代，美国管理学家斯隆针对企业多元化经营带来的复杂问题，在产品部门化的基础上提出了这种组织结构。最早采用这种组织结构的是美国通用汽车。在经过多年的不断完善后，事业部型组织结构最终形成目前相对标准化的分权式结构。其所实行的分权化管理，就是指在企业的统一领导下每个事业部负责本部的生产、销售等全部活动，形成各自的利润负责中心，且有较大的生产经营权。在这种结构中，各个事业部独立经营、独立核算，且其均有自己的产品和特定的市场，拥有自己的经营自主权。但事业部不是法人，也不是独立的公司，它不能独立签订合同，要在获得公司委托的前提下才能签订合同。

事业部型适合规模大、产品多、市场分散的企业。例如，"美的"所开展的事业部改造，在"美的"于市场中遭遇败绩时，高层反复商讨和论证，最终决定建立事业部型组织结构。"美的"将各个事业部逐一从主体业务中分离出来，建立起事业部体系，使得"美的"如今能够在国内家用电器市场拥有很大的话语权。此外，中国几个大的家电企业，像"海尔""联想""长虹"大部分实行事业部制。

12.2.2 薪酬体系的构建

1. 薪酬的含义

薪酬是企业对员工为组织所做贡献的一种回报，可以看作是员工与企业之间的一种交易行为。员工向企业付出了劳动，企业为员工提供相应的货币或非货币的报酬。

薪酬可分为直接薪酬和间接薪酬，其中直接薪酬主要包括基本工资、奖金、补贴与津贴、股权，间接薪酬则主要指福利。

（1）基本工资

根据员工提供的劳动数量和质量及其所在职位、能力、价值核定，按照一定标准支付的劳动报酬，是工资额的基本组成部分，这是员工工作稳定性的基础，是员工安全感的保证。基本工资又分为基础工资、工龄工资和职位工资等。

（2）奖金

奖金是对员工超额劳动的报酬，常见的有全勤奖金、生产奖金、年终奖金、效益奖金等。

（3）津贴与补贴

津贴与补贴指员工在特殊劳动条件下、工作环境中额外劳动消耗和生活费额外支出的工资补充形式。通常把与工作相关的补偿称为津贴，把与生活相关的补偿称为补贴。常见的有岗位津贴、加班津贴、轮班津贴等。

（4）股权

以企业的股权作为员工薪酬，可以看作是企业的一种长期激励手段，有助于提高员工的工作积极性，能够使其为实现企业长期利润的最大化而努力。

（5）福利

福利是员工的间接报酬，指的是照顾职工的生活利益，包括健康保险、带薪假期、文化娱乐设施等。

2. 薪酬的作用

一个完整的薪酬体系，应该同时具有以下3方面作用：

（1）保障作用

保障作用主要通过基本工资来体现，企业给予员工的薪酬至少能够保障其基本生活需要，维持家庭生活与发展，不然则会影响员工的基本生活，进而对社会劳动力的生产和再生产造成一定影响。

（2）激励作用

一个完善且具有竞争力的薪酬体系能够更有效地吸引人才，能更加充分地调动员工的积极性。激励作用主要体现在薪酬结构中相对灵活的部分，与基本工资等相比，奖金和股权无疑更加具有激励作用。

（3）调节作用

通过向员工提供各类保险和福利待遇，企业可以有效增强员工对企业的信任感和依赖感，从而提高企业凝聚力，形成良好的组织氛围。

3. 影响薪酬的因素

薪酬体系的构建会受到诸多因素的影响，企业在具体实施时，应根据实际情况，全盘考虑做出合适的选择。影响薪酬的因素可以归纳为3类：

（1）外部因素

包括政府法令、经济、社会、工会、劳动市场、团体协商、生活水平等。

（2）内部因素

包括财务能力、预算控制、薪酬政策、企业规模、比较工作价值、竞争力、公平因素等。

（3）个人因素

包括资历、绩效、经验、教育程度、发展潜力等。

具体来讲，影响企业薪酬体系构建的因素主要有劳动力市场、企业战略、职位、资质和个人绩效5个方面：

1）劳动力市场。劳动力市场的供求状况会影响薪酬水平。

2）企业战略。企业的总体战略决定了薪酬支付的总体水平、结构以及方式。

3）职位。员工职位所对应的工作复杂程度、责任大小以及任职资格等是决定员工薪酬水平的重要因素。

4）资质。指的是员工所具有的知识、技能、个性以及经验等能有效驱动其取得优秀工作绩效的各种特性。

5）个人绩效。员工的个人绩效反映员工对个人工作的完成度以及对目标的实现程度，是衡量员工在组织中贡献的重要因素。

4. 薪酬设计的步骤

构建薪酬体系必须根据企业的实际情况，与企业的战略和文化紧密结合，系统全面地考虑各方面因素的影响。同时，薪酬体系的设计必须体现对内的公平性和对外的竞争性，关注绩效等激励性因素，对人力资源做出最有价值的应用，以充分发挥薪酬体系在企业发展中的积极作用。

（1）薪酬调查

进行企业薪酬现状调查、薪酬影响因素调查以及行业薪酬水平调查，调查的目的在于提高企业薪酬的对外竞争力。

（2）薪酬定位

分析同行业的薪酬数据后，根据本企业的具体情况选用不同的薪酬水平。

（3）确定薪酬原则和策略

在充分了解企业薪酬现状的基础上，确定本企业薪酬的分配依据，进而确定分配原则与策略。

（4）职位分析

职位分析是构建薪酬体系的基础性工作。明确部门职能和职位关系，进行岗位职责分析，形成职位说明书。

（5）岗位评估

岗位评估的重点在于解决薪酬体系的对内公平性问题。一方面，能够比较企业内部各职位的相对重要程度，给职位排定等级；另一方面，建立统一的职位评估标准，使不同职位之间具有可比性，为实现薪酬分配的公平性奠定基础。

（6）薪酬结构设计

由于各个企业所关注的内容不同，这就使得企业在构建薪酬体系时所采取的策略和原则会有所差别。企业在进行薪酬体系设计时往往会考虑职位层级、所属职系、员工技能和资历以及绩效等多方面因素。

（7）薪酬体系的实施与修正

对总体薪酬水平做出准确的预算，在具体实施过程中，通过修正来不断完善薪酬体系。

12.2.3 企业文化的构建

1. 企业文化的内涵

企业文化是指企业中形成的一种人们所共有的经营理念、信仰和行为准则，是企业中所有员工的一种集体价值观。企业文化能够在企业中营造一种和谐、轻松、积极、具有浓厚感情色彩的文化氛围，能够有效增强团队成员的责任感，使员工树立起团队意识以及与企业荣辱与共的信念。

企业文化就像企业中一只"无形的手"，在无形中支撑着企业的发展和壮大。现代企业不仅是生产产品、创造财富的经济实体，还是由人聚合而成的集体。人群的活动必然造就文化，在企业的经营活动中也是如此，"企业文化"应运而生。现代企业文化理论的诞生是世界经济发展和管理变革的必然趋势。

2. 企业文化的构成

企业文化由显性和隐形两部分内容构成：企业文化中的显性部分指的是组织标志、厂服、商标、工作环境、规章制度、经营管理行为等；企业文化中的隐形部分指的则是组织哲学、价值观、道德规范、组织精神等。为了更好地理解企业文化的整体内容，我们具体分 4 个层次对企业文化进行分析和研究，即物质层、行为层、制度层和精神层：

（1）物质层

物质层文化是企业文化中最直观、最表象的部分，它包括企业的产品、生产经营过程，以及企业环境、企业容貌、企业广告等人们可以直接看到、接触到的物化部分。企业的产品是企业文化物质层中最重要的组成部分，这种产品包括有形的产品和无形的服务。有形产品包括产品实体、质量、特色、品牌和包装；无形服务包括产品给购买方带来的附加利益以及信任感的售后服务、产品保障、产品声誉等。

（2）行为层

行为层文化，又称企业行为文化，指的是企业员工在生产经营、学习娱乐中产生的活动文化。其主要包括企业经营、人际关系活动、教育宣传、文娱体育活动中产生的文化现象。它能够动态地展现企业经营作风、精神面貌以及人际关系，也是企业精神和企业价值观的折射。可主要将其分为企业家的行为、企业模范人物行为以及企业员工行为。

（3）制度层

制度层文化，是指具有本企业文化特色的各类规章制度、道德规范和员工行为准则的总和。制度层在企业文化中处于中层位置，相当于精神与物质的中介。

企业制度文化必须适应精神文化的需要，人们总是在正确的价值观引导下去建立企业制度，使企业制度与组织目标相适应，进而能够保障企业战略目标的实现。反过来，企业制度文化又是企业精神文化的基础和载体，成形的企业制度会影响人们对于新的价值观的选择，从而为新的精神文化的诞生奠定基础。

此外，企业制度文化也是企业行为文化得以贯彻的保证，企业制度的确立能够有效保障员工行为的合理性与严谨性，体现企业良好的经营作风与精神面貌。

（4）精神层

精神层文化是指组织员工长期形成并共同接受的思想意识活动，是一种深层次的文化现象，包括组织目标、组织哲学、组织精神、组织道德以及组织宗旨等。

精神层是企业文化的源泉,是企业文化的核心和灵魂所在。企业精神不仅能反映出与生产经营密切相关的企业本质特征,而且能反映企业的经营宗旨和发展方向,以及组织存在的价值及其对社会的承诺。

3. 企业文化构建的原则

企业文化通常是在某种生产经营环境中,为适应企业生存和发展的需要,由企业内少数人倡导和实践,经过较长时间的传播,在规范管理的基础上逐步形成的。企业文化的建立一般都要经历一个完善、定型和深化的过程,且新的思想和观念需要不断实践,只有在长期实践中不断运用集体智慧对企业文化进行补充和修正,才能够使其逐步趋于明确和完善。企业文化构建必须坚持以下原则:

(1) 树立正确的企业价值观

企业价值观是以企业为主体的价值观念,不仅是企业文化的核心,也是企业的导向。企业文化包含的所有内容都是在价值观的基础上产生的,企业的所有活动也都是在企业价值观的指导下开展的。

构建企业文化,首先要树立正确的、独特的企业价值观,这种价值观必须能够反映企业自身的利益和员工利益,在企业中发挥凝聚力和向心力的作用。正确的价值观能够调动员工的积极性,使其将个人利益与企业利益结合起来,为实现企业目标共同奋斗。

(2) 适应时代发展,与时俱进

不同的时代带来的是不同的时代精神,企业文化也要与时俱进,能够反映时代的变化。随着时代变迁,社会环境不断变化,企业文化随之也要有所创新,以适应政策的需要和时代的变革。例如,我国目前大力加强生态文明建设,环境效益已经成为发展中不可忽略部分,企业在确立自己的企业文化时,必须要准确地把握这类时代特征,顺应时代潮流。

(3) 明确企业目标

企业目标是企业战略的最终体现,是企业文化的具体化表现。一个具有明确目标的企业,才会有感召力和吸引力,才能有效引导员工。目标的制定必须具体、明确、切合实际,正确的目标是全体员工共同奋斗的目标,能够把员工团结起来,提升企业凝聚力,成为企业文化强有力的支撑。

(4) 集体参与

企业文化并非单靠领导者的力量就能形成。作为一种文化,它是一种群体意识,只有引起全体员工的共鸣,得到所有员工的认同,才能真正形成一种企业文化。没有集体的参与,企业文化只会是毫无号召力的一纸空文。企业文化的形成与完善过程,也就是企业文化在员工中推广的过程。

(5) 保证企业文化的独特性

企业在业务、行业环境、员工素质等方面存在差异,这使得产生的企业文化必然也是各式各样的。企业在进行文化建设时,必须保持自己企业的个性特点,不能千篇一律地挪用别人的东西。保持企业自身的特点,才能在竞争中独辟蹊径,树立起引人注目的企业形象。例如,"海底捞"改变传统餐饮行业中标准化、单一化的服务,提倡个性化的特色服务,用细致入微的服务树立起独特的企业形象,扩大了企业的知名度以及在行业内的影响力。

(6) 继承传统,取其精华,去其糟粕

企业文化的形成并非一日之功,在企业文化发展的过程中,会留下许多优良的、独特的传统。企业要长久地发展下去,也需要保持传统的延续。如"可口可乐""雀巢"等企业的品牌文化以及企业的传统精神,大都是经过长期积淀而形成的企业的宝贵财富。传统是企业精神的一种延续,对待企业文化也应当采取批判继承的态度,对企业精神进行提炼和升华,不断完善企业文化。

12.3　企业的成长管理

创业企业的发展是对自身不断进行审视,对企业发展定位及运行模式不断进行优化和调整的过程。这就意味着,创业企业在创立后并不能自发进入快速成长的阶段,而需要其不断调整和改进最初设定的发展定位、检验并完善原来设计的商业模式,探索并建立稳定的业务组合,不断充实企业管理团队,等等。在创业企业不断探索和寻求发展的过程中,科学有效的管理必不可少,而要对创业企业实施科学有效的管理,必须充分认识其成长过程及不同阶段的发展特征、管理需求。

12.3.1　创业企业的生命周期理论

美国管理学家伊查克·爱迪思(Ichak Adizes)提出一个关于创业企业成长的理论框架,他以生命体的概念描述了创业企业的成长过程。他认为:创业企业就像生命体一样,具备出生、成长、老化、死亡等不同周期阶段。企业生命周期理论有利于企业在不同阶段找到与企业特点相适应的组织结构形式和管理模式,以保证企业在每个阶段充分发挥自身的特色优势,进而延长企业的生命周期,实现企业的可持续发展。企业生命周期的各个阶段如图 12-2 所示。

12.3.2　创业企业的阶段管理

企业在不同成长阶段所具备的特点存在差异,因此,针对不同发展时期的创业企业,企业的管理方面要求也有所不同。在这里,以企业成长理论框架为基础,主要将创业企业的生命周期分为创业期、婴儿期、学步期、青春期以及成熟期 5 个阶段。

1. 创业期

创业期指的是企业从无到有的过程,即企业的孕育过程,指的是创业将一个技术概念或构想进行商业化开发,也就是我们通常所说的狭义创业过程。

(1) 创业期企业的主要特征

创业过程是一个非常艰难的过程,一般创业者要从零起步。创业者首先要充分接受自己所要开展的创业活动,并建立足够的自我承诺,将创业作为自己重要的事业。

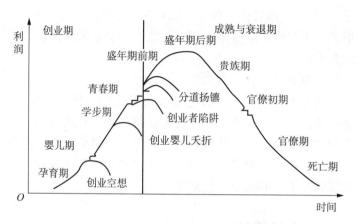

图 12-2 企业生命周期的各个阶段

创业者要有足够的热情去推销自己的构想，寻找愿意承担风险、分享承诺的投资人。创业者可能会经历多次挫折和打击，必然还要接受其他要素所有者对自身的质疑和检验，包括对个人素质、品德的考察，以及对技术或商业构想的验证，等等。探索是创业期最主要的特点，也是创业活动多元主体的共同行为。

（2）创业期企业的管理要求

创业期管理的重点在于创业者的个人行为。由于创业阶段企业还没有成立，充沛的激情、坚韧的性格、坚定的信念等是这个阶段创业者必须具备的精神和特质，对于创业成功至关重要。创业者若是缺乏这种素质，难以承受创业过程中的各种磨难，那么只能使创业停留在梦想阶段。

创业者要将目标与行动有效结合起来。创业者要有长期的奋斗目标，着眼于企业的长远发展。同时，创业者也必须认识到创业活动本身的探索性特征，要在干中学，在实践中总结发展经验。

创业者要以积极的态度对待创业活动，进行充足的知识储备，以审慎的行动推进创业活动，同时做好心理和能力等多方面准备。

2. 婴儿期

创业企业一旦诞生，对企业的管理就需要转变为组织化的管理，这种管理必须依据这个阶段组织的基本特征进行。

（1）婴儿期企业的主要特征

婴儿期企业作为一个刚具备初始形态的组织，组织结构处于建设过程中，因此，首先要明确创业团队中各成员的组织身份。其次，市场拓展在这个阶段是非常重要的任务，创业企业需要培养或引入市场营销人才，建立营销机构或网络，进而提高组织的复杂性。此外，婴儿期企业必须持续进行资源筹措行动，并以保持企业生存为优先任务，同时保持探索性特征。

（2）婴儿期企业的管理要求

婴儿期企业的制度、政策、预算等各方面都还非常有限，因此，创业企业的探索和发展仍较大程度地依赖创业者个人或团队。由于初期创业企业的不确定性以及市场环境的多变性，可能会使创业者出现恐慌的心理。此外，内部机制的建立以及外部市场的拓展等多元化劳动会使创业者忙碌不堪。

在这个阶段创业者必须保持持久的创业热情，向企业倾注极大的耐性。创业者以及团队必须意识到不确定性是这个时期的特点，企业管理不能依靠外来的职业化团队，不要过早建立太多死板的制度，要时刻关注环境变化。

3. 学步期

创业企业度过了艰难的婴儿期后，自信程度得到了提高，便开始尝试站立，满怀希望地步入学步期。

（1）学步期企业的主要特征

随着企业业务不断拓展，企业发展壮大，学步期企业已经建立了相对稳定的组织结构和管理团队；企业产品已经得到市场认可，与供应商、客户等形成稳定密切的合作关系；企业开始有稳定的现金流产生，对外部资源的依赖性降低。然而，企业的发展会使一些创业团队自信心膨胀，甚至失去理智做出不该有的决策和承诺，即出现所谓的"小马拉大车"的现象。

（2）学步期企业的管理要求

完善企业内部机制。将创业者的激情转变为理智的思考，将企业活力转变为稳定的企业结构与制度，完善企业制度，进而形成集体决策、分工合作的工作机制。建立和完善稳定的管理团队，加强企业的规范化、制度化建设。

避免盲目扩张。在企业拥有稳定现金流的前提下，创业者及其团队必须意识到企业资源是有限的，要对自身正确定位。

制订合理的企业发展计划。依据创业计划或商业计划书确定的企业发展目标，排定企业各项业务的开展顺序，分清轻重缓急，合理安排时间，有效利用各类资源。

4. 青春期

青春期是企业从建立到成熟的过渡阶段，伴随企业经营管理上复杂程度的提高，各类矛盾纷纷显现。

（1）青春期企业的主要特征

"矛盾"是青春期企业的主要特征。随着企业在市场上站稳脚跟，具备了一定的冗余资源，企业的生存已经不再是问题，此时，发展成为创业团队共同的问题。在企业应如何发展这个问题上，各方可能会持不同观点，未来发展战略则成为一个矛盾的焦点。此外，业务规模扩大以及股东的多元化都使企业的管理活动日益复杂，会导致不同人员之间产生矛盾和冲突。可以看出，青春期企业面临的最大问题就是管理风险，如果不能从青春期实现转化，完成从感性探索到理性战略的转换，那么企业则会很容易陷入混乱。

（2）青春期企业的管理要求

明确企业内部管理团队的分工。使创业者和管理团队同时掌握一定的权力，从而建立平等的合作关系。

确定企业战略和发展愿景。重新定义企业使命、经营宗旨以及发展方向等要素，使之得到企业员工的认可，达成广泛共识。

依据组织使命、宗旨和战略目标建立规章制度。同时，对于战略的执行、制度的落实以及对各种矛盾的处理与协调，企业都必须做好缜密的计划，不能急于求成，要安排好切实可行的步骤与措施。

5. 盛年期

盛年期就是企业度过青春期，步入成熟期之前的发展阶段。盛年期企业的资源较为丰富、内部管理相对完善，是企业取得成就的最佳时期。

（1）盛年期企业的主要特征

进入盛年期的企业具备了稳健成熟的特点，企业按照制度规范有序运作，依据既定的公司战略稳健发展。盛年期企业产品形成规模，技术上建立了优势，开始进入高峰期。然而，制度化建设的同时强化了组织刚性，企业与外部环境的互动减少，使得企业的灵活性减退甚至消失。

（2）盛年期企业的管理要求

在盛年期，创业者及其团队必须保持年轻的心态、创业的激情。企业管理层必须密切关注外部环境的变化，适时推进企业内创业，促进产品技术创新，培育年轻事业。

加强企业文化建设，将创新创业精神确立为企业的核心价值。通过创新创业的精神保持管理者的好奇心并激发企业员工的探索精神，使企业能够与时俱进。

12.4 企业管理创新

12.4.1 管理创新的内涵

管理创新，是指依据现代企业制度的要求，舍弃传统的管理模式及相应的管理方式和方法，创建新的管理模式，即创造一种新的更有效的资源整合范式。这种范式既可以有效地进行资源整合，也可以做到细节管理。

在知识、技术、产品创新速度不断加快的时代，企业成长的可持续性引起了管理者极大的重视。管理创新是为了适应系统内外变化而进行局部和全局的调整，管理者要对企业所面临的障碍与阻力有清晰的认识，制定严谨、完善的创新实施计划，以适应企业发展的需要。

12.4.2 管理创新的策略

1. 管理观念创新

管理观念又称为管理理念，树立现代企业的管理理念和管理意识，以科学的管理观念来提升企业的管理水平，对企业实现管理的创新和突破具有关键意义。进入20世纪80年代以来,经济发达国家的优秀企业提出了许多新的管理理念,如柔性管理、理念管理、危机管理、ERP、数字化管理、战略管理等。企业进行管理理念创新,就要敢于做出转变,在适应现代社会需求的基础上,结合自身条件,构建企业独特的经营管理理念。

2. 管理技术创新

管理技术创新是企业完善内外部管理、提高效率强有力的手段。随着知识和技术的不断发展,新型的管理技术和手段渗透到企业的方方面面,例如,管理信息系统的运用。企业的管理技术随着计算机技术、通信技术等各类科学技术的进步也在不断更新,现代企业应当积极主动地将先进管理成果转化并应用到企业管理的各个环节。

3. 组织结构创新

组织结构是一种表明企业内部工作任务如何进行分工、分组和协调合作的模式,其本质是为实现组织的战略目标而采取的一种分工协作的机制。随着时代的变化以及企业的发展,企业的战略会做出相应调整,组织结构也必须随着组织重大战略的调整而调整,进行合理有效的创新,以保证企业在变化的环境中持续发展。

(1) 简化组织结构

从组织结构的规范化程度以及对职工控制程度等方面来划分,可以分为刚性结构和柔性结构两种基本类型。柔性较强的组织结构主要为事业部结构和矩阵结构,其基本特征是:领导、指挥关系不明确,且经常会有变动;组织内部主要依靠横向沟通,通过部门之间的协调,及时调整各自的工作任务。组织结构在简单而稳定的环境中,柔性结构工作效率不高的特点会有所显现,但外部环境在复杂多变的条件下,这种结构则能显现出良好的适应性,可以对外部环境的变化做出灵活而有效的反应,有利于企业进行管理创新。

(2) 构建学习型组织

学习型组织是指企业能够在经营发展的过程中,持续地熟练地创造、获取和传递知识的组织,同时不断提高企业员工的素质,以及适应新的知识和见解。在现代企业组织中,学习能力已经成为组织核心能力最为关键的要素之一。

学习型组织善于不断地学习。第一,强调终身学习,组织中各成员均应养成终身学习的意识和习惯,有利于在组织内形成良好的学习氛围。第二,强调全员学习,企业组织中的各个层级包括决策层、管理层、操作层都要全心投入学习,且决策层与操作层之间相隔层次极少,使得上下级能够直接有效地互动和沟通,从而产生持久的创造力。第三,强调全过程学习,必须将学习活动贯彻到组织系统运行的全过程,有效结合学习和工作。第四,强调团队学习,不仅强调组织成员个人的学习和能力开发,更强调各成员的合作学习以及组织智力的开发,团队是最基本的学习单位。需要注意的是,学习型企业一般适用于管理基础较好的企业,并不是所有企业都适合建立,因此,在引入学习型组织时要充分考虑其适用性,使其与企业的发展阶段相适应。

4. 人力资源管理创新

在现代企业的竞争中，企业的成败关键取决于企业对智力资源利用的程度。因此，人作为智力资源的载体成为最重要的生产要素，在企业的生产经营以及管理中发挥着巨大的作用。人力资源作为企业中不断增值的资源，必须加强管理和开发。

（1）"以人为本"与管理制度相结合

企业在制定管理制度时，要充分将企业的发展与员工自身的发展结合起来，树立"以人为本"的科学管理理念。具体而言，就是在制度的先进性中体现人的先进性，在制度的执行中体现人的作用。实现人力资源的优化配置"以人为本"的管理思想，要注重对人自身价值的实现，以有效激发员工的积极性、主动性、创造性。

（2）构建绩效综合评价体系

进行人力资源管理的创新，要将绩效的评价标准从单一指标型转变为综合评价体系型。绩效评价体系目的不在于控制员工，而在于充分调动员工的积极性，注重管理者与员工之间的沟通和共识。一个完整的绩效评价体系应当涵盖所有的管理职能：计划、组织、领导、协调、控制。企业建立和完善绩效评价体系要依据企业的实际情况，考虑其是否与公司的战略相结合、是否与员工的知识水平和素质相匹配。合理构建绩效综合评价体系对持续提升个人、部门和组织的绩效，促进企业持续发展具有重要意义。

（3）进行企业文化创新

企业文化是一种"软性"的凝合剂，在企业的人力资源管理工作中能够发挥一定的协调力。企业在进行文化创新时应当确定员工广泛认同的价值观和行为准则，促使企业文化所包含的价值观和行为准则能够被各工作单元普遍接受，成为一种能够影响员工行为选择的基本规范。企业通过塑造具有活力的、创新的企业文化能够有效强化组织成员之间的合作、信任和团结，培养员工的信任感和归属感，进而形成组织巨大的向心力和凝聚力。

本章要点回顾

本章所涉及的内容是新创企业的管理，分别介绍了成立新企业的流程步骤，如何进行企业内部管理、成长管理，以及开展企业管理创新的途径。

创业者在创立企业之初，需要对企业有明确的定义和规划。首先，应当明确企业的各类法律形式，包括个人独资企业、合伙企业、有限责任公司和股份有限公司。其次，要明确工商税务登记的流程，相关审、登记项目包括：公司核名、经营项目审批、公司公章备案、验资、申领营业执照（组织代码证或税务登记证）、银行开户、购买发票等。创业者需对企业进行清晰的定位，且必须满足社会道德的要求。再者，企业要制定合理的组织运营架构，制定合理的薪酬体系，创造良好的企业文化氛围，以提高企业的凝聚力和团队创造力，从而保证企业能够迅速稳定地发展。

企业发展是一个成长的过程，且企业在各个成长阶段所具备的特征存在差异，因此，企业管理者应当采用合理的管理手段和方式以适应企业在不同阶段的发展。企业在进行本企业管理时，应当依据自身实际情况进行管理创新，创造更有效的资源整合模式。

总的来看，管理活动是伴随企业始终的，新创企业要对企业管理有明确的认识。

课堂训练

1. 名词解释

个人独资企业　组织结构　企业文化

2. 简答题

(1) 简述创业者注册新公司需要遵循的工商、税务登记流程。

(2) 简述企业组织结构的类型。

(3) 简述企业文化的构成。

课后拓展

本章介绍了新创企业开办的流程及应注意的问题的理论基础。限于篇幅，本章只着重介绍了新创企业在公司形式选择、成立、道德伦理问题及可能面临的风险。其实，创办新企业是一个非常复杂的过程，需要做大量的前后期准备工作。那么，你能否再列举一些新创企业应注意的关键问题呢？

参考文献

[1] 张玉臣，叶明海，陈松. 创业基础［M］. 北京：清华大学出版社，2015.

[2] 李家华，张玉利，雷家骕. 创业基础［M］. 2版. 北京：清华大学出版社，2015.

[3] 吴晓义. 创业基础——理论、案例与实训［M］. 北京：中国人民大学出版社，2014.

[4] 施永川. 大学生创业基础［M］. 北京：高等教育出版社，2015.

[5] 李肖鸣，朱建新. 大学生创业基础［M］. 2版. 北京：清华大学出版社，2013.

[6] 中为智研. 搜狐公众平台财经频道，2015.

[7] 封面故事. 创业邦，2012.

[8] ［美］海尔（Hair, J. F.），［美］布什（Bush, R. P.），［美］奥蒂诺（Ortinau, D. J.）. 营销调研：信息化条件下的选择［M］. 4版. 刘新智，刘娜，译. 北京：清华大学出版社，2012.

[9] 李翔，胡国华，丁业银. 市场调查：基本方法与应用［M］. 广州：暨南大学出版社，2006.

[10] 郝渊晓. 市场营销调研［M］. 北京：科学出版社，2012.

[11] ［美］迈克丹尼尔（McDaniel. C.），［美］盖兹（Gates. R.）. 市场调研精要［M］. 6版. 范秀成，杜建刚，译. 北京：电子工业出版社，2010.

[12] ［美］伯恩斯，［美］布什. 营销调研［M］. 6版. 于洪彦，金钰，王润茂，译. 北京：中国人民大学出版社，2011.

[13] 柯惠新，丁立宏. 市场调查［M］. 北京：高等教育出版社，2008.

[14] 陈友玲. 市场调查预测与决策［M］. 北京：机械工业出版社，2008.

[15] 陈凯. 营销调研/通用管理系列教材·市场营销［M］. 北京：中国人民大学出版社，2011.

[16] 梁东，刘健堤. 市场营销学［M］. 北京：清华大学出版社，2006.

[17] 梁文玲. 市场营销学［M］. 北京：中国人民大学出版社，2014.

[18] 李晏墅. 市场营销学［M］. 北京：高等教育出版社，2008.

[19] 张鸿. 市场营销学［M］. 北京：科学出版社，2009.

[20] 胥悦红. 企业管理学［M］. 2版. 北京：经济管理出版社，2013.

[21] 伏玉. 企业管理创新的策略研究［J］. 理论界，2009（1）：209-210.

[22] 金爱兰. 新时期企业文化建设的思考［J］. 铁道经济研究（Z1），2003：

46-48.

[23] 贡志国. 商业计划书及其编制的研究 [D]. 西南交通大学, 2004.

[24] 孔蕾蕾, 邵希娟. 商业计划书财务分析中的常见问题及对策 [J]. 财会月刊: 综合版, 2008 (12): 42-43.

[25] 卢福财. 创业通论 [M]. 北京: 高等教育出版社, 2012.

[26] 王斋. 保洁公司怎样打造企业文化 [J]. 石油政工研究, 2012 (1): 78-78.

[27] 周沩. 上海冠方信息技术有限公司创业计划书 [D]. 上海: 上海外国语大学, 2013.

[28] 宋毅刚. T 公司中空玻璃暖边间隔条商业计划书 [D]. 广州: 华南理工大学, 2013.

[29] 田宝. 宁夏 A 企业竞争战略的分析研究 [D]. 银川: 宁夏大学, 2013.

[30] 王丹雪. 宠物短期寄养在线服务平台创业计划书 [D]. 厦门: 厦门大学, 2014.

[31] 杜志明. 佳普乐有限公司创业计划书 [D]. 厦门: 厦门大学, 2013.

[32] 洪爱华. LOVSPORTS 公司创业计划书 [D]. 厦门: 厦门大学, 2014.

[33] 郑畅. GQ 海品乐淘网商业计划书 [D]. 广州: 华南理工大学, 2015.

[34] 吴建安. 市场营销学 [M]. 北京: 高等教育出版社, 2011.

[35] 朱瑞富. 创新理论与技能 [M]. 北京: 高等教育出版社, 2013.

[36] 约翰·贝赞特, 乔·蒂德. 创新与创业管理 [M]. 北京: 机械工业出版社, 2013.

[37] 陈永奎. 大学生创新创业基础教程 [M]. 北京: 经济管理出版社, 2015.

[38] 许湘岳, 邓峰. 创新创业教程 [M]. 北京: 人民出版社, 2011.

[39] 杰夫·戴尔, 赫尔·葛瑞格森, 克莱顿·克里斯坦森. 创新者的基因 [M]. 北京: 中信出版社, 2013.

[40] 陈凯. 营销调研 [M]. 北京: 中国人民大学出版社, 2011.

[41] 陈丁琦, 萧显杨, 陈淑慈, 等. 创新之道: 创新者必须回答的九个问题 [M]. 北京: 机械工业出版社, 2016.

[42] 周苏. 创新创业思维方法与能力 [M]. 北京: 清华大学出版社, 2017.

[43] 闻邦椿, 刘树英, 赵新军. 创新创业方法学 [M]. 北京: 中国社会科学出版社, 2016.

[44] 仲伟俊, 梅姝娥. 企业技术创新管理理论与方法 [M]. 北京: 科学出版社, 2009.

[45] 赵晶媛. 技术创新管理 [M]. 北京: 机械出版社, 2010.

[46] 吴贵生, 王毅. 技术创新管理 [M]. 3 版. 北京: 清华大学出版社, 2013.

[47] 王艳茹, 王兵. 创业资源 [M]. 北京: 清华大学出版社, 2014.